中国特色社会主义理论与实践研究

李海霞　张傲蓉◎著

线装书局

图书在版编目（CIP）数据

中国特色社会主义理论与实践研究 / 李海霞，张傲蓉著. -- 北京 : 线装书局，2023.7
ISBN 978-7-5120-5592-6

Ⅰ. ①中… Ⅱ. ①李… ②张… Ⅲ. ①中国特色社会主义－研究 Ⅳ. ①D616

中国国家版本馆 CIP 数据核字(2023)第 147389 号

中国特色社会主义理论与实践研究

ZHONGGUO TESE SHEHUI ZHUYI LILUN YU SHIJIAN YANJIU

作　　者：李海霞　张傲蓉
责任编辑：曹胜利
出版发行：线装書局
　　地　址：北京市丰台区方庄日月天地大厦 B 座 17 层（100078）
　　电　话：010-58077126（发行部）010-58076938（总编室）
　　网　址：www.zgxzsj.com
经　　销：新华书店
印　　制：河北创联印刷有限公司
开　　本：710mm×1000mm　1/16
印　　张：13
字　　数：272 千字
版　　次：2023 年 7 月第 1 版第 1 次印刷

线装书局官方微信

定　　价：88.00 元

前　言

中国特色社会主义理论体系基本原理，是人类在科学探索中国特色社会主义基本问题过程中所形成的基本理论原则，是在总结中国革命、建设、改革实践经验的基础上，经过高度综合和概括所得出的反映中国特色社会主义客观规律的基本结论，对建设中国特色社会主义具有普遍指导意义。本书围绕着中国特色社会主义基本问题，阶段性地梳理这些基本原理，着重解决为什么会形成这些基本原理，这些基本原理主要涵盖哪些内容，这些基本原理在指导中国特色社会主义建设中发挥着什么样的功能和作用等问题。

本书在编写过程中，引用和参考了学术界的相关研究成果，在此对相关作者表示由衷的谢意！由于本书编写时间略显仓促，加之编写者水平有限，疏漏不当之处在所难免，敬祈读者不吝教正。

目　录

第一章　绪　论

中国特色社会主义是改革开放以来党和国家的全部理论和实践主题，是当代中国发展进步的根本方向。中国特色社会主义理论与实践，是中国共产党领导中国人民在实现社会主义现代化和中华民族伟大复兴进程中的理论创新和实践创新，是中国共产党为解决人类问题贡献的中国智慧，提供的中国方案。

第一节　当代中国的主题

一个国家发展的主题总是同该国家在发展中应当解决的主要问题和应当完成的历史任务密切相关的。改革开放以来，党和国家的全部理论和实践主题就是中国特色社会主义。这一主题是与近代以来中国人民面临的两大历史任务紧密相连的，又是与未来中国的前行方向不可分割的。

中华民族是一个伟大的民族，曾经创造了灿烂辉煌的历史和文化。数千年来，中国历尽沧桑，其历史文化始终绵延发展、传承不绝。近代以来，中国逐步沦为半殖民地半封建社会，国家备受帝国主义列强掠夺欺凌，人民备受帝国主义、封建主义和官僚资本主义的剥削压迫。争取民族独立人民解放，实现国家富强人民幸福，成为近代以来中华民族面临的两大历史任务。在170多年漫长的岁月中，中华民族对实现民族独立、人民解放、民族复兴梦想的追寻，与中国发展道路的艰辛探索始终密切相连，艰难历程可歌可泣。

中国共产党担当起了完成两大历史任务的责任，党紧紧依靠人民完成和推进了三件大事：一是完成了新民主主义革命，建立了新中国，实现了民族独立、人民解放；二是完成了社会主义革命，确立了社会主义基本制度；三是进行了改革开放新的伟大革命，开创、坚持、发展了中国特色社会主义。这三件大事，从根本上改变了中国人民和中华民族的前途和命运，不可逆转地结束了近代以来中国内忧外患、积贫积弱的悲惨命运，不可逆转地开启了中华民族不断发展壮大、走向伟大复兴的历史征程，使具有5000多年文明历史的中国面貌焕然一新，中华民族伟大复兴展现出前所未有的光明前景。这三件大事把近代以来中华民族面临的两大历史任务连接起来，把历史中国和当代中国连接起来。近代170多年以来的历史有力地证明了：只有社会主义才能救中国，只有中国特色社会主义才能发展中国。

中国特色社会主义是中国共产党人把马克思主义基本原理与当代中国实际和时代特征相结合的产物，是根植于中国大地、反映中国人民意愿、适应中国和时代发展进步要求的科学社会主义，是党和人民历经千辛万苦、付出各种代价取得的成果。中国特色社会主义是在改革开放新时期开创的，贯穿于改革开放以来党的全部理论和实践之中。党的十九大指出，经过长期努力，中国特色社会主义进入了新时代。这是我国发展新的历史方位。这一重大政治论断，赋予党的历史使命、理论遵循、目标任务以新的时代内涵。中国特色社会主义是改革开放以来党的全部理论和实践主题，是当代中国发展进步的根本方向。

中国特色社会主义是凝聚全国各族人民团结奋斗的旗帜。中国特色社会主义把社会主义发展与中华民族伟大复兴的历史任务紧密联系在一起，把实现社会主义现代化与人民共同富裕紧密联系在一起，把国家的安危荣辱和个人幸福紧密联系在一起，代表了中国最广大人民的意愿和利益，是激励全党全国各族人民的强大精神力量。只有在中国特色社会主义伟大旗帜下，才能最大限度地团结和凝聚不同社会阶层、不同利益群体的人们，为实现中华民族伟大复兴而共同奋斗。

中国特色社会主义是引领中国走向繁荣富强的旗帜。改革开放40多年来，在中国特色社会主义旗帜引导之下，中国获得了自近代以来从未有过的长期快速的发展，取得了举世瞩目的伟大成就。中国的经济实力、综合国力不断增强，国际竞争力空前提高。“我国国内生产总值由1978年的3679亿元增长到2017年的82.7万亿元，年均实际增长9.5%，远高于同期世界经济2.9%左右的年均增速。我国国内生产总值占世界生产总值的比重由改革开放之初的1.8%上升到15.2%，多年来对世界经济增长贡献率超过30%。我国货物进出口总额从1978年的206亿美元增长到超过4万亿美元，累计使用外商直接投资超过2万亿美元，对外投资总额达到1.9万亿美元。我国主要农产品产量跃居世界前列，建立了全世界最完整的现代工业体系，科技创新和重大工程捷报频传……居民预期寿命由1981年的67.8岁提高到2017年的76.7岁。”40多年来所取得的历史性成就，极大增强了我国的综合国力、国际影响力和人民的获得感、幸福感、安全感，为党和国家事业全面发展奠定了更加坚实的基础，为中国特色社会主义进入新时代作出了开创性贡献。

总之，中国特色社会主义是完成近代以来中国人民为争取民族独立、人民解放和实现国家富强、人民幸福两大历史任务的继承和发展；是在实现社会主义现代化和中华民族伟大复兴进程中不断探索的伟大创造；是在21世纪实现“两个百年”目标，实现中华民族伟大复兴的旗帜；是中国共产党和全国各族人民100多年奋斗、创造、积累的根本成就。在当代中国，只有高举中国特色社会主义伟大旗帜，坚定不移走中国特色社会主义道路，才能完成当代中国的历史任务，实现中华民族的伟大复兴。

第二节 中国特色社会主义的基本问题

坚持和发展中国特色社会主义，最根本的就是要从理论和实践上清醒认识和科学回答什么是马克思主义、怎样对待马克思主义，建设什么样的社会主义、怎样建设社会主义，建设什么样的党、怎样建设党，实现什么样的发展、怎样发展，坚持和发展什么样的中国特色社会主义、怎样坚持和发展中国特色社会主义等基本问题。中国特色社会主义的全部理论与实践就是紧紧围绕着不同历史时段的时代课题，在回答基本问题的过程中不断推进党的理论创新和实践创新。

什么是马克思主义、怎样对待马克思主义，这是坚持和发展中国特色社会主义要以什么样的思想作指导的重大问题。中国共产党在长期的革命、建设和改革实践中认识到：辩证唯物主义和历史唯物主义，是马克思主义最根本的世界观和方法论；实现社会物质财富的极大丰富、人民精神境界的极大提高、每个人的自由全面发展的共产主义社会，这是马克思主义最崇高的社会理想；坚持人民群众是历史的创造者，致力于实现最广大人民的根本利益，是马克思主义最鲜明的政治立场；坚持一切从实际出发，理论联系实际，实事求是，在实践中检验真理和发展真理，是马克思主义最重要的理论品质。坚持马克思主义，必须以科学的态度对待马克思主义。马克思主义是颠扑不破的真理，任何时候都要坚持，否则就会因为没有正确的理论基础和思想灵魂而迷失方向，归于失败。同时，要坚持解放思想、实事求是、与时俱进、求真务实，以改革开放和现代化建设的实际问题、以我们正在做的事情为中心，着眼于马克思主义理论的运用，着眼于对实际问题的理论思考，着眼于新的实践和新的发展，不断推进理论创新，用发展着的马克思主义指导新的实践。

建设什么样的社会主义、怎样建设社会主义，这是坚持和发展中国特色社会主义首先要回答的基本问题。改革开放以来，中国共产党在以往探索和实践的基础上，紧紧抓住这个基本问题进行深入探索，明确提出我国仍处于并将长期处于社会主义初级阶段；社会主义的根本任务是解放生产力，发展生产力，消灭剥削、消除两极分化，最终达到共同富裕；社会和谐是中国特色社会主义的本质属性，公平正义是中国特色社会主义的内在要求；必须坚持以经济建设为中心，坚持四项基本原则、坚持改革开放；促进人的全面发展是科学社会主义的根本要求等。这一系列新思想新观点，既坚持了科学社会主义的基本原则，又根据时代条件和人民愿望发展了社会主义，比较系统地回答了在中国这样一个经济文化相对落后的国家建立社会主义制度以后，怎样建设、巩固和发展社会主义这一关键问题，深化了对社会主义建设规律的认识。

建设什么样的党、怎样建设党，这是中国共产党自成立以来始终面临的一个重大问题，也是关系到坚持和发展中国特色社会主义领导核心的重大问题。改革开放以来，中国共产党坚持把推进中国特色社会主义伟大事业和推进党的建设的伟大工程紧密结合起来，把握我党的历史方位的变化，紧紧围绕提高领导水平和执政能力与增强拒腐防变、抵御风险能力这两大历史性课题，提出以改革创新精神全面推进党的建设伟大工程、全面提高党的建设的科学化水平的重大任务，提出牢牢把握加强党的执政能力建设、先进性和纯洁性建设这条主线，牢固树立马克思主义群众观点，建设学习型、服务型、创新型马克思主义执政党，坚持从严治党确保党始终成为中国特色社会主义事业领导核心的目标要求，丰富和发展了马克思主义建党学说，深化了对共产党执政规律的认识。

实现什么样的发展、怎样发展，这是关系到坚持和发展中国特色社会主义的方式、途径和目标任务的重大问题。改革开放以来，中国共产党提出解放和发展社会生产力、满足人民群众日益增长的物质文化需要是建设社会主义的根本任务，发展才是硬道理，明确提出分“三步走”基本实现现代化的战略步骤，提出坚持发展是第一要务、以人为本是核心立场、全面协调可持续是基本要求、统筹兼顾是根本方法的科学发展观，坚持发展为了人民、发展依靠人民、发展成果由人民共享，解决了中国特色社会主义的发展目标、发展理念、发展方式、发展动力等问题，标志着中国共产党对发展问题的认识达到了新的高度，深化了对人类社会发展规律的认识。

坚持和发展什么样的中国特色社会主义、怎样坚持和发展中国特色社会主义，是新时代面对国内外形势变化和我国各项事业发展提出的一个重大时代课题。党的十九大报告中指出，经过长期努力，中国特色社会主义进入了新时代，这是我国发展新的历史方位。必须从理论和实践结合上系统回答新时代坚持和发展什么样的中国特色社会主义、怎样坚持和发展中国特色社会主义这一时代性课题。我们党坚持以马克思列宁主义、毛泽东思想、邓小平理论、“三个代表”重要思想、科学发展观为指导，坚持解放思想、实事求是、与时俱进、求真务实，坚持辩证唯物主义和历史唯物主义，紧密结合新的时代条件和实践要求，以全新的视野深化对共产党执政规律、社会主义建设规律、人类社会发展规律的认识，取得重大理论创新成果，形成了习近平新时代中国特色社会主义思想，这是党和国家必须长期坚持的指导思想。

第三节 习近平新时代中国特色社会主义思想

（一）习近平新时代中国特色社会主义思想的创立

伟大时代呼唤伟大理论，伟大时代孕育伟大理论。习近平新时代中国特色社会主义思想，是在中国特色社会主义进入新时代、科学社会主义迈向新阶段、当今世界经历新变局、我们党面临执政新考验的历史条件下形成和发展起来的。

习近平新时代中国特色社会主义思想，是在中国特色社会主义进入新时代的历史条件下形成的。党的十八大以来，以习近平同志为核心的党中央科学把握国内外发展大势，顺应实践要求和人民愿望，推动党和国家事业发生历史性变革，领导人民取得改革开放和社会主义现代化建设的历史性成就。中国发展站在了新的历史起点上，进入了一个新的发展阶段，发展环境、发展的内外条件、目标任务等都发生了新的变化。我国社会主要矛盾已经转化为人民日益增长的美好生活需要和不平衡不充分的发展之间的矛盾，对党和国家各方面工作提出了新要求。中华民族迎来了从站起来、富起来到强起来的伟大飞跃，即将全面建成小康社会，实现第一个百年目标，踏上全面建设社会主义现代化国家的新征程。习近平新时代中国特色社会主义思想正是在这样的伟大时代中应运而生、在当代中国的新实践新发展中顺势而成的。

习近平新时代中国特色社会主义思想，是在科学社会主义焕发新生机、两种社会制度的较量呈现新态势的时代背景下形成的。20 世纪 80 年代末 90 年代初，苏联解体、苏共垮台、东欧剧变，世界社会主义遭受严重挫折。30 多年过去了，中国不但在世界上把社会主义的旗帜杠住了、举稳了，而且把科学社会主义推向崭新的阶段，社会主义的影响力、感召力大大增强。中国特色社会主义发展取得的成就，使世界上正视和相信马克思主义和社会主义的人多了起来，使世界范围内两种意识形态、两种社会制度的历史演进及其较量，发生了有利于马克思主义、社会主义的深刻转变。这不仅对于社会主义在中国的发展，而且对于世界社会主义发展和人类进步，都是具有深远历史意义的大事件。对科学社会主义的理论思考、经验总结，对坚持和发展中国特色社会主义的担当和探索，贯穿习近平新时代中国特色社会主义思想形成和发展的全过程。

习近平新时代中国特色社会主义思想，是在百年不遇的世界大变局中形成的。当前，世界正处于大发展大变革大调整时期，世界多极化、经济全球化、社会信息化、文化多样化深入发展，全球治理体系和国际秩序变革加速推进，各国相互联系和依存日益加深。同时，世界面临的不稳定性不确定性突出，世界经济增长动能不足，贫富分化日益严重，地区热点问题此起彼伏，恐怖主义、气候变化等人类共同的威胁持续蔓延。面对世界经济、国际安全、国际治理等一系列重大问题，世界需要新的方向、新的方案、新的选择。世界需要中国智慧、中国理念、中国方案，中国也正在发挥着世界和平建设者、全球发展贡献者、国际秩序维护者的重要作用。习近平新时代中国特色社会主义思想正是在这样的时代背景下孕育产生、丰富发展的。

习近平新时代中国特色社会主义思想，是在十八大以来党所经历的深刻革命性锻造中形成的。历史和现实都一再证明，一个执政党进行社会革命不容易，进行自我革命更不容易，但不进行自我革命就必然被历史所淘汰。以习近平同志为核心的党中央，清醒分析党面临的“四大考验”“四种危险”，带领全党以自我革命的勇气，全面推进党的政治建设、思想建设、组织建设、作风建设、纪律建设，把制度建设贯穿其中，深入推进反腐败斗争，把党锻造成为人民衷心拥护、经得起各种风浪考验、朝气蓬勃的马克思主义执政党。习近平新时代中国特色社会主义思想，是党自我净化、自我完善、自我革新、自我提高的重要成果，深化了对共产党执政规律、党的自身建设规律的认识，展现了新时代马克思主义执政党强大的创造力、凝聚力、战斗力。

习近平新时代中国特色社会主义思想，是党和人民实践经验和集体智慧的结晶，习近平总书记是这一思想的主要创立者，为新时代中国特色社会主义思想的创立发挥了决定性作用，做出了决定性贡献。

（二）习近平新时代中国特色社会主义思想的主要内容

坚持和发展中国特色社会主义，是习近平新时代中国特色社会主义思想的核心要义。紧紧围绕坚持和发展什么样的中国特色社会主义、怎样坚持和发展中国特色社会主义这一时代课题，系统回答了坚持和发展中国特色社会主义的一系列基本问题，内涵丰富，包括新时代坚持和发展中国特色社会主义的总目标、总任务、总体布局、战略布局和发展方向、发展方式、发展动力、战略安排、外部条件、政治保证，涉及经济、政治、文化、科技、教育、社会、民生、民族、宗教、生态文明、国家安全、国防和军队、“一国两制”和祖国统一、统战、外交、党建等各个方面。“八个明确”和“十四条方略”构成了习近平新时代中国特色社会主义思想的核心内容。

“八个明确”是这一思想最为核心的组成部分，是支撑习近平新时代中国特色社会主义思想的四梁八柱。“八个明确”是指导思想层面的表述，重点讲的是怎么看，回答的是新时代坚持和发展什么样的中国特色社会主义的问题，集中反映了党对科学社会主义在当今时代的理论思考和理论贡献。

一是明确坚持和发展中国特色社会主义，总任务是实现社会主义现代化和中华民族伟大复兴，在全面建成小康社会的基础上，分两步走在本世纪中叶建成富强民主文明和谐美丽的社会主义现代化强国。

二是明确新时代我国社会主要矛盾是人民日益增长的美好生活需要和不平衡不充分的发展之间的矛盾，必须坚持以人民为中心的发展思想，不断促进人的全面发展、全体人民共同富裕。

三是明确中国特色社会主义事业总体布局是“五位一体”、战略布局是“四个全面”，强调坚定道路自信、理论自信、制度自信、文化自信。坚持和发展中国特色社会主义，必须统筹推进“五位一体”总体布局和协调推进“四个全面”战略布局，坚定“四个自信”，坚持实干兴邦。

四是明确全面深化改革总目标是完善和发展中国特色社会主义制度、推进国家治理体系和治理能力现代化。这个总目标既规定了全面深化改革的根本方向是完善和发展中国特色社会主义，又明确了在根本方向指引下完善和发展中国特色社会主义制度的鲜明指向。

五是明确全面推进依法治国总目标是建设中国特色社会主义法治体系、建设社会主义法治国家。全面依法治国，必须把党的领导贯彻落实到依法治国的全过程和各方面，坚定不移走中国特色社会主义法治道路。加快形成完备的法律规范体系、高效的法治实施体系、严密的法治监督体系、有力的法治保障体系、完善的党内法规体系。

六是明确党在新时代的强军目标是建设一支听党指挥、能打胜仗、作风优良的人民军队，把人民军队建设成为世界一流军队。听党指挥是人民军队的建军之本强军之魂，能打胜仗是强军的核心，作风优良是保证。

七是明确中国特色大国外交要推动构建新型国际关系，推动构建人类命运共同体。中国始终不渝走和平发展道路、奉行互利共赢的开放战略，坚持正确的义利观，推动建设相互尊重、公平正义、合作共赢的新型国际关系，愿与世界各国人民同心协力构建人类命运共同体，建设持久和平、普遍安全、共同繁荣、开放包容、清洁美丽的世界。

八是明确中国特色社会主义最本质的特征是中国共产党领导，中国特色社会主义制度的最大优势是中国共产党领导，党是最高政治领导力量，提出新时代党的建设总要求，突出政治建设在党的建设中的重要地位。中国共产党是中国特色社会主义伟大事业的坚强领导核心。坚持党的领导是党和国家事业的根本所在、命脉所在，是全国各族人民的利益所系、幸福所系。必须坚持党对一切工作的领导，坚持全面从严治党，坚持把党中央权威和集中统一领导作为党的政治建设的首要任务。

“十四个坚持”的基本方略，是对党的治国理政重大方针、原则的最新概括，是实现“两个一百年”奋斗目标、实现中华民族伟大复兴中国梦的“路线图”和“方法论”。“十四个坚持”是行动纲领层面的表述，偏重于实践和方略层面，重点讲的是怎么办，回答的是新时代怎样坚持和发展中国特色社会主义的问题。从逻辑和结构上体现着坚持和加强党的全面领导这一当代中国的最高政治原则，贯穿着以自我革命引领社会革命的内在逻辑。

坚持党对一切工作的领导。党政军民学，东西南北中，党是领导一切的。必须增强政治意识、大局意识、核心意识、看齐意识，自觉维护党中央权威和集中统一领导，自觉在思想上、政治上、行动上同党中央保持高度一致，完善坚持党的领导的体制机制，坚持稳中求进工作总基调，统筹推进“五位一体”总体布局，协调推进“四个全面”战略布局，提高党把方向、谋大局、定政策、促改革的能力和定力，确保党始终总览全局、协调各方。

坚持以人民为中心。人民是历史的创造者，是决定党和国家前途命运的根本力量。必须坚持人民主体地位，坚持立党为公、执政为民，践行全心全意为人民服务的根本宗旨，把党的群众路线贯彻到治国理政全部活动之中，把人民对美好生活的向往作为奋斗目标，依靠人民创造历史伟业。

坚持全面深化改革。只有社会主义才能救中国，只有改革开放才能发展中国、发展社会主义、发展马克思主义。必须坚持和完善中国特色社会主义制度，不断推进国家治理体系和治理能力现代化，坚决破除一切不合时宜的思想观念和体制机制弊端，突破利益固化的藩篱，吸收人类文明有益成果，构建系统完备、科学规范、运行高效的制度体系，充分发挥我国社会主义制度优越性。

坚持新发展理念。发展是解决我国一切问题的基础和关键，发展必须是科学发展，必须坚定不移贯彻创新、协调、绿色、开放、共享的发展理念。必须坚持和完善我国社会主义基本经济制度和分配制度，毫不动摇巩固和发展公有制经济，毫不动摇鼓励、支持、引导非公有制经济发展，使市场在资源配置中起决定性作用，更好发挥政府作用，推动新型工业化、信息化、城镇化、农业现代化同步发展，主动参与和推动经济全球化进程，发展更高层次的开放型经济，不断壮大我国经济实力和综合国力。

坚持人民当家做主。坚持党的领导、人民当家作主、依法治国有机统一是社会主义政治发展的必然要求。必须坚持中国特色社会主义政治发展道路，坚持和完善人民代表大会制度、中国共产党领导的多党合作和政治协商制度、民族区域自治制度、基层群众自治制度，巩固和发展最广泛的爱国统一战线，发展社会主义协商民主，健全民主制度，丰富民主形式，拓宽民主渠道，保证人民当家作主落实到国家政治生活和社会生活之中。

坚持全面依法治国。全面依法治国是中国特色社会主义的本质要求和重要保障。必须把党的领导贯彻落实到依法治国全过程和各方面，坚定不移走中国特色社会主义法治道路，完善以宪法为核心的中国特色社会主义法律体系，建设中国特色社会主义法治体系，建设社会主义法治国家，发展中国特色社会主义法治理论，坚持依法治国、依法执政、依法行政共同推进，坚持法治国家、法治政府、法治社会一体建设，坚持依法治国和以德治国相结合，依法治国和依规治党有机统一，深化司法体制改革，提高全民法治素养和道德素质。

坚持社会主义核心价值体系。文化自信是一个国家、一个民族发展中更基本、更深沉、更持久的力量。必须坚持马克思主义，牢固树立共产主义远大理想和中国特色社会主义共同理想，培育和践行社会主义核心价值观，不断增强意识形态领域主导权和话语权，推动中华优秀传统文化创造性转化、创新性发展，继承革命文化，发展社会主义先进文化，不忘本来、吸收外来、面向未来，更好构筑中国精神、中国价值、中国力量，为人民指引方向。

坚持在发展中保障和改善民生。增进民生福祉是发展的根本目的。必须多谋民生之利、多解民生之忧，在发展中补齐民生短板、促进社会公平正义，在幼有所育、学有所教、劳有所得、病有所医、老有所养、住有所居、弱有所扶上不断取得新进展，深入开展脱贫攻坚，保证全体人民在共建共享发展中有更多获得感，不断促进人的全面发展、全体人民共同富裕。建设平安中国，加强和创新社会治理，维护社会和谐稳定，确保国家长治久安、人民安居乐业。

坚持人与自然和谐共生。建设生态文明是中华民族永续发展的千年大计。必须树立和践行绿水青山就是金山银山的理念，坚持节约资源和保护环境的基本国策，像对待生命一样对待生态环境，统筹山水林田湖草系统治理，实行最严格的生态环境保护制度，形成绿色发展方式和生活方式，坚定走生产发展、生活富裕、生态良好的文明发展道路，建设美丽中国，为人民创造良好生产生活环境，为全球生态安全作出贡献。

坚持总体国家安全观。统筹发展和安全，增强忧患意识，做到居安思危，是我们党治国理政的一个重大原则。必须坚持国家利益至上，以人民安全为宗旨，以政治安全为根本，统筹外部安全和内部安全、国土安全和国民安全、传统安全和非传统安全、自身安全和共同安全，完善国家安全制度体系，加强国家安全能力建设，坚决维护国家主权、安全、发展利益。

坚持党对人民军队的绝对领导。建设一支听党指挥、能打胜仗、作风优良的人民军队，是实现“两个一百年”奋斗目标、实现中华民族伟大复兴的战略支撑。必须全面贯彻党领导人民军队的一系列根本原则和制度，确立新时代党的强军思想在国防和军队建设中的指导地位，坚持政治建军、改革强军、科技兴军、依法治军，更加注重聚焦实战，更加注重创新驱动，更加注重体系建设，更加注重集约高效，更加注重军民融合，实现党在新时代的强军目标。

坚持“一国两制”和推进祖国统一。保持香港、澳门长期繁荣稳定，实现祖国完全统一，是实现中华民族伟大复兴的必然要求。必须把维护中央对香港、澳门特别行政区全面管治权和保障特别行政区高度自治权有机结合起来，确保

“一国两制”方针不会变、不动摇，确保“一国两制”实践不变形、不走样。必须坚持一个中国原则，坚持“九二共识”，推动两岸关系和平发展，深化两岸经济合作和文化往来，推动两岸同胞共同反对一切分裂国家的活动，共同为实现中华民族伟大复兴而奋斗。

坚持推动构建人类命运共同体。中国人民的梦想同世界各国人民的梦想息息相通，实现中国梦离不开和平的国际环境和稳定的国际秩序。必须统筹国内国际两个大局，始终不渝地走和平发展道路、奉行互利共赢的开放战略，坚持正确义利观，树立共同、综合、合作、可持续的新安全观，谋求开放创新、包容互惠的发展前景，促进和而不同、兼收并蓄的文明交流，构筑尊崇自然、绿色发展的生态体系，始终做世界和平的建设者、全球发展的贡献者、国际秩序的维护者。

坚持全面从严治党。勇于自我革命，从严管党治党，是我们党最鲜明的品格。必须以党章为根本遵循，把党的政治建设摆在首位，思想建党和制度治党同向发力，统筹推进党的各项建设，抓住“关键少数”，坚持“三严三实”，坚持民主集中制，严肃党内政治生活，严明党的纪律，强化党内监督，发展积极健康的党内政治文化，全面净化党内政治生态，坚决纠正各种不正之风，以零容忍态度惩治腐败，不断增强党自我净化、自我完善、自我革新、自我提高的能力，始终保持党同人民群众的血肉联系。

新时代中国特色社会主义基本方略，是习近平新时代中国特色社会主义思想的重要组成部分，也是落实习近平新时代中国特色社会主义思想的实践要求。

习近平新时代中国特色社会主义思想内容十分丰富，涵盖改革发展稳定、内政外交国防、治党治国治军等各个领域、各个方面，构成了一个系统完整、逻辑严密、相互贯通的思想理论体系。“八个明确”和“十四个坚持”体现了习近平新时代中国特色社会主义思想理论与实践的统一。

（三）习近平新时代中国特色社会主义思想的历史地位

习近平新时代中国特色社会主义思想是马克思主义中国化最新成果，是中国特色社会主义理论体系的重要组成部分，是当代中国马克思主义、21 世纪马克思主义，是党和国家必须长期坚持并不断发展的指导思想，是全党全国人民为实现中华民族伟大复兴而奋斗的行动指南。

习近平新时代中国特色社会主义思想与马克思列宁主义、毛泽东思想、邓小平理论、“三个代表”重要思想、科学发展观既一脉相承又与时俱进，是马克思主义中国化最新成果。马克思主义是我们立党立国的根本。马克思主义基本原理与中国革命、建设、改革实际相结合的理论成果，指引着中国人民夺取了一个又一个伟大胜利。习近平新时代中国特色社会主义思想始终贯穿着马克思主义的立场观点方法，始终把马克思主义作为理论起点、逻辑起点、价值起点，自觉继承马克思主义、列宁主义、毛泽东思想、邓小平理论、“三个代表”重要思想和科学发展观的核心要义，处处闪耀着马克思主义真理光辉，“没有丢掉老祖宗”。同时，又以我们正在做的事情为中心，直面前进道路上的各种困难和矛盾、风险和挑战，着力探索破解难题，创造性地把马克思主义基本原理和新时代坚持和发展中国特色社会主义的伟大实践相结合，提出了一系列有原创性的新思想新观点新论断，形成了系统完备、逻辑严密、内在统一的科学体系，续写中国特色社会主义这篇大文章，谱写了马克思主义的时代新篇章，开辟了马克思主义的新境界，在马克思主义中国化进程中具有里程碑意义。

习近平新时代中国特色社会主义思想是党和人民实践经验和集体智慧的结晶，是新时代的精神旗帜。理论来源于实践，人民群众是实践的主体。党的十八大以来，以习近平同志为核心的党中央，在系统总结和继承中国革命、建设和改革经验的基础上，团结带领全党全国各族人民进行了新时代中国特色社会主义的伟大实践，提出了一系列新理念新思想新战略，出台了一系列重大方针政策，推出了一系列重大举措，推进了一系列重大工作，中国特色社会主义在实践中展现出勃勃生机和活力，中华民族迎来了从站起来、富起来到强起来的伟大飞跃。以习近平同志为核心的党中央，始终坚持人民主体思想，坚持以人民为中心的发展思想，坚持和善于从人民群众中汲取智慧和力量，将党和人民群众的实践经验及时总结上升为理论，又用新的理论成果指导实践。习近平新时代中国特色社会主义思想坚持以社会主义现代化建设进程中的实际问题、以我们正在做的事情为中心，着眼统揽伟大斗争、伟大工程、伟大事业、伟大梦想，既立足于现实的中国，又植根于历史的中国，围绕强国梦想，贯通党的使命、国家的前途、人民的福祉、民族的命运，贯通中国的过去、现在和未来，体现了科学社会主义理论逻辑与中国社会发展历史逻辑的辩证统一，成为当今时代最富中国味、最具中国魂的科学理论，是实践探索、经验总结、理论升华凝结而成的思想结晶，是关乎国家前途命运和人民根本利益的时代精神旗帜。党的十九大通过的《中国共产党章程（修正案）》，把习近平新时代中国特色社会主义思想确立为党的指导思想，第十三届全国人民代表大会第一次会议把这一思想载入宪法。

习近平新时代中国特色社会主义思想是实现中华民族伟大复兴的行动指南。实现中华民族伟大复兴是近代以来中华民族最伟大的梦想。中国特色社会主义是建设社会主义现代化强国、实现中华民族伟大复兴的必由之路。坚持党的领导是中国特色社会主义最本质的特征，是中国特色社会主义最大的制度优势。习近平新时代中国特色社会主义思想围绕新时代坚持和发展什么样的中国特色社会主义、怎样坚持和发展中国特色社会主义这个重大时代课题谋篇布局，在不断推进“四个伟大”的实践过程中，提出了一系列具有开创性意义的新理念新思想新战略，为决胜全面建成小康社会、全面建设社会主义现代化强国新征程提供了行动指南；为新时代不断完善中国特色社会主义制度，推进国家治理体系和治理能力的现代化提供了基本遵循；为全面从严治党、把党建设成为中国特色社会主义事业的坚强领导核心提供了强大思想武器。

习近平新时代中国特色社会主义思想对人类文明进步具有重要意义。当今世界正处于百年未有的大变局之中，世界经济增长需要新动力，发展需要更加普惠平衡，贫富差距鸿沟有待弥合，地区热点问题此起彼伏。面对摆在全人类面前的共同挑战，“世界怎么了，应该怎么办？”等世界时代性课题，习近平新时代中国特色社会主义思想洞察时代风云，把握世界发展大势，积极探索关系人类前途命运的重大问题，为应对全球性挑战、解决全球性问题贡献了中国智慧和中国方案，对人类文明进步具有重要意义，以全新视野深化了对共产党执政规律、社会主义建设规律和人类社会发展规律的认识，是当代中国马克思主义、21 世纪马克思主义。

第二章　中国特色社会主义理论体系的内涵和基本内容

中国特色社会主义理论体系作为马克思主义中国化的最新成果，有着特定的内涵和基本内容。搞清楚这些问题，对于我们自觉坚持和发展这个理论体系，奋力开拓中国特色社会主义更为广阔的发展前景，具有特别重要的意义。

第一节　中国特色社会主义理论体系的内涵

“中国特色社会主义理论体系”这一概念是在党的十七大报告中提出来的。其内涵主要有以下几个方面。

一、中国特色社会主义理论体系是包括邓小平理论、“三个代表”重要思想以及科学发展观等重大战略思想在内的科学理论体系

党的十七大报告第一次用“中国特色社会主义理论体系”这一概念来整合我们党自十一届三中全会以来所形成的各个重大理论成果，包括邓小平理论、“三个代表”重要思想、科学发展观等重大战略思想。这表明中国特色社会主义理论体系是一个既一脉相承而又与时俱进的科学体系。其理论贡献是系统回答了在中国这样一个十几亿人口的发展中大国建设什么样的社会主义、怎样建设社会主义，建设什么样的党、怎样建设党，实现什么样的发展、怎样发展等一系列重大问题。

（一）邓小平理论是中国特色社会主义理论体系的开创之作，是最基础的重要组成部分

邓小平理论产生于“文化大革命”刚刚结束、国家百废待兴的年代。面对“文化大革命”造成的危难局面，以邓小平为核心的第二代中央领导集体首先重新确立了解放思想、实事求是的思想路线，冲破“两个凡是”的思想禁锢，科学评价了毛泽东和毛泽东思想，彻底否定了“以阶级斗争为纲”的错误理论和实践，

作出了把党和国家的工作重心转移到经济建设上来，实行改革开放的重大决策，在领导党和人民进行社会主义现代化建设的伟大实践中，创立了邓小平理论，开辟了建设中国特色社会主义的新道路。

邓小平理论包含一系列具有开创性的思想，其中最首要的是在深刻总结历史经验的基础上，第一次比较系统地初步回答了“什么是社会主义、怎样建设社会主义”的问题。邓小平指出：“我们建立的社会主义制度是个好制度，必须坚持。我们马克思主义者过去闹革命，就是为社会主义、共产主义崇高理想而奋斗。现在我们搞经济改革，仍然要坚持社会主义道路，坚持共产主义的远大理想，年轻一代尤其要懂得这一点。但问题是什么是社会主义，如何建设社会主义。我们的经验教训有许多条，最重要的一条，就是要搞清楚这个问题。”贫穷不是社会主义，发展太慢也不是社会主义；平均主义不是社会主义，两极分化也不是社会主义；僵化封闭不能发展社会主义，照搬外国也不能发展社会主义；没有民主就没有社会主义，没有法制也没有社会主义；不重视物质文明搞不好社会主义，不重视精神文明也搞不好社会主义。“社会主义的本质，是解放生产力，发展生产力，消灭剥削，消除两极分化，最终达到共同富裕。”从而把对社会主义的认识提高到新的科学水平。邓小平强调：“我们的现代化建设，必须从中国的实际出发。无论是革命还是建设，都要注意学习和借鉴外国经验。但是，照抄照搬别国经验、别国模式，从来不能得到成功。这方面我们有过不少教训。把马克思主义的普遍真理同我国的具体实际结合起来，走自己的路，建设有中国特色的社会主义，这就是我们总结长期历史经验得出的基本结论。”而当代中国最大的实际就是中国现在正处于并将长期处于社会主义初级阶段。在这个阶段，由于国内的因素和国际的影响，阶级斗争还在一定范围内长期存在，在某种条件下还可能激化，但已经不是主要矛盾，人民日益增长的物质文化需要同落后的社会生产之间的矛盾才是社会的主要矛盾，一切都要从这个实际出发，根据这个实际去制定规划。为促进我国生产力的快速发展，邓小平及时作出了对我国社会主义生产关系和上层建筑中不适应生产力发展和经济基础需要的部分结构进行改革的重大决策，并把它看作是一场社会主义制度自我完善和发展的革命。与此同时，邓小平还以马克思主义的宽广眼界观察世界，作出了实行对外开放的科学决策，指出“社会主义要赢得与资本主义相比较的优势，就必须大胆吸收和借鉴人类社会创造的一切文明成果，吸收和借鉴当今世界各国包括资本主义发达国家的一切反映现代社会化生产规律的先进经营方式、管理方法”。为使改革开放迈开步伐，邓小平还提出了判断其得失成败的“三个有利于”标准，即“是否有利于发展社会主义社会的生产力，是否有利于增强社会主义国家的综合国力，是否有利于提高人民的生活水平”。在思考用什么方法才能有效地发展生产力时，邓小平还提出了社会主义也可以搞市场经济的思想，在他看来，“计划多一点还是市场多一点，不是社会主义与资本主义的本质区别。计划经济不等于社会主义，资本主义也有计划；市场经济不等于资本主义，社会主义也有市场。计划和市场都是经济手段”。从而为社会主义市场经济理论的形成奠定了坚实的基础。

邓小平在探索和回答“什么是社会主义、怎样建设社会主义”问题的同时，还对“建设什么样的党、怎样建设党”，“实现什么样的发展、怎样发展”等重大问题作了初步探索和阐释。党的十一届三中全会以后，全党的工作重点转移到社会主义现代化建设上来，实行改革开放，这对加强和改进党的建设提出了新的要求。根据这一要求，邓小平在改革开放之初就提出了“执政党应该是一个什么样的党，执政党的党员应该怎样才合格，党怎样才叫善于领导”的问题，强调要切实加强党的建设，把党建设成为有战斗力的马克思主义政党，成为领导人民进行社会主义现代化建设的坚强核心。围绕这个目标，邓小平提出了一系列重要新思想，如党的建设必须紧紧围绕党的政治路线进行，在整个改革开放过程中都要反对腐败，要加强干部队伍建设等，初步回答了在改革开放条件下如何加强和改进党的建设的一系列重大问题，深化了我们党对自身建设规律的认识。与此同时，邓小平也同样高度关注发展问题，明确提出发展是当今世界的两大问题之一，发展才是硬道理，发展对于中国特色社会主义具有决定性意义，强调社会主义物质文明和精神文明都搞好，才是中国特色社会主义。邓小平还科学谋划我国的发展战略，明确提出分“三步走”基本实现现代化的战略步骤。

正是因为有了这些历史性的理论贡献，才使邓小平开创了中国特色社会主义理论体系，实现了马克思主义同中国实际相结合的第二次历史性飞跃。

（二）“三个代表”重要思想是中国特色社会主义理论体系承上启下的极为重要的组成部分

“三个代表”重要思想产生于国际局势风云变幻，我国改革开放和现代化建设进程波澜壮阔的特殊历史时期。“20 世纪 80 年代末 90 年代初，国内发生严重政治风波，东欧剧变、苏联解体，世界社会主义出现严重挫折。我国社会主义事业的发展面临空前巨大的困难和压力。”在这个重大历史关头，以江泽民为核心的党的第三代中央领导集体，高举马克思列宁主义、毛泽东思想、邓小平理论伟大旗帜，坚持改革开放，与时俱进，提出了一系列重要思想观点，创立了“三个代表”，即中国共产党必须始终代表中国先进生产力的发展要求，代表中国先进文化的前进方向，代表中国最广大人民的根本利益的重要思想，带领全党全国人民捍卫和发展了中国特色社会主义事业，并成功地把它推向21世纪。

“三个代表”重要思想创造性地运用马克思列宁主义、毛泽东思想特别是邓小平理论，紧密结合时代发展的新形势、我国广大人民的新要求、我国改革开放和现代化建设的新实践继续进行探索，从坚持和完善社会主义公有制为主体、多种所有制经济共同发展的基本经济制度到坚持和完善按劳分配为主体、多种分配方式并存的分配制度，从建立社会主义市场经济体制到推进经济结构战略性调整和经济增长方式转变，从推进西部大开发、促进区域协调发展到实施“引进来”和“走出去”相结合的开放战略，从发展社会主义民主政治到建设社会主义法治国家，从发展社会主义先进文化到推动社会主义物质文明、政治文明、精神文明协调发展，从促进世界多极化和国际关系民主化到正确应对和驾驭经济全球化、促进共同发展，等等，形成了一系列富有独创性的理论成果，进一步回答了什么是社会主义、怎样建设社会主义这些基本问题。同时深刻分析世纪之交国内外形势的发展变化，正确把握党的历史方位，明确提出在新的历史条件下加强党的建设，必须坚持用时代发展的要求审视自己，以改革的精神加强和完善自己，切实做好提高党的领导水平和执政水平、提高拒腐防变和抵御风险能力这两大历史性课题，加强党的执政能力建设，全面推进党的建设新的伟大工程，把党建设成为思想上政治上组织上完全巩固、能够经受住各种风险、始终走在时代前列、领导全国人民建设中国特色社会主义的马克思主义政党。围绕这个目标，以江泽民为核心的党的第三代中央领导集体对在长期执政、对外开放、发展社会主义市场经济条件下加强和改进党的建设提出了一系列重要新思想，创造性地回答了在新的历史条件下建设什么样的党、怎样建设党的根本问题。

“三个代表”重要思想在探索和回答“什么是社会主义、怎样建设社会主义”，“建设什么样的党、怎样建设党”的同时，还对“实现什么样的发展、怎样发展”的问题作了进一步探索和回答。江泽民在党的十六大报告中指出：我们党在中国这样一个经济文化落后的发展中大国，领导人民进行现代化建设，能不能解决好发展问题，直接关系人心向背、事业兴衰。党要承担起推动中国社会进步的历史责任，必须始终紧紧抓住发展这个执政兴国的第一要务，把坚持党的先进性和发挥社会主义制度的优越性，落实到发展先进生产力、发展先进文化、实现最广大人民的根本利益上来，推动社会全面进步，促进人的全面发展。

“三个代表”重要思想是对马克思列宁主义、毛泽东思想和邓小平理论的继承和发展，反映了当代世界和中国的发展变化对党和国家工作的新要求，是加强和改进党的建设、推进我国社会主义自我完善和发展的强大理论武器，是党必须长期坚持的指导思想。始终做到“三个代表”，是我们党的立党之本、执政之基、力量之源。

（三）科学发展观等重大战略思想是中国特色社会主义理论体系的重要创新成果

科学发展观等重大战略思想产生于新世纪新阶段我国发展出现新的阶段性特征之际。此时，我国的社会主义现代化建设在取得了举世瞩目巨大成就的新的历史起点上，既面临着可以大有作为的战略机遇期，又面对着以高投人、高消耗、高排放、低效率、低产出为特征的粗放型经济增长方式与能源、资源、环境的矛盾日益突出以及在发展过程中贫富差距不断拉大等严峻挑战。以胡锦涛为总书记的党中央从党和国家事业发展的全局出发，总结我国发展实践，借鉴国外发展经验，适应新的发展要求，提出了科学发展观等重大战略思想，赋予马克思主义关于发展的理论以新的时代内涵和时代特色，进一步丰富和发展了中国特色社会主义理论体系。

科学发展观等重大战略思想紧紧围绕如何开创中同特色社会主义事业新局面，准确把握进入新世纪后的世界大势和我国的发展变化，发扬求真务实、开拓进取精神这一主题，继续推进理论创新和实践创新，提出坚持把发展作为党执政兴国的第一要务，牢牢扭住经济建设这个中心，聚精会神搞建设、一心一意谋发展，不断解放和发展社会生产力。坚持以人为本，始终把实现好、维护好、发展好最广大人民的根本利益作为党和国家一切工作的出发点和落脚点，尊重人民主体地位，发挥人民首创精神，保障人民各项权益，走共同富裕道路，促进人的全面发展，做到发展为了人民、发展依靠人民、发展成果由人民共享。坚持全面协调可持续发展，按照中国特色社会主义事业总体布局，全面推进经济建设、政治建设、文化建设、社会建设，促进现代化建设各个环节、各个方面相协调，促进生产关系与生产力、上层建筑与经济基础相协调。坚持统筹兼顾，正确认识和妥善处理中国特色社会主义事业中的重大关系，统筹城乡发展、区域发展、经济社会发展、人与自然和谐发展、国内发展和对外开放，统筹中央和地方关系，统筹个人利益和集体利益、局部利益和整体利益、当前利益和长远利益，充分调动各方面积极性。统筹国内国际两个大局。既要总揽全局、统筹规划，又要抓好牵动全局的重要工作、事关群众利益的突出问题，着力推动、重点突破。在国内推进保障和改善民生、促进社会公平正义的和谐社会建设，在国际上和各国人民携手努力推动持久和平、共同繁荣的和谐世界建设等重大战略思想。用一系列新的思想观点深化了对“什么是社会主义、怎样建设社会主义”这个基本问题的认识，同时创造性地回答了“实现什么样的发展、怎样发展”这一基本问题。

与此同时，科学发展观等重大战略思想还针对21世纪党面临的机遇和挑战，明确提出，党的先进性建设是马克思主义政党生存、发展、壮大的根本性建设，必须把党的执政能力建设和先进性建设作为主线，以改革创新精神全面推进党的建设新的伟大工程，以坚定理想信念为重点加强思想建设，以造就高素质党员、干部队伍为重点加强组织建设，以保持党同人民群众的血肉联系为重点加强作风建设，以健全民主集中制为重点加强制度建设，以完善惩治和预防腐败体系为重点加强反腐倡廉建设，使党始终成为立党为公、执政为民，求真务实、改革创新，艰苦奋斗、清正廉洁，富有活力、团结和谐的马克思主义执政党。从而也进一步深化了对“建设什么样的党、怎样建设党”这个基本问题的认识。

中国特色社会主义理论体系通过对建设什么样的社会主义、怎样建设社会主义，建设什么样的党、怎样建设党，实现什么样的发展、怎样发展等一系列重大问题的探索和回答，也就用一系列紧密联系、相互贯通的新思想、新观点、新论断，深化和丰富了对共产党执政规律、社会主义建设规律和人类社会发展规律的认识，这表明我们党对三大规律的认识、把握和运用水平都达到了新的高度，开辟了马克思主义中国化的新境界。

二、中国特色社会主义理论体系是马克思主义中国化的最新成果，是对马克思列宁主义、毛泽东思想的继承和发展

中国特色社会主义理论体系作为马克思主义中国化的最新成果，其形成和发展有着深厚的理论基础。它同马克思列宁主义、毛泽东思想同样具有既一脉相承又与时俱进的关系，是对马克思列宁主义、毛泽东思想的继承和发展。

（一）中国特色社会主义理论体系是对马克思列宁主义科学社会主义的丰富和发展

中国特色社会主义理论体系作为马克思主义中国化的最新成果，首先是马克思列宁主义科学社会主义基本原则同中国实际和时代特征相结合的产物，是对马克思列宁主义科学社会主义基本原则的丰富和发展。正因为如此，我们才把中国特色社会主义界定为扎根于当代中国的科学社会主义。中国特色社会主义理论体系所坚持的科学社会主义基本原则主要包括：以历史唯物主义为理论基石，以实现共产主义为最高理想，以无产阶级政党为领导核心，以解放和发展生产力为根本任务，以实现共同富裕为根本目标，以公有制和按劳分配为社会主义经济制度的基础，以人民当家做主为社会主义民主政治的本质特征，不断改革和完善社会主义制度和体制机制，等等。这些原则的正确性已被我国改革开放的成果和当今中国社会的现实所充分证明。

中国特色社会主义理论体系不仅坚持了科学社会主义的基本原则，而且还从我国的国情出发，以我国改革开放和社会主义现代化建设的实际问题、以我们正在做的事情为中心，坚持解放思想、实事求是、与时俱进，创造性地提出了一系列新思想、新观点、新论断，丰富和发展了马克思主义的科学社会主义理论。比如：提出了社会主义的本质是解放生产力，发展生产力，消灭剥削，消除两极分化，最终达到共同富裕的思想，丰富和发展了马克思主义关于社会主义本质的理论；提出了我国正处在并将长期处在社会主义初级阶段的思想，丰富和发展了马克思主义关于社会主义发展阶段的理论；提出了改革是一场新的革命，是中国现代化的必由之路，僵化停滞没有出路的思想，丰富和发展了马克思主义关于社会主义改革的思想；提出了我国经济体制改革的目标是建立社会主义市场经济体制的思想，丰富和发展了马克思主义政治经济学理论；提出了毫不动摇地巩固和发展公有制经济，毫不动摇地鼓励、支持、引导非公有制经济发展的思想，丰富和发展了马克思主义关于社会主义所有制的理论；提出了发展是我们党执政兴国的第一要务，要实现以人为本、全面协调可持续发展的思想，丰富和发展了马克思主义关于社会主义发展的理论；提出了按照民主法治、公平正义、诚信友爱、充满活力、安定有序、人与自然和谐相处的总要求构建社会主义和谐社会的思想，丰富和发展了马克思主义关于社会主义社会建设的理论；提出了坚持中国特色社会主义政治发展道路，发展社会主义民主政治，建设社会主义法治国家的思想，丰富和发展了马克思主义民主政治理论；提出了建设社会主义核心价值体系，坚持社会主义先进文化前进方向，提高国家文化软实力的思想，丰富和发展了马克思主义意识形态建设理论；提出了按照“一个国家、两种制度”的方针实现祖国和平统一的思想，丰富和发展了马克思主义国家学说；提出了奉行独立自主和平外交政策、坚持互利共赢开放战略，既通过争取和平的国际环境来发展自己，又通过自己的发展来促进世界和平的思想，丰富和发展了马克思主义国际战略理论；提出了加强党的执政能力建设和先进性建设，增强党的阶级基础、扩大党的群众基础，坚持科学执政、民主执政、依法执政，以改革创新精神全面推进党的建设新的伟大工程的思想，丰富和发展了马克思主义政党的建设理论，等等。这些都赋予马克思主义新的时代内涵，使社会主义真正获得了生机和活力。

（二）中国特色社会主义理论体系是对毛泽东探索社会主义建设规律重要思想成果的继承和创新

中国特色社会主义理论体系作为马克思主义中国化的最新成果，同时也是对毛泽东艰辛探索社会主义建设规律重要思想成果的继承和发展。以毛泽东为核心的党的第一代中央领导集体带领全党全国各族人民建立新中国，建立社会主义基本制度，取得了社会主义建设的伟大成就。特别是根据我国国情确立了人民民主专政的国体，创建了人民代表大会制度、中国共产党领导的多党合作和政治协商制度、民族区域自治制度和基层群众自治制度。这些实践成果，都为我们党在新时期开辟中国特色社会主义道路、创立中国特色社会主义理论体系，奠定了根本的政治前提和制度基础。

就理论成果而言，毛泽东思想作为一个科学体系，既包括毛泽东关于新民主主义革命的正确思想，也包括毛泽东关于社会主义建设的正确思想。1956 年我国社会主义制度基本建立后，毛泽东针对当时照搬照抄苏联模式产生的弊端，明确提出要“以苏为鉴”，努力探索适合我国国情的社会主义建设道路。1956 年 4 月，在中央政治局扩大会议上，毛泽东曾说：“我认为最重要的教训是独立自主，调查研究，摸清本国国情，把马克思列宁主义的基本原理同我国革命和建设的具体实际结合起来，制定我们的路线、方针、政策。民主革命时期，我们走过一段弯路，吃了大亏之后才成功地实现了这种结合，取得了革命的胜利。现在是社会主义革命和建设时期，我们要进行第二次结合，找出在中国进行社会主义革命和建设的正确道路。”以 1956 年毛泽东发表《论十大关系》的重要讲话和同年党的八大制定的反映中国特点的社会主义建设路线，以及 1957 年毛泽东做的《关于正确处理人民内部矛盾的问题》报告等为标志，我们党开始了对适合中国情况的社会主义建设道路的艰辛探索，并有了一个良好开端，取得了一系列重要思想成果。只是由于后来发生的严重失误，特别是“文化大革命”那样全局性的严重错误，才使一些正确方针政策没有得到贯彻落实。毛泽东带领我们党在艰辛探索中形成的重要思想成果，是我们党的宝贵财富，也是中国特色社会主义理论体系的重要思想来源。

邓小平曾经深刻阐明了党的十一届三中全会以来我们党所从事的事业与毛泽东的关系。他指出：“从许多方面来说，现在我们还是把毛泽东同志已经提出、但是没有做的事情做起来，把他反对错了的改正过来，把他没有做好的事情做好。今后相当长的时期，还是做这件事。当然，我们也有发展，而且还要继续发展。”邓小平理论、“三个代表”重要思想以及科学发展观等重大战略思想，都既继承了毛泽东探索社会主义建设规律留给我们的重要思想成果，又以改革开放新的实践为基础发展了这些重要思想成果。

概而言之，中国特色社会主义理论体系紧密结合我国改革开放和社会主义现代化建设的实际，紧密结合新的时代条件，既生动而具体地坚持了马克思列宁主义、毛泽东思想，又生动而具体地发展了马克思列宁主义、毛泽东思想，赋予马克思主义新的鲜活力量。中国特色社会主义理论体系之所以完全正确，之所以能够引领中国不断发展进步，最根本的就在于它既破除了对马克思主义的教条式理解，又抵制了抛弃社会主义基本制度的错误主张；既坚持了科学社会主义基本原则，又具有鲜明的时代特征和中国特色；既继承了前人，又创新了内容，开拓了马克思主义新境界，是深深扎根于中国大地、符合中国实际的当代中国马克思主义。

第二节　中国特色社会主义理论体系的基本内容

中国特色社会主义理论体系紧紧围绕什么是社会主义、怎样建设社会主义，建设什么样的党、怎样建设党，实现什么样的发展、怎样发展这三大基本问题展开。其内容主要包括以下几方面。

一、理论基础和精髓：实事求是的思想路线

中国特色社会主义思想路线是对马克思列宁主义、毛泽东思想思想路线的继承和发展。其间经历了一个较为曲折的过程。

（一）实事求是思想路线的重新确立和发展

实事求是作为我们党对辩证唯物主义和历史唯物主义世界观和方法论的高度概括和党的思想路线，是由以毛泽东为核心的第一代中央领导集体所确立的。1930 年 5 月，毛泽东在《反对本本主义》一文中指出：“我们说马克思主义是对的，绝不是因为马克思这个人是什么‘先哲’，而是因为他的理论，在我们的实践中，在我们的斗争中，证明了是对的。我们的斗争需要马克思主义。我们欢迎这个理论，丝毫不存在什么‘先哲’一类的形式的甚至神秘的念头在里面。……马克思主义的‘本本’是要学习的，但是必须同我国的实际情况相结合。我们需要‘本本’，但是一定要纠正脱离实际情况的本本主义。”延安整风时期，毛泽东在《改造我们的学习》《整顿党的作风》等文献中，进一步阐明了对待马克思主义的科学态度，并将使马克思列宁主义的理论和中国革命的实际运动结合起来，为解决中国革命的理论问题和策略问题而去从它找立场，找观点，找方法的态度，称为实事求是的态度。同时对实事求是的含义做了明确地界定，指出：“‘实事’就是客观存在着的一切事物，‘是’就是客观事物的内部联系，即规律性，‘求’就是我们去研究。我们要从国内外、省内外、县内外、区内外的实际情况出发，从其中引出其固有的而不是臆造的规律性，即找出周围事变的内部联系，作为我们行动的向导。”正是在实事求是思想路线的指引下，我们党领导全国各族人民取得了我国新民主主义革命和社会主义革命的伟大胜利，并初步总结了我国社会主义建设的经验，提出了探索适合中国国情的社会主义建设道路的任务，实现了马克思列宁主义同中国实际相结合的第一次历史性飞跃。但遗憾的是，1957 年下半年以后，这条实事求是的思想路线却被不同程度地偏离了，由此发生了像“大跃进”和“文化大革命”那样的严重错误，使我国的经济社会发展遭受了严重的损失。

1976 年 10 月粉碎“四人帮”以后，以邓小平为代表的老一辈无产阶级革命家重新确立和发展了党的实事求是的思想路线，提出了解放思想，开动脑筋，实事求是，团结一致向前看的指导方针。在 1978 年 12 月 13 日中共中央工作会议闭幕会上，邓小平明确指出：“一个党，一个国家，一个民族，如果一切从本本出发，思想僵化，迷信盛行，那它就不能前进，它的生机就停止了，就要亡党亡国。……只有解放思想，坚持实事求是，一切从实际出发，理论联系实际，我们的社会主义现代化建设才能顺利进行，我们党的马列主义、毛泽东思想的理论也才能顺利发展。……实事求是，是无产阶级世界观的基础，是马克思主义的思想基础。过去我们搞革命所取得的一切胜利，是靠实事求是；现在我们要实现四个现代化，同样要靠实事求是。”在1980年召开的党的十一届五中全会第三次会议上，邓小平进一步指出：“马克思、恩格斯创立了辩证唯物主义和历史唯物主义的思想路线，毛泽东同志用中国语言概括为‘实事求是’四个大字。实事求是，一切从实际出发，理论联系实际，坚持实践是检验真理的标准，这就是我们党的思想路线。”正是在解放思想、实事求是思想路线的指引下，以邓小平为核心的第二代中央领导集体，冲破“两个凡是”的思想禁锢，彻底否定了“以阶级斗争为纲”的错误理论和实践，作出了把党和国家的工作重点转移到经济建设上来，实行改革开放的重大决策，在领导党和人民进行社会主义现代化建设的伟大实践中，创立了邓小平理论，开辟了建设中国特色社会主义的新道路，开创了中国特色社会主义理论体系，实现了马克思主义同中国实际相结合的第二次历史性飞跃。

党的十三届四中全会以后，以江泽民为核心的第三代中央领导集体，在坚持解放思想、实事求是的基础上，提出了马克思主义具有与时俱进的论断，进一步丰富和发展了党的实事求是的思想路线。江泽民指出：“马克思主义具有与时俱进的理论品质。如果不顾历史条件和现实情况的变化，拘泥于马克思主义经典作家在特定历史条件下、针对具体情况作出的某些个别论断和具体行动纲领，我们就会因为思想脱离实际而不能顺利前进，甚至发生失误。这就是我们为什么必须始终反对以教条主义的态度对待马克思主义理论的道理所在。我们党在历史上的一些时期曾经犯过错误，甚至遇到严重挫折，根本原因就在于当时的指导思想脱离了中国的实际。我们党能够依靠自己和人民的力量纠正错误，战胜挫折，继续胜利前进，根本原因就在于重新恢复和坚持贯彻了解放思想、实事求是的思想路线。”江泽民还进一步指出：“与时俱进，是我们党坚持先进性和增强创造力的决定性因素。与时俱进，就是党的全部理论和工作要体现时代性，把握规律性，富于创造性。能否始终做到这一点，决定着党和国家的前途命运。”这些论断表明，我们党对思想路线的认识已经达到了一个新的高度。

以胡锦涛为总书记的党中央领导集体，在新的历史起点上，提出了“求真务实是我们党的思想路线的核心内容”的论断，并从理论与实践的结合上对其做了深刻的阐发，从而使中国特色社会主义思想路线达到了新的科学化水平。胡锦涛在2004年1月12日中共中央纪律检查委员会第三次全体会议的讲话中指出：“求真务实，是辩证唯物主义和历史唯物主义一以贯之的科学精神，是我们党的思想路线的核心内容，也是党的优良传统和共产党人应该具备的政治品格。”不难看出，胡锦涛提出的求真务实，实际上是把中国特色社会主义思想路线中实事求是的要求，进一步具体化为求我国社会主义初级阶段基本国情、共产党执政规律、社会主义建设规律和人类社会发展规律之真，务坚持长期艰苦奋斗、加强与改进党的建设和抓好发展这个党执政兴国的第一要务之实，全面推进中国特色社会主义建设。即是说，在我国改革开放和社会主义现代化建设中，面对复杂多变的国际环境和艰巨繁重的国内建设任务，以及我们党肩负的历史使命，要坚持以邓小平理论和“三个代表”重要思想为指导，全面落实科学发展观，实现经济持续快速协调健康发展和社会全面进步，维护好、实现好、发展好最广大人民的根本利益，就必须大力弘扬求真务实精神、大兴求真务实之风。只有这样，才能一步一个脚印地做好工作，扎扎实实地把改革开放和现代化建设推向前进。这些论断的提出，使中国特色社会主义思想路线达到了一个新的科学化水平。正是由于这条思想路线的指引，以胡锦涛为总书记的党中央领导集体，在新世纪新阶段我国发展出现新的阶段性特征之际，从党和国家事业发展的全局出发，总结我国发展实践，借鉴国外发展经验，适应新的发展要求，提出了科学发展观等重大战略思想，赋予马克思主义关于发展的理论以新的时代内涵和时代特色，进一步丰富和发展了中国特色社会主义理论体系。

（二）实事求是思想路线的地位和作用

实事求是思想路线的确立，对于中国特色社会主义理论体系的形成和发展，以及中国特色社会主义的建设和发展来说，都具有极为重要的意义。它既是中国特色社会主义理论体系形成和发展的基础和精髓，也是建设和发展中国特色社会主义的根本思想武器。

首先，实事求是思想路线是中国特色社会主义理论体系形成和发展的基础和精髓。中国特色社会主义理论体系作为马克思主义中国化的最新成果，不是凭空产生的，而是在中国特色社会主义思想路线的指引下，在对中国特色社会主义进行探索和实践的过程中，逐渐形成和发展的。在这一过程中，中国特色社会主义思想路线的确立和发展为中国特色社会主义理论体系的形成和发展提供了重要思想基础，而中国特色社会主义理论体系的形成和发展则是中国特色社会主义思想路线在实践中得以贯彻的产物和理论结晶。所以如此，是因为，思想路线是确定政治路线的基础。正确的政治路线能不能贯彻实行，关键是思想路线对不对头。因此，“不解决思想路线问题，不解放思想，正确的政治路线就制定不出来，制定了也贯彻不下去。”十一届三中全会开始，我们党确立了建设中国特色社会主义的政治路线，为此就必须确立一条使这条政治路线能够顺利实施的思想路线，并以其为指导创立中国特色社会主义理论体系，指导中国特色社会主义的建设和发展。这条思想路线只能是作为马克思主义世界观和方法论的集中体现的解放思想、实事求是、与时俱进的思想路线，即中国特色社会主义思想路线。正因为如此，我们党在开辟中国特色社会主义道路、创立中国特色社会主义理论体系的过程中，在探索和回答“什么是社会主义、怎样建设社会主义，建设什么样的党、怎样建设党，实现什么样的发展、怎样发展”三大基本问题的同时，还探索和回答了“什么是马克思主义、怎样对待马克思主义”这一重大基本问题。而且，后一个问题相对于前三个问题而言，更具有基础性和根本性的意义，它集中体现着我们党的指导思想的理论基础。因此，对于这个问题的科学回答便构成了对其他问题作出正确回答的重要思想基础，从而也就对其他问题的正确回答具有了决定性的意义。正如邓小平所说：“关于实践是检验真理的唯一标准问题的讨论，实际上也是要不要解放思想的争论。……只有解放思想，坚持实事求是，一切从实际出发，理论联系实际，我们的社会主义现代化建设才能顺利进行，我们党的马列主义、毛泽东思想的理论也才能顺利发展。从这个意义上说，关于真理标准问题的争论，的确是个思想路线问题，是个政治问题，是个关系到党和国家的前途和命运的问题。”

正是这个缘故，因此以邓小平为核心的第二代中央领导集体，在改革开放之初，面对“文化大革命”造成的危难局面，首先以巨大的政治胆略和理论勇气，进行了理论上的正本清源和指导思想上的拨乱反正，重新确立了党的实事求是的思想路线，在总结新中国成立30年正反两方面经验并借鉴国际经验、研究世界形势的基础上，作出了把党和国家工作重点转移到经济建设上来和实行改革开放的历史性决策，开辟了一条中国特色的社会主义道路，创立了中国特色社会主义理论体系。实践证明，面对“文化大革命”造成的危难局面，以邓小平为核心的第二代中央领导集体，如果不坚持解放思想、实事求是，就不能彻底否定“文化大革命”的错误，提出社会主义本质论、社会主义初级阶段论、时代主题论、社会主义改革开放论、社会主义市场经济论等重要理论，从而形成邓小平理论，开辟中国特色社会主义道路，将我国社会主义现代化建设推向一个崭新的阶段。以江泽民为核心的第三代中央领导集体，如果不坚持解放思想、实事求是、与时俱进，在国际局势风云变幻，我国改革开放和现代化建设进程波澜壮阔的特殊历史时期，就不能创立“三个代表”重要思想，将中国特色社会主义事业继续推向前进。以胡锦涛为总书记的党中央领导集体，如果不坚持解放思想、实事求是、与时俱进，发扬求真务实、改革创新的精神，就不能提出科学发展观等重大战略思想，继续推动改革开放和现代化建设事业的科学发展，为中国特色社会主义事业的发展开拓广阔的前景。由此可见，邓小平理论、“三个代表”重要思想以及科学发展观等重大战略思想都是在坚持中国特色社会主义思想路线的基础上创立和发展的，是中国特色社会主义思想路线在实践中得以贯彻的产物和理论结晶。正因为如此，中国特色社会主义思想路线也就成为中国特色社会主义理论体系的精髓，是贯穿邓小平理论、“三个代表”重要思想以及科学发展观等重大战略思想的一根红线。

其次，实事求是思想路线是建设和发展中国特色社会主义的根本思想武器。胡锦涛在党的十七大报告中指出：“改革开放以来我们取得一切成绩和进步的根本原因，归结起来就是：开辟了中国特色社会主义道路，形成了中国特色社会主义理论体系。”“全党同志要倍加珍惜、长期坚持和不断发展党历经艰辛开创的中国特色社会主义道路和中国特色社会主义理论体系。”由于实事求是作为党的思想路线，始终是中国共产党人认识世界和改造世界的根本要求，是我们党的基本思想方法、工作方法和领导方法，是党带领人民推动中国革命、建设和改革事业不断取得胜利的重要法宝，也是包括邓小平理论、“三个代表”重要思想以及科学发展观等重大战略思想在内的中国特色社会主义理论体系的精髓，因而也就成为我们党领导全国各族人民建设和发展中国特色社会主义的根本思想武器。正因为如此，在中国特色社会主义建设和发展中，我们坚持中国特色社会主义理论体系，最根本的就是坚持党的实事求是的思想路线。这是我们不断夺取中国特色社会主义事业新胜利的根本保证。这一点已被我们党的历史所证明。回顾我们党100多年的历史可以清楚地看到，什么时候坚持实事求是，党就能够形成符合客观实际、体现发展规律、顺应人民意愿的正确路线方针政策，党和人民事业就能够不断取得胜利；反之，离开了实事求是，党和人民事业就会受到损失甚至遭到严重挫折。在历史上的一些时期，我们所以会犯错误甚至遇到严重挫折，根本原因就在于当时的指导思想脱离了中国实际。我们党能够依靠自己和人民的力量纠正错误，在挫折中奋起，继续胜利前进，根本原因就在于重新恢复和坚持贯彻了实事求是。实践反复证明，坚持实事求是，就能兴党兴国；违背实事求是，就会误党误国。

（三）坚持实事求是思想路线的基本要求

坚持党的实事求是的思想路线，最基本的是必须坚持解放思想、实事求是、与时俱进的辩证统一。

首先，实事求是是党的思想路线的集中体现，是马克思主义世界观和方法论的根本要求。马克思主义认为："原则不是研究的出发点，而是它的最终结果；这些原则不是被应用于自然界和人类历史，而是从它们中抽象出来的；不是自然界和人类去适应原则，而是原则只有在符合自然界和历史的情况下才是正确的。这是对事物的唯一唯物主义的观点。"据此，邓小平指出："马列主义、毛泽东思想的基本原则，我们任何时候都不能违背，这是毫无疑义的。但是，一定要和实际相结合，要分析研究实际情况，解决实际问题。按照实际情况决定工作方针，这是一切共产党员所必须牢牢记住的最基本的思想方法、工作方法。"这种一切从实际出发，理论联系实际，按照实际情况决定工作方针的思想方法和工作方法就是实事求是。邓小平强调："实事求是，是无产阶级世界观的基础，是马克思主义的思想基础。过去我们搞革命所取得的一切胜利，是靠实事求是；现在我们要实现四个现代化，同样要靠实事求是。""实事求是是马克思主义的精髓，要提倡这个，不要提倡本本。我们改革开放的成功，不是靠本本，而是靠实践，靠实事求是。"江泽民在党的十四大报告中也指出："解放思想，实事求是，是建设有中国特色社会主义理论的精髓，是保证我们党永葆蓬勃生机的法宝。"胡锦涛在2003年7月1日"三个代表"重要思想理论研讨会上的讲话中则指出："坚持一切从实际出发，理论联系实际，实事求是，在实践中检验真理和发展真理，是马克思主义最重要的理论品质。"

其次，解放思想是党的思想路线的本质要求，是实现实事求是的前提条件。实践证明，由于受习惯势力和主观偏见的束缚，人们有时会做不到实事求是。这便说明，解放思想与实事求是是辩证统一的。一方面，实事求是必须以解放思想为前提。只有解放思想，才能真正做到实事求是。另一方面，在解放思想的过程中也必须坚持实事求是。只有坚持实事求是，才是真正解放思想。正如邓小平所说："解放思想，开动脑筋，实事求是，团结一致向前看，首先是解放思想。只有思想解放了，我们才能正确地以马列主义、毛泽东思想为指导，解决过去遗留的问题，解决新出现的一系列问题，正确地改革同生产力迅速发展不相适应的生产关系和上层建筑，根据我国的实际情况，确定实现四个现代化的具体道路、方针、方法和措施。"正因为如此，邓小平强调："改革开放胆子要大一些，敢于试验，不能像小脚女人一样。看准了的，就大胆地试，大胆地闯。……没有一点闯的精神，没有一点‘冒’的精神，没有一股气呀、劲呀，就走不出一条好路，走不出一条新路，就干不出新的事业。”江泽民在党的十六大报告中也强调，我们一定要“自觉地把思想认识从那些不合时宜的观念、做法和体制的束缚中解放出来，从对马克思主义的错误的和教条式的理解中解放出来，从主观主义和形而上学的桎梏中解放出来。……善于在解放思想中统一思想，用发展着的马克思主义指导新的实践”。胡锦涛在党的十七大报告中则强调：“解放思想是发展中国特色社会主义的一大法宝。”那么，什么叫解放思想呢？邓小平指出：“我们讲解放思想，是指在马克思主义指导下打破习惯势力和主观偏见的束缚，研究新情况，解决新问题。”“解放思想就是使思想和实际相符合，使主观和客观相符合，就是实事求是。今后，在一切工作中要真正坚持实事求是，就必须继续解放思想。”这也就说明，解放思想必须以马克思主义为指导，而不能背离马克思主义胡思乱想；同时必须敢于面对新情况新问题，把实践当作最高权威，不做习惯势力和主观偏见的奴隶。

最后，与时俱进是党的思想路线的基本原则，是使党的全部理论和工作始终符合中国实际和时代发展要求的根本保证。应当看到，中国特色社会主义思想路线的贯彻不是一劳永逸的，而必须与建设中国特色社会主义的实践始终保持具体的历史的统一，以此才能保证党的理论和实践始终符合中国实际和时代发展的要求，符合广大人民群众的期待。这就需要在坚持和贯彻中国特色社会主义思想路线的过程中，自觉坚持与时俱进的原则；否则，如果不顾历史条件和现实情况的变化，拘泥于马克思主义经典作家在特定历史条件下、针对具体情况作出的某些个别论断和具体行动纲领，我们就会因为思想脱离实际而不能顺利前进，甚至发生失误。要防止这一情况的发生，就必须使党始终保持与时俱进的精神状态，不断开拓马克思主义理论发展的新境界，做到使党的全部理论和工作体现时代性，把握规律性，富于创造性。体现时代性就是要坚持以反映时代特征和实践要求的科学理论指导实践，并根据时代发展的新形势和实践发展的新经验不断推进理论创新；把握规律性就是善于运用辩证唯物主义和历史唯物主义的世界观和方法论，从对历史规律的不断认识和把握中，找到指导我们前进的正确方向、道路和经验，不断开辟未来发展的新境界；富于创造性就是对时代提出的历史性课题做出创造性的回答，以此实现党的理论创新，推进中国特色社会主义发展。这是我们党坚持先进性和增强创造力的决定性因素，是党领导人民成功进行中国特色社会主义建设的根本保证。

二、理论基石：社会主义本质论、社会主义初级阶段论和时代主题论

所谓理论基石，是指在一个理论体系中起基础或关键作用的部分或因素。这些部分或因素具有以下重要特点：其一，和前人的理论直接对立，具有鲜明的创新性。这样才能在有别于传统理论的基础上，构筑起新的理论体系。其二，提供了解决最复杂问题的钥匙，具有作用的关键性。这样才能解开前人无法破解的难题，提供解决复杂问题的新的理论与策略。其三，使整个学说发生了变革，具有影响的全局性。这样才能使其显现出不可替代的重大作用。对于中国特色社会主义理论体系而言，其理论基石包括社会主义本质论、社会主义初级阶段论和时代主题论等。因为它们均具有上述理论基石的重要特点。而在这些理论基石基础上产生的中国特色社会主义理论体系中的其他理论，如社会主义改革开放论、社会主义市场经济论、社会主义民主政治论等来说，由于不具有上述理论基石的重要特点，因而便不能称之为理论基石，只能称之为理论支柱。

社会主义本质论、社会主义初级阶段论和时代主题论等作为中国特色社会主义理论体系的基石，是在中国特色社会主义思想路线的指引下形成的，因而相对于作为中国特色社会主义理论体系的基础和精髓的中国特色社会主义思想路线来说，便具有派生的性质。但对于在其基础上产生的中国特色社会主义理论体系中的其他理论，如社会主义改革开放论、社会主义市场经济论、社会主义民主政治论和社会主义文化论等来说，则仍具有基石的作用。因而，中国特色社会主义理论体系的基石与中国特色社会主义思想路线的关系，在于中国特色社会主义思想路线是中国特色社会主义理论体系中最为基础和根本的部分，它相当于中国特色社会主义理论体系这幢建筑物的地基，所展现的主要是对马克思列宁主义、毛泽东思想的坚持和继承；而中国特色社会主义理论体系的基石，则是在中国特色社会主义思想路线的基础上新构建的对于整个中国特色社会主义理论体系具有基石作用的理论，它相当于中国特色社会主义理论体系这幢建筑物的基础工程，所展现的主要是对马克思列宁主义、毛泽东思想的发展和创新，亦即作为马克思主义中国化的最新成果所具有的不同于马克思列宁主义、毛泽东思想的新的特质。

（一）社会主义本质论

社会主义本质论是对什么是社会主义、怎样建设社会主义这一中国特色社

会主义首要基本问题的探索和回答，它为中国特色社会主义其他问题的探索和回答，以及整个中国特色社会主义理论体系的创立奠定了坚实的理论基础，因而构成了中国特色社会主义理论体系的基石之一。

1. 中国特色社会主义本质概念的提出和深化

中国特色社会主义本质概念是由以邓小平为核心的第二代中央领导集体，在十一届三中全会以后，针对20世纪70年代以前，我国和其他社会主义国家，在社会主义建设实践中，由于长期受传统社会主义思想观念的束缚，没有完全搞清楚什么是社会主义、怎样建设社会主义的问题，因而严重影响了社会主义优越性的发挥的实际提出来的。其使命是对什么是社会主义、怎样建设社会主义这一中国特色社会主义基本问题的首要问题作出探索和回答，正确揭示社会主义的本质和内在规律。并以此为基础，对中国特色社会主义的其他问题作出探索和回答，创立中国特色社会主义理论体系，开辟中国特色社会主义道路，推动中国特色社会主义事业发展，实现中国特色社会主义的根本价值目标。

众所周知，自马克思主义诞生以来，社会主义虽然经历了从空想到科学、从理论到实践、从一国到多国的历史发展，但是，直到20世纪70年代，人们对于什么是社会主义、怎样建设社会主义的问题仍然存在困惑。

马克思恩格斯虽然描述了作为共产主义第一阶段或低级阶段的社会主义社会的基本特征，即生产资料社会所有、计划经济、按劳分配、没有商品生产和货币交换、没有阶级对立和阶级差别、国家开始消亡但尚未完全消亡等。但这种社会主义社会是在发达资本主义的基础上建立的，它与发达资本主义社会有着前后相继的历时性关系，因而可以标示为“后资本主义社会”，可以称之为经典社会主义。这种社会主义社会与1917年俄国十月革命以来，在经济文化相对落后的俄国和中国等国家建立的社会主义社会，完全是两回事。因此不能对马克思恩格斯针对经典社会主义社会基本特征所做的描述作教条式的理解，并以此作为今天社会主义建设的基本原则。

列宁是在经济文化相对落后的俄国领导社会主义革命和建设的，他对社会主义的认识起初主要是来源于科学社会主义创始人的有关论述。但当战时共产主义政策遇到挫折时，列宁便很快认识到：“我们对社会主义的整个看法根本改变了。”于是此时的列宁便提出了社会主义需要在实践中进行探索的思想，指出:“无产阶级取得国家政权以后，它的最主要最根本的需要是增加产品数量，大大提高社会生产力。”“劳动生产率，归根结底是保证新社会制度取得胜利的最重要最主要的东西。”并根据这些认识，从1921年3月开始，实行了以发展商品经济为主要特征的新经济政策。并且在晚年提出了用合作社的形式将农民引向社会主义道路、发展大工业、学习和利用资本主义一切有价值的东西等建设社会主义的新构想。但可惜的是，列宁的这些思想在斯大林时期并没有坚持下去，而是形成了高度集中的斯大林模式。

中国也是在经济文化相对落后的历史条件下进行社会主义革命和建设的。作为党的第一代领导核心的毛泽东对社会主义的认识，1956年以前主要是受苏联的影响。1956年以后，毛泽东开始从本国的国情出发，对什么是社会主义进行了探索，并形成了一些有价值的思想。如提出了社会主义不可能建立在半殖民地半封建社会的基础上，革命胜利后，必须经过一个相当长的时期来大力发展生产力，准备进入社会主义的物质条件；党和全国人民当前的主要任务，就是集中力量把我国尽快从落后的农业国变成先进的工业国，等等。但由于受到国际形势变化的影响，毛泽东后来逐渐将注意力转移到了意识形态和阶级斗争问题上，并对国际和国内的阶级斗争形势作出了脱离实际的估计，到1962年党的八届十中全会上，终于形成了“以阶级斗争为纲”的理论，最终导致了“文化大革命”的发生。其教训是深刻的。

正是在这样的背景下，党的十一届三中全会以后，邓小平在总结我国多年来离开生产力抽象地谈论社会主义，把许多束缚生产力发展的、并不具有社会主义本质属性的东西当作“社会主义原则”加以固守，同时把许多在社会主义条件下有利于生产力发展的东西当作“资本主义尾巴”加以割除的历史教训的基础上，紧紧围绕什么是社会主义、怎样建设社会主义这一中国特色社会主义的基本问题，经过深邃的思考，于1980年4月，第一次提出了“社会主义本质”这一概念，并深刻揭示了其科学内涵。邓小平指出：“社会主义是一个很好的名词，如果搞不好，不能正确理解，不能采取正确的政策，那就体现不出社会主义的本质。……讲社会主义，首先要使生产力发展，这是主要的。只有这样，才能表明社会主义的优越性。社会主义经济政策对不对，归根到底要看生产力是否发展，人民收入是否增加。这是压倒一切的标准。空讲社会主义不行，人民不相信。”1984年6月，邓小平进一步指出：“什么叫社会主义，什么叫马克思主义？我们过去对这个问题的认识不是完全清醒的。……社会主义阶段的最根本任务就是发展生产力，社会主义的优越性归根到底要体现在它的生产力比资本主义发展得更快一些、更高一些，并且在发展生产力的基础上不断改善人民的物质文化生活。如果说我们建国以后有缺点，那就是对发展生产力有某种忽略。社会主义要消灭贫穷。贫穷不是社会主义，更不是共产主义。”1986年9月，邓小平又指出：“社会主义财富属于人民，社会主义的致富是全民共同致富。社会主义原则，第一是发展生产，第二是共同致富。”1990年9月，邓小平再一次指出：“共同富裕，我们从改革一开始就讲，将来总有一天要成为中心课题。社会主义不是少数人富起来、大多数人穷，不是那个样子。社会主义最大的优越性就是共同富裕，这是体现社会主义本质的一个东西。”至此，邓小平实际上已经提出了社会主义本质的核心内容。在此基础上，邓小平在1992年的南方谈话中，便明确提出了关于社会主义本质的科学论断：“社会主义的本质，是解放生产力，发展生产力，消灭剥削，消除两极分化，最终达到共同富裕。”

邓小平的社会主义本质概念提出并阐发后，随着中国特色社会主义实践的逐渐深入，其内涵又得到了进一步深化和完善。

多年来，中国特色社会主义发展道路已为世界所瞩目。2004年4月，新加坡《联合早报》发表文章指出，经过20多年的改革，中国迅速崛起，为第三世界国家提供了一个有别于西方的发展模式。同年5月，美国高盛公司高级顾问、清华大学教授乔舒亚·库珀·雷默为论证“中国道路”，在伦敦《金融时报》上提出了“北京共识”概念，引起了世界的普遍关注。“软实力”概念的提出者、美国学者约瑟夫·奈2008年2月对记者说：“中国的经济增长不仅让发展中国家获益巨大，中国特殊的发展模式和道路也被一些国家视为可效仿的榜样……更重要的是将来，中国倡导的政治价值观、社会发展模式和对外政策做法，会进一步在世界公众中产生共鸣和影响力。”俄罗斯经济学院教授弗拉基米尔·波波夫2006年9月也发表文章说：中国的发展模式，或者说东亚的发展模式，对所有发展中国家具有无法抗拒的诱惑力，因为这种模式引发了世界经济史上前所未有的一轮增长。这也从一个侧面说明了我国选择中国特色社会主义道路的正确性。

（二）社会主义初级阶段论

社会主义初级阶段理论是对我国基本国情这个建设中国特色社会主义又一基本问题的探索和回答，它为中国特色社会主义其他问题的探索和回答提供了立论的基础和依据。即是说，我们党在探索和回答什么是社会主义、怎样建设社会主义的过程中，除了必须探索和回答社会主义的本质是什么这一首要基本问题，从而揭示社会主义的根本任务、基本手段和根本价值目标等之外，还必须探索和回答我国的社会主义处于一个怎样的阶段这个基本问题，从而揭示我国社会的性质和特点，即我国的基本国情，为我们党对什么是社会主义、怎样建设社会主义问题的探索和回答提供一个必要的逻辑前提。这对于中国特色社会主义理论体系的创立来说，无疑也是至关重要的，因而也理所当然地成为中国特色社会主义理论体系的基石之一。

1. 社会主义初级阶段理论的形成和发展

社会主义初级阶段理论是由以邓小平为核心的第二代中央领导集体，在十一届三中全会以后，针对20世纪70年代以前，我国和苏联等社会主义国家，由于在经济建设中没有完全搞清楚本国的基本国情，因而出现了脱离本国实际的“左”的或右的错误，使经济建设遭受了严重损失的实际提出来的。其目的是通过对我国社会主义初级阶段基本国情的正确认识和把握，深刻揭示中国特色社会主义经济、政治、文化和社会发展规律，创立中国特色社会主义理论体系，开辟中国特色社会主义道路，使中国特色社会主义事业实现又好又快地发展。

众所周知，马克思主义创始人生活的时代，社会主义还处在理论探索阶段，没有成为直接的实践问题。他们在科学分析资本主义发展规律的基础上，对未来社会的发展阶段只是提出了一些原则性的设想。认为无产阶级革命胜利后，未来社会的发展大体要经历三个阶段，即从资本主义社会到共产主义社会的革命转变时期、共产主义社会的第一阶段或低级阶段和共产主义社会的高级阶段。其中，从资本主义社会到共产主义社会的革命转变时期，即无产阶级通过夺取国家政权，剥夺资产阶级手中的生产资料，使其归全社会所有，从而建立共产主义社会的时期；共产主义社会的第一阶段或低级阶段，即列宁称之为社会主义社会的发展阶段，其基本特征是生产资料社会所有、按劳分配、计划经济、没有商品生产和货币交换、没有阶级对立和阶级差别、国家开始消亡但尚未完全消亡等；共产主义社会的高级阶段，即在社会主义社会基础上建立的发展程度更高的阶段，其基本特征是生产资料社会所有、按需分配、计划经济、国家消亡、每个人自由而全面的发展等。不难看出，马克思主义经典作家所设想的作为共产主义社会第一阶段或低级阶段的社会主义社会，由于是在西欧发达资本主义社会的基础上建立的，它与西欧发达资本主义社会有着前后相继的历时性关系，因而可以标示为“后资本主义社会”，可称之为发达社会主义社会。

这种发达社会主义与1917年俄国十月革命以来，在经济文化相对落后的中国和俄国等国建立的现实的不发达社会主义，或称之为社会主义的初级阶段，即不发达阶段，显然不是一回事。因此不能把马克思、恩格斯当年提出的关于发达社会主义基本特征的设想，当作对今天现实的不发达社会主义或社会主义初级阶段基本特征的描述，并以其为原则，来规划和指导今天现实的不发达社会主义的建设。我国十一届三中全会前所犯的脱离中国国情、超越发展阶段的错误，其主要原因就是混淆了现实的不发达社会主义与马克思主义创始人设想的发达社会主义的界限，用马克思恩格斯设想的发达社会主义的原则，来规划和指导现实的不发达社会主义的建设。

不可否认，马克思恩格斯在提出西欧发达资本主义国家无产阶级革命道路的同时，还提出了东方落后国家社会主义革命道路的问题。认为东方落后国家，包括俄国和中国等，在西欧资本主义国家取得无产阶级革命胜利的条件下，凭借其为本国提供的进行社会主义改造的物质技术基础和榜样示范作用，便可以"不通过资本主义制度的卡夫丁峡谷"，而享用它的一切积极成果，由前资本主义社会直接过渡到社会主义社会。例如，马克思在1881年2月写给维·伊·查苏利奇的复信中就指出："如果说土地公有制是俄国'农村公社'的集体占有制的基础，那么，它的历史环境，即它和资本主义生产同时存在，则为它提供了大规模地进行共同劳动的现成的物质条件。因此，它能够成为现代社会所趋向的那种经济制度的直接出发点，不必自杀就能开始获得新的生命。"但是后来，马克思、恩格斯的这一设想并没有变成现实。其原因在于，在后来的历史发展中，随着西欧资本主义向东方国家的扩展，俄国等东方落后国家原有的土地公有制并没有延续下来，而是被资本主义私有制所代替，使这些国家走上了资本主义的发展道路。这样也就使其失去了跨越"资本主义制度的卡夫丁峡谷"的制度基础，以及西欧资本主义国家无产阶级革命胜利后为其社会主义改造提供物质技术基础和榜样示范作用的先决条件。因为俄国和中国等东方落后国家，在资本主义发展不平衡规律的作用下，通过本国无产阶级和其他劳动群众的社会革命推翻资产阶级和其他反动阶级的统治，建立社会主义制度时，西欧资本主义国家尚未发生无产阶级社会主义革命。因此，俄国和中国等东方落后国家社会主义制度的建立，并非像有人所说，是对马克思、恩格斯关于东方落后国家有可能跨越"资本主义制度的卡夫丁峡谷"设想的证实。

列宁是世界上第一个社会主义国家的缔造者，亲自领导了俄国的社会主义革命与建设实践。但其关于未来社会发展阶段的思想仍然主要来自马克思恩格斯。正是根据马克思、恩格斯关于未来社会发展阶段的思想，列宁在 1921 年 4 月撰写的阐述“新经济政策”的代表作《论粮食税》中，提出了俄国在“战时共产主义”阶段结束后，其未来社会的发展必须经历“初级形式的社会主义”、“正常的社会主义”和“共产主义”三个基本阶段的思想。列宁指出：“粮食税（即‘初级形式的社会主义’——引者注），是从极度贫困、经济破坏和战争所迫使采取的特殊‘战时共产主义’，进到正常的社会主义产品交换的一种过渡形式。而正常的社会主义产品交换，又是从带有小农在居民中占优势所造成的特点的社会主义，进到共产主义的一种过渡形式。”即是说，在列宁看来，粮食税阶段，即“初级形式的社会主义”阶段，是存在商品经济和多种所有制成分的阶段，亦即由国家资本主义向社会主义过渡的阶段。这一阶段党和国家的任务是把资本主义在国内的发展引上国家资本主义（包括租让制、合作制等）的轨道，发展苏维埃国家的生产力，为向社会主义过渡创造条件。可以看出，这一阶段相当于马克思主义经典作家所说的“从资本主义社会到共产主义社会的革命转变时期”，尚未进入社会主义社会的门槛。而“正常的社会主义”阶段，即不存在商品经济和多种所有制成分，由国家按计划组织产品生产与交换的阶段，则相当于马克思、恩格斯所说的“共产主义社会的第一阶段或低级阶段”。“共产主义”阶段则相当于马克思恩格斯所说的“共产主义社会的高级阶段”。这便说明，列宁在俄国社会主义革命和建设实践中，虽对未来社会的发展阶段做了有益的探索，并且提出了“初级形式的社会主义”的概念，但总体而言，并未突破马克思、恩格斯关于未来社会发展阶段的设想。这也就说明，我国社会主义初级阶段理论，并非像有人所说，是对列宁“初级形式的社会主义”思想的继承和发展。

自中华人民共和国成立后，以毛泽东为代表的中国共产党人从中国社会主义建设的实际出发，借鉴苏联社会主义建设的经验教训，特别是总结了我国社会主义建设的经验教训，包括 1958 年“大跃进”和人民公社化运动的经验教训，对社会主义的发展阶段作了初步探讨，提出了一些有价值的思想。1958 年 11 月，毛泽东在郑州会议上第一次使用了“社会主义初级阶段”这个术语。1959 年 11 月，毛泽东在《读苏联〈政治经济学教科书〉的谈话》中提出，要通过生产力水平和人民富裕程度来考察建成社会主义的阶段特征问题。明确指出：“社会主义这个阶段，又可能分为两个阶段，第一个阶段是不发达的社会主义，第二个阶段是比较发达的社会主义。后一个阶段可能比前一个阶段需要更长的时间；经过后一阶段，到了物质产品、精神财富都极为丰富和人们的共产主义觉悟极大提高的时候，就可以进入共产主义社会了。”由于我们党对如何在一个经济、文化相对落后的东方大国建设社会主义缺乏充分的思想准备和起码的经验，对经济规律认识不足，对当时的国内外阶级斗争形势作了错误的估计，在指导思想上犯了超越社会发展阶段的“左”的错误，最终导致了“文化大革命”的重大失误，给党、国家和人民的事业造成了极为严重的损失。在这种情况下，我们党对社会主义发展阶段的探索也就没有能够坚持下去。

针对新中国成立后出现的“左”的错误及其所造成的严重损失，以邓小平为核心的第二代中央领导集体，在 1978 年党的十一届三中全会上，重新确立了解放思想、实事求是的思想路线，作出了把党和国家的工作重心转移到经济建设上来，实行改革开放的重大决策，使社会主义现代化建设成为全党全国人民的中心任务，并在改革开放和社会主义现代化建设的实践中，对中国社会主义发展阶段问题作了深入的探讨，形成了社会主义初级阶段理论，丰富和发展了科学社会主义。

2. 社会主义初级阶段的静态结构特征

由于中国特色社会主义作为现实的不发达社会主义或社会主义初级阶段，是在经济文化相对落后的中国，经过新民主主义革命和社会主义革命的胜利建立的，此间已经完成了对农业、手工业和资本主义工商业的社会主义改造，因此，它既不同于苏联十月革命胜利后建立的“初级形式的社会主义”，也不同于马克思、恩格斯设想的，在西欧发达资本主义国家基础上建立的，作为共产主义第一阶段或低级阶段的发达社会主义。

中国特色社会主义作为现实的不发达社会主义，与苏联“初级形式的社会主义”的区别是显而易见的。其区别主要在于，中国特色社会主义是在 1956 年底基本完成对农业、手工业和资本主义工商业的社会主义改造的基础上建立的，此后已经进入社会主义建设时期。而苏联“初级形式的社会主义”，作为从国家资本主义社会到社会主义社会的过渡时期，尚未完成对生产资料的社会主义改造，从而建立起社会主义制度，进入社会主义社会。

中国特色社会主义作为现实的不发达社会主义或社会主义初级阶段，与马克思、恩格斯设想的发达社会主义相比，其区别则是多方面的，可以从多个角度作出考察。但是遗憾的是，此前人们大多只是根据党的文献从动态过程角度对其基本特征做过一些描述，而很少有人从静态结构角度作出较为深入的探讨。这显然不能全面反映我国社会主义初级阶段的基本特征。而实际上，社会主义初级阶段的静态结构特征才是其特征的更为基本的方面，是形成其动态过程特征的基础。其静态结构特征主要有以下几方面。

第一，在根本任务上，发达社会主义的根本任务是消除旧社会的痕迹（资产阶级权利）；中国特色社会主义的根本任务是解放和发展生产力。

作为共产主义第一阶段的发达社会主义，由于“不是在自身基础上已经发展了的，恰好相反，是刚刚从资本主义社会中产生出来的，因此它在各方面，在经济、道德和精神方面还带着它脱胎出来的那个旧社会的痕迹。……这里通行的是调节商品交换（就它是等价的交换而言）的同一原则。……在这里平等的权利按照原则仍然是资产阶级权利。……这种平等的权利，对不同等的劳动来说是不平等的权利。……但是这些弊病，在经过长久阵痛刚刚从资本主义社会产生出来的共产主义社会第一阶段，是不可避免的。”在这种情况下，作为共产主义第一阶段的发达社会主义的根本任务，就只能是在保证生产力快速发展的前提下，逐步消除旧社会的痕迹，为进入共产主义社会的高级阶段创造条件。

而中国特色社会主义作为现实的不发达社会主义，由于是在中国这样一个经济文化相对落后的半封建半殖民地国家的基础上，经过从新民主主义到社会主义的转变后建立的，没有经历资本主义的充分发展，因此，生产力水平与西欧发达资本主义国家相比，有很大的差距。正如邓小平所说：“现在虽说我们也在搞社会主义，但事实上不够格。只有到了下世纪中叶，达到了中等发达国家的水平，才能说真的搞了社会主义，才能理直气壮地说社会主义优于资本主义。”在这种情况下，中国特色社会主义的根本任务就只能是通过不断地解放和发展生产力，创造出高于资本主义的劳动生产率，建立起巩固社会主义制度的强大物质基础，在日益激烈的综合国力竞争中充分显示出社会主义制度的优越性，不断满足人民日益增长的物质文化生活的需要，为早日进入发达社会主义，实现中华民族的伟大复兴，创造条件，开辟道路。

第二，在所有制关系上，发达社会主义实行的是生产资料社会所有制；中国特色社会主义实行的是以公有制为主体、多种所有制经济共同发展的基本经济制度。

由于发达社会主义是在西欧发达资本主义的基础上建立的，因此，其所有制关系必然是作为资本主义私有制对立物的生产资料社会所有制，从而克服资本主义的固有矛盾，即生产的社会化与生产资料资本主义私人占有之间的矛盾。

而中国特色社会主义作为现实的不发达社会主义，由于是在中国这样一个经济文化相对落后的东方大国，经过新民主主义革命和社会主义革命的胜利建立的，此前没有经历过资本主义充分发展的阶段，生产力水平远远落后于西方发达国家。在这种情况下，就只能实行以公有制为主体、多种所有制经济共同发展的基本经济制度。这就要求做到：首先，必须毫不动摇地巩固和发展公有制经济，包括国有经济和集体经济，以及混合所有制经济中的国有成分和集体成分。国有经济控制国民经济命脉，对于发挥社会主义制度的优越性，增强我国的经济实力、国防实力和民族凝聚力，具有关键性作用。集体经济是公有制经济的重要组成部分，对实现共同富裕具有重要作用。其次，必须毫不动摇地鼓励、支持和引导非公有制经济发展，包括具有雇佣劳动性质的私营经济，劳动者个人占有生产资料的个体经济，以及中外合资企业、合作经营企业和外国独资企业等。这些经济成分虽然不是或不完全是社会主义性质的，但在社会主义初级阶段，对促进生产的市场化、社会化、现代化具有积极作用，是我国社会主义市场经济的重要组成部分，对充分调动社会各方面的积极性、加快生产力发展具有重要作用。最后，必须把坚持公有制为主体和促进非公有制经济发展，统一于社会主义现代化建设的进程中，使各种所有制经济在市场竞争中发挥各自优势，相互促进，共同发展。

第三，在分配关系上，发达社会主义实行的是纯粹的按劳分配；中国特色社会主义实行的是以按劳分配为主、多种分配方式并存的制度。

由于发达社会主义社会实行的是单一的生产资料社会所有制，因此其分配制度也就必然是纯粹的按劳分配。

而中国特色社会主义作为现实的不发达社会主义，由于在所有制关系上实行的是以公有制为主体、多种所有制经济共同发展的基本经济制度，这就决定了在分配关系上必须实行以按劳分配为主体、多种分配方式并存的制度。在这一分配制度中，按劳分配是社会主义公有制在分配方面的体现。只有坚持按劳分配的主体地位，才能体现公有制主体地位的最终实现和社会主义初级阶段基本经济制度的社会主义性质，保证人们相互之间在平等的经济关系基础上建立和谐的经济利益关系，逐步实现共同富裕。按劳分配以外的多种分配方式，其实质是按照对生产要素的占有状况进行分配。就其内容而言，可以分为以劳动作为生产要素参与分配、劳动以外的生产要素所有者参与分配和管理、知识产权类的生产要素，如科技发明、创造、信息、专利等参与分配三种类型。在社会主义初级阶段，实行按劳分配和按生产要素分配相结合的分配制度，有利于优化资源配置，促进经济社会发展，实现社会公平正义，保持社会和谐稳定。

第四，在经济体制上，发达社会主义实行的是计划经济；中国特色社会主义实行的是社会主义市场经济。

由于发达社会主义是在西欧发达资本主义的基础上建立的，此前商品经济已在这些国家得到了充分发展，完成了其历史使命，因此此时也就失去了其继续存在的根据。此时，代替资本主义商品经济的就只能是计划经济。如恩格斯所说："社会一旦占有了生产资料，商品生产就将被消除，而产品对生产者的统治也将随之消除。社会生产内部的无政府状态将为有计划的自觉的组织所代替。"

而中国特色社会主义由于是在经济文化相对落后的旧中国基础上，经过新民主主义革命和社会主义革命的胜利建立的，此前没有经历过资本主义的充分发展，因此，市场经济对于我国经济社会发展的推动作用尚没有充分显现出来。在这种情况下，我国的经济体制就只能是社会主义市场经济体制，即市场经济与我国社会主义基本制度相结合的体制。这种结合所以必要，是因为，在现代社会中，市场经济的充分发展是一个国家经济社会发展不可逾越的阶段，是一个国家实现生产的社会化和现代化的不可缺少的条件。企图超越市场经济充分发展的阶段，由商品经济不发达、自然经济占主导地位的经济形式，直接过渡到产品经济，只能是不切实际的幻想。这种结合所以可能，是因为，如邓小平所说："计划多一点还是市场多一点，不是社会主义与资本主义的本质区别。计划经济不等于社会主义，资本主义也有计划；市场经济不等于资本主义，社会主义也有市场。计划和市场都是经济手段。"建立社会主义市场经济体制，就是要使市场在国家宏观调控下对资源配置起基础性作用，使经济活动遵循价值规律的要求，适应供求关系的变化，促进生产和需求的及时协调。同时加强和改善国家对经济的宏观调控，引导市场健康发展。

第五，在阶级斗争的地位上，发达社会主义社会已不存在阶级对立和阶级斗争；我国社会主义初级阶段阶级斗争还将在一定范围内长期存在，在一定条件下还有可能激化。

由于发达社会主义用生产资料的公有制代替了资本主义的生产资料私有制，因而也就消除了有财产者和无财产者、资本家和雇佣工人之间的阶级对立和阶级斗争。因为“互相斗争的社会阶级在任何时候都是生产关系和交换关系的产物，一句话，都是自己时代的经济关系的产物”。

而在我国社会主义初级阶段，由于实行的是以公有制为主体、多种所有制经济共同发展的基本经济制度。在这种经济关系条件下，剥削阶级作为一个完整的阶级虽然已经消灭，但是，由于受国际和国内因素的影响，阶级斗争还将在一定范围内长期存在，在一定条件下还有可能激化。对此，我们一定要有清醒的认识，采取正确的态度和方法去解决。但也必须看到，阶级斗争已经不是我国社会的主要矛盾。我国社会的主要矛盾是人民日益增长的物质文化需要同落后的社会生产之间的矛盾，它贯穿我国社会主义初级阶段的整个过程和社会生活的各个方面。因此，我们必须以经济建设为中心，用发展的办法解决前进中的问题。在经济发展的基础上，促进社会全面进步，不断提高人民的生活水平，保证人民共享发展成果。

第六，在国家职能上，发达社会主义国家镇压敌对阶级反抗的职能已经消失；我国社会主义初级阶段国家的镇压职能在一定时期内还会继续存在。

当西欧资本主义国家的无产阶级，在生产力高度发展的基础上，用生产资料公有制代替资本主义私有制，建立社会主义，从而消除有财产者和无财产者、资本家和雇佣工人之间的阶级对立和阶级斗争以后，国家镇压敌对阶级反抗的职能也将随之消失，其职能将转变为以社会的名义占有生产资料，组织社会生产。如恩格斯所说：“当不再有需要加以镇压的社会阶级的时候……也就不再需要国家这种特殊的镇压力量了。国家真正作为整个社会的代表所采取的第一个行动，即以社会的名义占有生产资料，同时也是它作为国家所采取的最后一个独立行动。那时，国家政权对社会关系的干预在各个领域中将先后成为多余的事情而自行停止下来。那时，对人的统治将由对物的管理和对生产过程的领导所代替。”那时也就意味着国家的消亡。

而我国在社会主义改造基本完成，建立社会主义制度以后，虽然阶级矛盾已不是社会的主要矛盾，社会主要矛盾已变成人民日益增长的物质文化需要同落后的社会生产之间的矛盾，因此国家的职能已转变为以经济建设为中心。但是，由于阶级斗争还将在一定范围内长期存在，在一定条件下还有可能激化。在这种情况下，国家的镇压职能便会在一定时期内继续存在，以便镇压国内敌对分子的反抗和防止国外反动势力可能发动的颠覆活动，以免社会主义事业遭受不应有的损失。

第七，在所处世界体系上，发达社会主义处于社会主义的世界体系之中；中国特色社会主义处于资本主义的世界体系之中。

按照马克思恩格斯的设想，随着生产力的巨大增长和高度发展，在人们的世界历史性的而不是地域性的存在，同时已经是经验存在的条件下，“共产主义革命将不是仅仅一个国家的革命，而是将在一切文明国家里，至少在英国、美国、法国、德国同时发生的革命……共产主义革命也会大大影响世界上其他国家，会完全改变并大大加速它们原来的发展进程。它是世界性的革命，所以将有世界性的活动场所。”“共产主义只有作为占统治地位的各民族‘一下子’同时发生的行动，在经验上才是可能的，而这是以生产力的普遍发展和与此相联系的世界交往为前提的。”这样，作为共产主义第一阶段的发达社会主义建立后，就会作为“后资本主义社会”处于社会主义的世界体系之中，而不会出现与资本主义世界并存的局面。

而中国特色社会主义由于是在经济文化相对落后的中国，在资本主义发展不平衡规律的作用下，在资本主义世界的薄弱环节，通过新民主主义革命和社会主义革命的胜利建立的，此时，资本主义世界并没有发生根本性的危机，从而为社会主义世界所代替。时至今日，资本主义在科技、经济和军事等方面仍然保持着显著的优势。这便说明，在世界范围内用社会主义代替资本主义还将是一个长期的历史过程，因此，中国特色社会主义将会长期处于资本主义的世界体系之中。在这种情况下，“社会主义要赢得与资本主义相比较的优势，就必须大胆吸收和借鉴人类社会创造的一切文明成果，吸收和借鉴当今世界各国包括资本主义发达国家的一切反映现代社会化生产规律的先进经营方式、管理方法”。只有这样，才能为最终战胜资本主义，进入发达社会主义，奠定坚实的物质基础。

3. 社会主义初级阶段理论的重大意义

社会主义初级阶段理论的形成和发展，使我们党最终形成了对我国社会主义初级阶段基本国情的正确认识，这对于中国特色社会主义事业的发展，具有重大的理论和实践意义。

首先，社会主义初级阶段理论的提出，为中国特色社会主义理论体系的创立奠定了坚实的理论基础。

中国特色社会主义理论体系的真髓在于运用马克思主义的基本原理深入研究和解决中国的实际问题，深刻揭示中国特色社会主义经济、政治、文化和社会发展规律，解答“什么是社会主义、怎样建设社会主义”的这一根本问题。而解答这一问题的逻辑前提则是搞清楚我国社会主义处于一个什么阶段的问题。如江泽民所说：“我们讲要搞清楚‘什么是社会主义、怎样建设社会主义’，就必须搞清楚什么是初级阶段的社会主义，怎样建设初级阶段的社会主义。”所以如此，是因为，“什么是社会主义、怎样建设社会主义”的答案并不存在于马克思主义的“本本”或抽象原则之中，而是存在于对现实国情的正确认识和把握之中。社会主义革命成功之后，“各国必须根据自己的条件建设社会主义。固定的模式是没有的，也不可能有。墨守成规的观点只能导致落后，甚至失败”。因此我们要开辟中国特色社会主义道路，建设中国特色社会主义，就必须首先提出社会主义初级阶段理论，从而正确认识和把握中国社会的性质和现实特点，揭示中国社会的主要矛盾和根本任务，为揭示中国特色社会主义经济、政治、文化和社会发展规律提供必要的逻辑前提。而这也就为中国特色社会主义理论体系的创立奠定了坚实的理论基础。

其次，社会主义初级阶段理论的形成，为我们党在中国特色社会主义建设中制定正确的路线、方针、政策提供了可靠的理论依据。

我们党是靠十一届三中全会以来的正确的路线、方针、政策开辟中国特色社会主义道路，推动中国特色社会主义事业发展的。而这些正确路线、方针、政策的制定则来自我们党对中国现实国情的正确认识和把握。因此，正确认识我国社会主义初级阶段的基本国情，也就成为我们党在中国特色社会主义建设中，制定正确路线、方针、政策的根本依据。如邓小平所说：“社会主义本身是共产主义的初级阶段，而我们中国又处在社会主义的初级阶段，就是不发达的阶段。一切要从这个实际出发，根据这个实际来制定规划。”江泽民也指出：“面对改革攻坚和开创新局面的重要任务，我们解决种种矛盾，澄清种种疑惑，认识为什么必须实行现在这样的路线和政策而不能实行别样的路线和政策，关键还在于对所处社会主义初级阶段的基本国情要有统一认识和准确把握。”而社会主义初级阶段理论的形成，也就使我们党实现了对我国社会主义初级阶段基本国情的统一认识和正确把握，从而也就为我们党在中国特色社会主义建设中制定正确的路线、方针、政策提供了可靠的理论依据。

最后，社会主义初级阶段理论的确立，为我们党正确总结历史经验，避免重犯过去的错误提供了重要的思想指导。

党的十一届三中全会以前，我们在社会主义社会发展阶段划分问题上的错误，主要表现在两个方面：一是把社会主义社会与过渡时期混为一谈，认为社会主义社会始终存在着阶级和阶级斗争，始终存在着社会主义和资本主义两条道路的斗争，始终存在着资本主义复辟的危险性，因而把阶级斗争看作我国社会的主要矛盾，提出了“以阶级斗争为纲”“坚持无产阶级专政下继续革命”的口号，犯了阶级斗争扩大化的错误；二是不顾我国经济文化落后、生产力水平低而又发展不平衡的实际情况，急于在短期内过渡到发达的社会主义社会，建立纯粹的、单一的社会主义公有制经济，抽象地认为公有制比私有制好，公有化的程度越高越好，公有制的规模越大越好，资本主义消灭得越彻底越好，结果导致把许多束缚生产力发展的、并不具有社会主义本质属性的东西，或者只适合于某种特殊历史条件的东西，当作“社会主义原则”加以固守，同时把许多在社会主义条件下有利于生产力发展和生产商品化、社会化、现代化的东西，当做“资本主义复辟”加以反对，不断地割资本主义尾巴，甚至认为“共产主义在我国的实现，已经不是什么遥远将来的事情了”，因而提出了“跑步进入共产主义”的口号，犯了超越社会发展阶段的错误，严重束缚了我国生产力的发展。正如江泽民所说：“十一届三中全会前我们在社会主义建设中出现失误的根本原因之一，就在于提出的一些任务和政策超越了社会主义初级阶段。近二十年改革开放和现代化建设取得成功的根本原因之一，就是克服了那些超越社会发展阶段的错误观念和政策，又抵制了抛弃社会主义基本制度的错误主张。”而社会主义初级阶段理论的确立，也就为我们党正确总结历史经验，避免重犯过去的错误提供了重要的思想指导，使我们党在中国特色社会主义建设实践中，始终做到“一切从社会主义初级阶段的实际出发，而不能从主观愿望出发，不能从这样那样的外国模式出发，不能从对马克思主义著作中个别论断的教条式理解和附加到马克思主义名下的某些错误论点出发”。

（三）时代主题论

时代主题理论是我们党对中国特色社会主义所处国际环境这一基本问题的探索和回答。即是说，我们党在探索和回答什么是社会主义、怎样建设社会主义的过程中，除了必须探索和回答社会主义的本质是什么和我国社会处于一个怎样的发展阶段这两个基本问题，从而揭示社会主义的根本任务、基本手段和根本价值目标，以及我国社会的性质和特点，即我国的基本国情，为我们党对什么是社会主义、怎样建设社会主义问题的探索和回答提供必要的逻辑前提外，还必须探索和回答中国特色社会主义处于一个怎样的国际环境这个基本问题，从而揭示当今时代的主题，为我们党在社会主义建设中制定正确的路线、方针、政策提供必要的理论基础。这对于中国特色社会主义理论体系的创立来说，无疑也是至关重要的，因而也同样成为中国特色社会主义理论体系的基石之一。

1. 时代主题理论的形成

邓小平的时代主题理论是在 20 世纪 70 年代中后期，针对世界矛盾和国际形势发生的重大变化提出来的，目的是通过对我国社会主义建设所处国际环境的分析，正确揭示当今时代的主题，为中国特色社会主义理论体系的创立和科学社会主义的发展，以及我国社会主义建设中路线、方针、政策的制定，提供正确的理论依据。

所谓时代，亦称历史时代，它是在全世界范围内，以当时社会发展的某种主导趋势来划分社会发展阶段的一个重要范畴。人们可以而且应该根据实践的需要，从不同角度、不同方面、运用不同标准来划分历史时代。就当今时代而言，如果以哪种社会形态走在世界历史的前面，居于世界历史的主导地位，代表世界历史的发展方向为主要标志来划分，便可以将其称为由十月革命开创的从资本主义向社会主义过渡的时代；而如果以生产力和科学技术发展水平以及与此相适应的产业结构为主要标志来划分，则可以将其称为信息时代；如果以世界的政治和经济状态为主要标志来划分，则可以将其称为和平与发展的时代；等等。而时代主题，则是指在该历史时代中反映世界基本特征并对世界形势发展具有全局性影响和战略性意义的问题，同时也是该历史时代世界历史发展需要解决的主要问题。和平与发展作为当今时代的主题，是指和平与发展已成为当今世界带有全球性、战略性的问题，维护和平，促进发展是当今国际关系的主要内容和时代发展的主要特征，也是不可阻挡的历史潮流。其中，和平是一种政治状态，它是和战争状态相对应的。发展则是一种经济状态，它是与经济的停滞、倒退状态相对应的。但是，把发展与和平联系在一起，则意味着它是一种与革命状态相关联的经济状态，与它对应的概念应该是革命。当今时代主题的转变既是世界历史自身发展与转变的不依人的意志为转移的客观过程，也是人们对当代世界历史的认识发生转变的主观过程。

20 世纪 50 年代中后期到 60 年代初，由于第二次世界大战后苏联的发展和军事力量的增强，一系列社会主义国家的建立，世界社会主义事业和民族解放运动的发展，毛泽东便认为，当时的历史时代仍然是列宁提出的帝国主义与无产阶级革命的时代，时代的主题仍然是战争与革命，并且对国际形势抱十分乐观的态度，认为社会主义战胜资本主义已经为时不远。正因为如此，他在《关于正确处理人民内部矛盾的问题》中指出："现在世界各国的人民都在谈论着会不会打第三次世界大战。对于这个问题，我们也要有精神准备，也要有分析。我们是坚持和平反对战争的。但是，帝国主义一定要发动战争，我们也不要害怕。我们对待这个问题的态度，同对待其他一切'乱子'的态度一样，第一条，反对；第二条，不怕。第一次世界大战以后，出了一个苏联，两亿人口。第二次世界大战以后，出了一个社会主义阵营，一共九亿人口。如果帝国主义者一定要发动第三次世界大战，可以断定，其结果必定要有多少亿人口转到社会主义方面，帝国主义剩下的地盘就不多了，也可能整个帝国主义制度全部崩溃。"

进入 20 世纪 70 年代以后，毛泽东又根据社会主义和资本主义两大阵营的对峙被美苏两个超级大国的争霸取代，第三世界崛起并在国际事务中发挥越来越大作用的新情况，提出了"三个世界"划分的理论。1974 年 2 月，毛泽东在会见赞比亚总统卡翁达时指出："美国、苏联是第一世界。中间派，日本、欧洲、澳大利亚、加拿大，是第二世界。咱们是第三世界。""第三世界人口很多。亚洲除了日本，都是第三世界。整个非洲都是第三世界，拉丁美洲也是第三世界。"同时指出，美苏两个超级大国的争霸是世界战争的策源地，是世界不得安宁的根源，必然导致新的世界大战。因此，在毛泽东看来，当时的时代主题仍然是战争与革命。

毛泽东对当时时代主题的判断，在一定程度上反映了客观情况，具有一定的合理性，其失误是过分估计了世界大战的危险性和不可避免性，把主要精力放在了准备打仗上，因而也就制约了我国的经济建设，贻误了我国经济发展的大好时机。

当今世界正处在大发展大变革大调整之中。和平与发展仍然是时代主题，求和平、谋发展、促合作已经成为不可阻挡的时代潮流。冷战以来，世界各种力量此消彼长。虽然世界力量对比严重失衡，但是世界格局走向多极化的趋势越来越清晰。一个超级大国和多种力量并存，是多极化格局最终形成前的较长过渡时期内世界力量对比的基本态势。与世界多极化发展相伴随并作为其重要背景的经济全球化趋势也在深入发展，世界范围内各种思想文化的交流进一步加强，国与国相互联系更加紧密。全球总体上保持稳定。但是，世界还很不安宁。国际金融危机的深层次影响仍在持续，发展不平衡更加突出，气候变化、粮食安全、能源资源安全等全球性问题进一步显现，恐怖主义、跨国有组织犯罪、重大传染疾病等非传统安全威胁依然存在，局部冲突和热点问题此起彼伏，不稳定不确定因素增多，传统安全威胁和非传统安全威胁相互交织，世界和平与发展面临诸多挑战。总体和平、局部战争，总体缓和、局部紧张，总体稳定、局部动荡，是当前和今后一个时期国际局势发展的基本态势。

2. 时代主题理论的重大意义

邓小平的时代主题理论对当今时代主题作出了正确判断，这不仅具有重大的现实意义，而且具有重大的理论意义。而不是像有人所说，主要表现为现实意义。

邓小平时代主题理论的理论意义主要有以下几方面。

第一，这一理论为中国特色社会主义理论体系的创立奠定了重要理论基础。中国特色社会主义理论体系作为马克思主义中国化的最新成果和对马克思列宁主义、毛泽东思想的继承和发展，其创立不仅需要搞清楚社会主义的本质和我国社会所处的发展阶段，从而揭示社会主义的根本任务、基本手段和根本价值目标，以及我国社会的性质和特点，即我国的基本国情，为我们党对什么是社会主义、怎样建设社会主义问题的探索和回答提供必要的逻辑前提，而且还需要搞清楚中国社会主义所处的国际环境，从而揭示当今时代的主题，为我们党在社会主义建设中制定正确的路线、方针、政策提供重要的理论依据。正因为如此，邓小平作出的关于“和平与发展是当今时代主题”的论断，也就为中国特色社会主义理论体系的创立奠定了重要理论基础。正是根据这一论断，邓小平在党的十一届三中全会上，指导全党把党和国家的工作重心转移到经济建设上来，随后又确立了以经济建设为中心的社会主义初级阶段的基本路线。从此，我们便一心一意搞建设，发展自己的国家，建设中国特色的社会主义。整个中国特色社会主义理论体系，从邓小平理论到“三个代表”重要思想，再到科学发展观等重大战略思想，无一不是在我们党把握了和平与发展的时代主题，顺应世界发展潮流，总结我国社会主义建设的经验教训，同时借鉴其他国家兴衰成败的经验教训，吸取人类文明一切成果的基础上创立和发展的。

第二，这一理论为科学社会主义的发展提供了重要理论前提。之所以如此，是因为，科学社会主义作为无产阶级解放斗争的思想武器，自19世纪40年代创立以来，尽管其一般原理整个说来直到现在还是完全正确的，但这些原理的实际运用却必须随时随地以当时的历史条件为转移，随时代主题的转换而发展。实际上，科学社会主义正是这样不断实现自己的发展的。例如，马克思、恩格斯在创立科学社会主义时，由于世界资本主义尚处在和平发展时期，据此，他们曾经设想，无产阶级革命至少将在几个主要的资本主义国家同时发生。而当19世纪末20世纪初，世界由自由资本主义发展到垄断资本主义即帝国主义，资本主义各国经济政治发展不平衡的状况进一步加剧和尖锐化，因而导致了帝国主义国家间的第一次世界大战时，列宁便抓住了由资本主义和平发展到帝国主义武装冲突与无产阶级革命这一时代主题的转换，改变了马克思、恩格斯关于世界无产阶级革命发展前景的设想，得出了社会主义可能首先在少数甚至在单独一个资本主义国家内获得胜利的结论，并且在实践上通过十月革命使社会主义由理论变为现实，开辟了人类历史的新纪元，划时代地推动了科学社会主义理论的发展。

邓小平时代主题理论的现实意义则主要有以下几方面。

第一，这一理论使我们党彻底否定了“以阶级斗争为纲”的错误理论和实践，在党的十一届三中全会上及时地作出了把党和国家的工作重点转移到经济建设上来，实行改革开放的重大决策，从而开创了我国社会主义现代化建设的新时期。对此，邓小平曾指出：“对于总的国际局势，我的看法是，争取比较长期的和平是可能的，战争是可以避免的。……一九七八年我们制定一心一意搞建设的方针，就是建立在这样一个判断上的。”“讲战争危险，从毛主席那个时候讲起，讲了好多年了，粉碎‘四人帮’后我们又讲了好久。现在我们应该真正冷静地做出新的判断。这个判断，对我们是非常重要的。首先就是我们能够安安心心地搞建设，把我们的重点转到建设上来。没有这个判断，一天诚惶诚恐的，怎么还能够安心地搞建设？更不可能搞全面改革，也不能确定我们建军的正确原则和方向。”

第二，这一理论使我们从根本上改变了过去观察和处理国际问题的思维方式，及时正确地调整了与发达国家的关系，同时加强了与发展中国家的关系，为我国的经济建设创造了良好的国际环境和周边环境。在此基础上，实行了对外开放政策，加强了与世界各国经济、政治、科技、文化、教育的交流与合作，学习、借鉴了国外先进的科学技术和经营管理经验，吸收了国外的资金，扩大了对外贸易，引进了急需人才，加速了我国的现代化建设。

第三，这一理论为我们积极参与建立国际经济政治新秩序提供了重要理论指导。现有的国际经济政治秩序极不合理，穷国愈穷、富国愈富、富国剥削穷国的现象愈来愈严重，富国与穷国的关系极不平等，南北差距日益加大。因此，应该改变这种不合理的国际经济政治旧秩序，在和平共处五项原则的基础上，建立合理的国际经济政治新秩序。新的国际经济政治秩序的特点应是：各国政治上相互尊重，共同协商，而不把自己的意志强加于人；经济上相互促进，共同发展，而不造成贫富悬殊；文化上相互借鉴，共同繁荣，而不排斥其他民族的文化；安全上相互信任，通过对话和合作解决争端，而不诉诸武力或以武力相威胁。反对各种形式的霸权主义和强权政治。我国作为世界上最大的发展中国家和联合国五个常任理事国之一，应该而且能够在建立国际经济政治新秩序中发挥积极作用，承担与我国国力和地位相适应的国际责任与义务。

第四，这一理论为我们用“一国两制”方法解决台湾、香港、澳门问题，实现祖国统一提供了重要理论依据。如邓小平所说：“‘一国两制’，是从中国的实际提出的，中国面临一个香港问题，一个台湾问题。解决问题只有两个方式：一个是谈判方式，一个是武力方式。用和平谈判的方式来解决，总要各方面都能接受，香港问题就要中国和英国，加上香港居民都能接受。什么方式各方都能接受呢？就香港来说，用社会主义去改变香港，就不是各方面都能接受的。所以要提出‘一国两制’。”而这一政策正是根据和平与发展已成为当今时代主题的理论制定的。

综上所述，社会主义本质论、社会主义初级阶段论和时代主题论在中国特色社会主义理论体系中各有自己的地位和作用，同时又密不可分，共同构成了中国特色社会主义理论体系的基石。社会主义本质论揭示了社会主义的根本任务、基本手段和根本价值目标，为中国特色社会主义理论体系其他理论、观点的形成提供了立论的基础和前提；社会主义初级阶段论则揭示了我国社会的性质和特点，即中国的基本国情，为中国特色社会主义理论体系的建立提供了客观依据和出发点；而时代主题论则揭示了当今世界带有全球性、战略性的问题，即和平与发展，为中国特色社会主义理论体系的创立和科学社会主义的发展，以及我国社会主义建设中路线、方针、政策的制定，提供了重要理论基础。因此，中国特色社会主义的建设与发展既必须坚持社会主义本质理论，把解放和发展生产力，消灭剥削，消除两极分化，最终达到共同富裕作为社会主义建设的根本任务、基本手段和根本价值目标，否则就不能称其为社会主义；同时又必须根据我国仍处于并将长期处于社会主义初级阶段的基本国情，一切从中国的具体实际出发，否则就不能体现中国特色；此外，还必须根据当今时代主题，站在时代高度，把握时代脉搏，否则就会落后于时代潮流，中国特色社会主义事业就会陷入孤立困境。正因为如此，2008 年 3 月，习近平在中央党校春季学期开学典礼上指出："中国特色社会主义理论体系，是科学社会主义基本原则同中国实际和时代特征相结合的产物。"这也就表明了社会主义本质论、社会主义初级阶段论和时代主题论在中国特色社会主义理论体系构建中的基石地位。

三、理论支柱：社会主义改革开放论、社会主义市场经济论、社会主义民主政治论等

正是由于有了社会主义本质论、社会主义初级阶段论和时代主题论这三块基石，才有了建立于其上的中国特色社会主义理论体系这幢理论大厦。正像一幢建筑物的主体部分是其梁柱一样，中国特色社会主义理论体系这幢理论大厦的主体部分则是其理论支柱。其理论支柱揭示的是中国特色社会主义的基本问题和基本规律，其内容包括社会主义改革开放论、社会主义市场经济论、社会主义民主政治论等。

（一）社会主义改革开放论

胡锦涛在党的十七大报告中指出："改革开放是党在新的时代条件下带领人民进行的一场新的伟大革命""是决定当代中国命运的关键抉择，是发展中国特色社会主义、实现中华民族伟大复兴的必由之路。"2012 年 7 月 23 日，在省部级领导干部专题研讨班上，胡锦涛又进一步指出："改革开放始终是推动党和人民事业发展的强大动力。"而改革开放事业则是在社会主义改革开放理论的指导下启动的，因而，社会主义改革开放理论也就成为中国特色社会主义理论体系的支柱之一。

1. 社会主义改革开放理论的提出和根据

邓小平提出社会主义改革开放理论的根据主要有以下三个方面：

第一，改革开放是社会主义社会基本矛盾运动的客观要求。马克思主义认

为，生产力是最活跃最革命的因素，是社会发展的最终决定力量。生产力与生产关系、经济基础与上层建筑的矛盾，构成社会的基本矛盾。这个基本矛盾的运动，决定着社会性质的变化和社会经济政治文化的发展方向。无论是什么样的生产关系和上层建筑，都要随着生产力的发展而发展，否则便会成为生产力发展和社会进步的障碍，这时就需要对不适应生产力发展要求的旧的或者超越历史发展阶段的生产关系和上层建筑进行调整和变革。社会主义社会的上层建筑和经济基础之间、生产关系和生产力之间虽然在总体上是相适应的，但是，处于不同历史发展阶段上的社会主义生产关系和上层建筑，对于不断发展的生产力，也会形成某些不相适应的方面或环节。这些与生产力的发展不相适应的方面或环节，也会阻碍生产力的进一步发展。因此必须通过改革对其加以调整和变革，以适应和促进生产力的发展。就我国的情况而言，在新中国成立后的一段时期里，由于我们缺乏建设社会主义的经验，所以在经济政治体制方面，很大程度上照搬了“苏联模式”。这个模式的主要特点是，经济上采取高度集中的计划体制和管理方法，政治上采取高度集权的行政命令体制。这种传统的社会主义模式是特定历史条件下的产物，在一定历史时期曾经发挥过重要作用。但是随着历史条件的变化，这个模式的缺陷和弊端日益暴露出来。其根本缺陷和弊端在于，它是根据马克思主义创始人设想的，在西欧发达资本主义社会的基础上建立的，作为共产主义社会第一阶段或低级阶段的社会主义社会，即发达社会主义社会的基本特征设计的，而不是根据在经济文化相对落后的中国建立的，也不是根据现实的不发达社会主义或社会主义的初级阶段的基本国情设计的，因而是超越我国历史发展阶段，脱离我国基本国情的。在这种体制下，便难以调动生产者和管理者的积极性，从而推动生产力的发展。只有通过改革消除其缺陷和弊端，才能使这一状况得到根本扭转。正是在这个意义上，改革便成为社会主义社会基本矛盾发展的必然要求。改革与开放是紧密相连的。当今世界是开放的世界，中国的发展离不开世界。尤其是随着经济全球化和科学技术的迅猛发展，各国的经济联系更加紧密。任何一个国家要想发展都必须适应对外开放的新趋势。

第二，改革开放是我国解放和发展生产力的内在需要。20 世纪 70 年代末，邓小平面对我国经济处于缓慢发展和停滞状态的状况，明确指出：“多少年来我们吃了一个大亏，社会主义改造基本完成了，还是‘以阶级斗争为纲’，忽视发展生产力。‘文化大革命’更走到了极端。十一届三中全会以来，全党把工作重点转移到社会主义现代化建设上来，在坚持四项基本原则的基础上，集中力量发展社会生产力。这是最根本的拨乱反正。”“社会主义要表现出它的优越性，哪能像现在这样，搞了二十多年还这么穷，那要社会主义干什么？”还指出：“讲社会主义，首先要使生产力发展，这是主要的。只有这样，才能表明社会主义的优越性。社会主义经济政策对不对，归根到底要看生产力是否发展，人民收入是否增加。这是压倒一切的标准。空讲社会主义不行，人民不相信。”而要发展生产力，就必须实行改革开放，从根本上改变束缚我国生产力发展的经济体制，建立充满生机和活力的社会主义新经济体制，充分调动生产者和管理者的积极性；同时从根本上改变我国长期封闭半封闭的状态，使我国经济融入到世界经济的大潮之中，吸收和借鉴当今世界各国包括资本主义发达国家的一切反映现代社会化生产规律的先进经营方式、管理办法。正如邓小平所说:“社会生产力发展缓慢,人民的物质和文化生活条件得不到理想的改善，国家也无法摆脱贫穷落后的状态。这种情况，迫使我们在一九七八年十二月召开的党的十一届三中全会上决定进行改革。”

第三，改革开放是提高我国国际竞争能力的根本途径。第二次世界大战以后，随着科学技术的进步和社会生产力的不断提高，资本主义国家的经济得到了较快发展。科技的进步和国际经济联系的扩大，从生产力和市场两个方面为资本主义经济的增长创造了极为有利的条件。在两次世界大战期间，资本主义的经济增长率为年均 2.3%，而从 1951 ~ 1970 年期间，年均增长率便上升到 5.3%，增长了一倍还多。由于战后几十年的和平发展，形成了一个新的国际经济关系格局。进入 20 世纪 70 年代以后，资本主义经济出现了一个相对稳定的发展时期。这便对社会主义国家形成了严峻的挑战。面对国际竞争不断加剧的局面，我国只有通过改革开放，加快经济发展和科技进步，不断增强经济实力和综合国力，才能提高自己的国际竞争力，实现中华民族的伟大复兴。正因为如此，邓小平指出：“不坚持社会主义，不改革开放，不发展经济，不改善人民生活，只能是死路一条。”

2. 社会主义改革开放理论的主要内容

邓小平社会主义改革开放理论是中国特色社会主义理论体系的一个重要组成部分，是我国改革开放实践的重要理论基础。其内容主要包括以下方面：

第一，改革的实质是中国的第二次革命，是社会主义制度的自我完善。改革所以是中国的第二次革命，是因为，它不是对原有经济体制的细枝末节的修补，而是对其进行根本性的变革。它要从根本上改变束缚我国生产力发展的经济体制，建立充满生机和活力的社会主义新经济体制，同时相应地改革政治体制和其他方面的体制。改革之所以是社会主义制度的自我完善，是因为，它不是一个阶级推翻另一个阶级意义上的革命，不是否定我们已经建立起来的社会主义基本制度，而是在坚持社会主义基本制度前提下，改革束缚生产力发展的各种旧的体制机制，促进我国经济社会的快速发展。用邓小平的话说，即“不是对人的革命，而是对体制的革命”。改革开放初期，邓小平就指出了社会主义基本制度与其体制机制的区别，认为社会主义基本制度如公有制和按劳分配的主体地位、人民民主专政、人民代表大会制度等是正确的、优越的，是我们的历史选择，不能改变。而作为其具体表现形式和实现形式的经济体制、政治体制和其他方面的体制，则应该根据生产力的发展要求作适时地调整与变革；否则，社会主义制度的优越性就不能得到充分发挥，甚至会丧失掉。正因为如此，邓小平多次指出，历史反复告诉我们，只有社会主义才能救中国，只有社会主义才能发展中国，改革必须坚持社会主义方向。与此同时，邓小平还强调：“改革是全面的改革，包括经济体制改革、政治体制改革和相应的其他各个领域的改革。”“改革开放以来，我们立的章程并不少，而且是全方位的。经济、政治、科技、教育、文化、军事、外交等各个方面都有明确的方针和政策，而且有准确的表述语言。”社会主义改革之所以是全面改革，一是因为旧的体制机制的弊端存在于各个领域，必须经过全面的改革来消除；二是我们的目标是把我国建设成为富强、民主、文明、和谐的社会主义现代化国家，这种建设的全面性也要求改革必须与之配套进行。

第二，改革的目的是解放和发展生产力。我国的改革既然是针对20世纪70年代我国经济处于缓慢发展和停滞状态的现实状况提出来的，那么，改革的根本目的就必然是解放和发展生产力，实现国家的现代化和中华民族的伟大复兴，不断改善人民的物质文化生活。之所以如此，是因为，“社会主义阶段的最根本任务就是发展生产力，社会主义的优越性归根到底要体现在它的生产力比资本主义发展得更快一些、更高一些，并且在发展生产力的基础上不断改善人民的物质文化生活。”“社会主义经济政策对不对，归根到底要看生产力是否发展，人民收入是否增加。这是压倒一切的标准。空讲社会主义不行，人民不相信。”这也就说明，改革作为我国的第二次革命，与我国推翻半封建半殖民地社会的第一次革命，在根本目的上是一致的，都是解放和发展生产力。如邓小平所说：“革命是解放生产力，改革也是解放生产力。推翻帝国主义、封建主义、官僚资本主义的反动统治，使中国人民的生产力获得解放，这是革命，所以革命是解放生产力。社会主义基本制度确立以后，还要从根本上改变束缚生产力发展的经济体制，建立起充满生机和活力的社会主义经济体制，促进生产力的发展，这是改革，所以改革也是解放生产力。过去，只讲在社会主义条件下发展生产力，没有讲通过改革解放生产力，不完全。应该把解放生产力和发展生产力两个讲全了。”可以看出，邓小平的这一观点是对马克思主义社会主义社会基本矛盾学说的重大发展。

第三，改革与开放密不可分。改革是建设中国特色社会主义的强大动力，开放是建设中国特色社会主义的必要条件，二者是紧密相连、不可分割的。因此，要改革就必须对外开放；要对外开放，也必须进行改革。因为，改革的目的是为了解放和发展社会生产力，建设中国特色社会主义，加速我国的现代化建设。在这一过程中，如果不实行对外开放，不吸收和借鉴当今世界各国包括资本主义发达国家的一切反映现代社会化生产规律的先进经营方式、管理方法，这一目的就不可能达到。只有通过对外开放，吸收和借鉴世界各国的先进技术、经验和资金，才能加速中国的现代化建设。这样做是符合时代潮流和中国经济发展客观需要的。当今世界尽管矛盾重重，但国家和地区之间的经济联系却在日益加强，经济全球化、一体化已经成为时代潮流。我们实行对外开放的目的就是为了适应这种生产国际化的要求，促进国际范围的分工和协作，通过吸收和借鉴世界各国的先进成果，加快我国的现代化步伐，实现中华民族的伟大复兴。在这一过程中，如果不实行改革，不从根本上改变束缚生产力发展的经济体制，从而建立起充满生机和活力的社会主义新经济体制，其目的也同样难以达到。正因为如此，所以邓小平强调：“要尊重社会经济发展规律，搞两个开放，一个对外开放，一个对内开放。”对外开放就是加强国际交往，引进发达国家的先进技术、经验和资金；对内开放就是改革，就是对内搞活。并且强调：“对内经济搞活，对外经济开放，这不是短期的政策，是个长期的政策，最少五十年到七十年不会变。”

第四，改革开放既必须不断解放思想，又必须始终坚持社会主义方向。我国改革开放的每一次重大突破，都是以解放思想为前提的。邓小平指出：“什么叫解放思想？我们讲解放思想，是指在马克思主义指导下打破习惯势力和主观偏见的束缚，研究新情况，解决新问题。”改革开放所以必须不断解放思想，是因为，解放思想始终是推动改革开放发展的强大思想武器。“只有思想解放了，我们才能正确地以马列主义、毛泽东思想为指导，解决过去遗留的问题，解决新出现的一系列问题，正确地改革同生产力迅速发展不相适应的生产关系和上层建筑，根据我国的实际情况，确定实现四个现代化的具体道路、方针、方法和措施。”在新的历史条件下，为了把改革开放引向深入，我们必须进一步解放思想。只要我们不断解放思想，敢于冲破各种僵化观念的束缚，就一定能够不断开创各项事业的新局面。与此同时，在改革开放中还必须始终坚持社会主义的方向。这是因为，我国的改革开放是在坚持社会主义基本原则的条件下进行的，其实质是社会主义制度的自我完善。如邓小平所说：“在改革中坚持社会主义方向，这是一个很重要的问题。……社会主义有两个非常重要的方面，一是以公有制为主体，二是不搞两极分化。”这对于保证我国改革开放的健康发展具有重要的指导作用。

第五，改革开放必须立足于社会主义初级阶段基本国情，坚持社会主义初级阶段基本路线和基本纲领。改革开放作为中国的第二次革命，必须从中国现正处于并将长期处于社会主义初级阶段的基本国情出发，根据这个实际来制定规划。只有这样，才能使其获得成功。早在改革开放之初，邓小平就指出：“我们的现代化建设，必须从中国的实际出发。无论是革命还是建设，都要注意学习和借鉴外国经验。但是，照抄照搬别国经验、别国模式，从来不能得到成功。……中国的事情要按照中国的情况来办，要依靠中国人自己的力量来办。独立自主，自力更生，无论过去、现在和将来，都是我们的立足点。”后来又进一步指出：中国社会主义“是初级阶段的社会主义。社会主义本身是共产主义的初级阶段，而我们中国又处在社会主义的初级阶段，就是不发达的阶段。一切都要从这个实际出发，根据这个实际来制订规划”。正是在这一认识的基础上，我们党及时确立了社会主义初级阶段的基本路线和基本纲领，保证了我国改革开放和社会主义现代化建设的顺利进行。今天，我国从生产力到生产关系、从经济基础到上层建筑虽然都发生了意义深远的重大变化，但仍处于并将长期处于社会主义初级阶段的基本国情没有变。因此，我们的社会主义现代化建设仍需要继续从我国社会主义初级阶段的基本国情出发，坚持党在社会主义初级阶段的基本路线和基本纲领，奋力开拓中国特色社会主义更为广阔的发展前景。

第六，改革开放必须正确处理改革、发展、稳定的关系。中国特色社会主义事业是“一盘棋”，改革、发展、稳定是这盘棋中最关键的三枚“棋子”。正确处理改革、发展、稳定三者的关系，是贯穿我国改革开放全过程的一个重大问题。邓小平认为，三者的辩证关系表现为：改革是发展的强大动力。只有通过改革，从根本上改变束缚我国生产力发展的经济体制，建立充满生机和活力的社会主义新经济体制，同时相应地改革政治体制和其他方面的体制，才能有力地推动生产力的发展。发展是我国发挥社会主义制度优越性，不断改善人民物质文化生活，保持社会长期和谐稳定的根本途径。用邓小平的话说，即“发展才是硬道理”。正因为如此，邓小平指出：“抓住时机，发展自己，关键是发展经济。现在，周边一些国家和地区经济发展比我们快，如果我们不发展或发展得慢，老百姓一比就有问题了。”就会影响我国社会的进步和和谐稳定；稳定是改革与发展的重要基础和前提。没有稳定的社会环境，改革与发展将无从谈起。因此，邓小平强调：“中国的问题，压倒一切的是需要稳定。没有稳定的环境，什么都搞不成，已经取得的成果也会失掉。”随着改革开放的不断深入，我们必须始终注意把握好改革的力度、发展的速度和稳定的程度，努力使三者保持协调与平衡。

第七，判断改革开放成败得失的标准是“三个有利于”。改革开放作为党的十一届三中全会作出的建设中国特色社会主义的重大决策，其检验标准只能是中国特色社会主义建设实践。正因为如此，邓小平指出：“改革开放迈不开步子，不敢闯，说来说去就是怕资本主义的东西多了，走了资本主义道路。要害是姓‘资’还是姓‘社’的问题。判断的标准，应该主要看是否有利于发展社会主义社会的生产力，是否有利于增强社会主义国家的综合国力，是否有利于提高人民的生活水平。”这便是“三个有利于”。这一标准的三个方面是互相联系、内在统一的，其统一的基础是发展生产力。我国30多年改革开放的实践，极大地推动了我国生产力的发展、综合国力的增强和人民生活水平的提高，证明我国改革开放事业获得了巨大成功。改革开放不仅使中国人民稳步走上了富裕安康的广阔道路，而且为世界经济发展和人类文明进步做出了重大贡献。

3. 社会主义改革开放理论的重大意义

邓小平的社会主义改革开放理论指导我国改革开放事业取得了巨大成就，对于中国特色社会主义道路的开辟、中国特色社会主义理论体系的创立和中国特色社会主义事业的发展，具有重大的现实意义。其意义主要表现在以下几方面。

第一，开辟了中国特色社会主义道路，形成了中国特色社会主义理论体系，树立了中国特色社会主义旗帜。

胡锦涛在党的十七大报告中指出：“改革开放以来我们取得一切成绩和进

步的根本原因，归结起来就是：开辟了中国特色社会主义道路，形成了中国特色社会主义理论体系。”

自十一届三中全会启动改革开放以来，我们党团结带领全党全国各族人民，承前启后，继往开来，在着力推进改革开放和社会主义现代化建设伟大事业的过程中，及时研究新情况、解决新问题、总结新经验，集中全党全国各族人民的智慧，形成了党的基本理论、基本路线、基本纲领、基本经验，制定和作出了指导改革开放和社会主义现代化建设的一整套方针政策和工作部署，成功开辟了中国特色社会主义道路，即在中国共产党领导下，立足基本国情，以经济建设为中心，坚持四项基本原则，坚持改革开放，解放和发展社会生产力，巩固和完善社会主义制度，建设社会主义市场经济、社会主义民主政治、社会主义先进文化、社会主义和谐社会，建设富强民主文明和谐的社会主义现代化国家。这条道路既坚持了科学社会主义的基本原则，又根据中国实际和时代特征赋予其鲜明的中国特色，其核心是坚持中国共产党在社会主义初级阶段的基本路线和基本纲领。实际上就是举世瞩目的“中国道路”。在当代中国，坚持中国特色社会主义道路，就是真正坚持社会主义。

与此同时，我们党还开启了马克思主义中国化的新征程，经过艰辛的理论探索，实现了马克思主义与中国实际相结合的第二次历史性飞跃，形成了包括邓小平理论、“三个代表”重要思想以及科学发展观等重大战略思想在内的中国特色社会主义理论体系。这个理论体系，坚持和发展了马克思列宁主义、毛泽东思想，凝结了几代中国共产党人带领全国各族人民不懈探索实践的智慧和心血，是马克思主义中国化的最新成果，是党最可宝贵的政治和精神财富，是全国各族人民团结奋斗的共同思想基础，是中国共产党领导全国各族人民建设中国特色社会主义、实现中国民族伟大复兴的指导思想。在当代中国，坚持中国特色社会主义理论体系，就是真正坚持马克思主义。

中国特色社会主义道路与中国特色社会主义理论体系的有机统一，便是中国特色社会主义的旗帜。如 2008 年 3 月，习近平在中共中央党校春季学期开学典礼上的讲话中所说：“中国特色社会主义伟大旗帜，是当代中国发展进步的旗帜，是全党全国各族人民团结奋斗的旗帜。高举这面旗帜，既要在中国特色社会主义理论体系指导下坚持中国特色社会主义道路的伟大实践，又要在伟大实践中不断丰富和发展中国特色社会主义理论体系。两者紧密结合，相互促进，就能保证中国特色社会主义伟大旗帜始终高高飘扬。”

第二，建立了充满生机与活力的社会主义市场经济等各方面的体制，促进了我国经济社会的全面快速发展。

自十一届三中全会启动改革开放以来，我们党对高度集中的计划经济体制和单一的所有制结构进行了改革，建立和完善了社会主义市场经济体制，形成了以公有制为主体、多种所有制经济共同发展的基本经济制度，以按劳分配为主体、多种分配方式并存的分配制度，和在国家宏观调控下市场对资源配置发挥基础性作用的经济管理制度。通过深化政治体制、文化体制、社会体制以及其他各方面体制改革，形成了符合当代中国国情、充满生机活力的新的政治、文化、社会等体制机制。同时成功实现了从封闭半封闭到全方位对外开放的历史转折，为我国经济繁荣发展、社会和谐稳定提供了有力的制度保障和有利的国际环境，使我国经济社会得到了全面快速发展。

（二）社会主义市场经济论

建设中国特色社会主义，首要的是要建设中国特色社会主义经济，它是中国特色社会主义的基础和根本所在。为此就要确立适合我国实际的经济体制。而这就需要有中国特色社会主义经济理论，尤其是社会主义市场经济理论的指导，以便从根本上解决我国现阶段的经济体制问题，为我国确立社会主义市场经济体制的改革目标和基本框架奠定坚实的理论基础。因而，社会主义市场经济理论也就同样成为中国特色社会主义理论体系的支柱之一。

1. 社会主义市场经济理论提出的背景

社会主义市场经济理论是以邓小平为核心的第二代中央领导集体，在改革开放初期，针对我国依据传统社会主义经济理论和苏联的经验以及我国的客观条件建立的高度集中的计划经济体制的弊端提出来的。

众所周知，在经济发展过程中，相对于人们的需求而言，资源总会表现出一定的稀缺性，这就要求人们对有限的、相对稀缺的资源进行合理地配置，以便用最少的资源耗费生产出最适用的产品和劳务，获取最佳的经济效益。在社会化大生产的条件下，资源的配置方式主要有两种：计划配置和市场配置。这两种资源配置方式本来不具有社会制度的性质，不代表两种不同的社会制度，但无论是传统社会主义经济理论，还是西方经济理论，却都把它们看作社会基本制度范畴，认为社会主义作为一种公有制经济，只能实行以计划配置为特征的计划经济，而不能实行以市场配置为特征的市场经济。因为市场经济只能与资本主义私有制相联系，它属于资本主义的专利。

之所以如此，是因为，在传统社会主义经济理论看来，社会主义作为资本主义充分发展的必然产物和更高阶段，必然能够克服资本主义的内在矛盾：生产的社会化和生产资料的资本主义私人占有制之间的矛盾，以及这一矛盾的具体表现无产阶级和资产阶级之间的矛盾、个别企业生产的有组织性和整个社会生产的无政府状态之间的矛盾，从而废除生产资料的私有制，消除处于无政府状态的商品生产与货币交换，实行生产资料的公有制和有计划的产品生产。如恩格斯所说："一旦社会占有了生产资料，商品生产就将被消除，而产品对生产者的统治也将随之消除。社会生产内部的无政府状态将为有计划的自觉的组织所代替。"这句话集中概括了马克思主义创始人对社会主义社会商品货币命运的基本看法。他们所以主张社会主义社会要消灭商品经济，其原因主要在于，在他们看来，商品经济的基本规律——价值规律的作用存在着许多弊端，如生产的盲目性和无政府状态等，从而会造成社会资源的巨大浪费。而要改变这一状况，就必须在事实上承认现代生产力的社会本性，由社会公开地和直接地占有已经发展到除了适于社会管理之外不适于任何其他管理的生产力，使生产、占有和交换的方式同生产资料的社会性相适应。而"当人们按照今天的生产力终于被认识了的本性来对待这种生产力的时候，社会的生产无政府状态就让位于按照社会总体和每个成员的需要对生产进行的社会的有计划的调节。那时，资本主义的占有方式，即产品起初奴役生产者而后又奴役占有者的占有方式，就让位于那种以现代生产资料的本性为基础的产品占有方式：一方面由社会直接占有，作为维持和扩大生产的资料，另一方面由个人直接占有，作为生活资料和享受资料"。这样，马克思主义经典作家就粗线条地勾画出了传统社会主义经济理论的基本框架。列宁继承了马克思恩格斯的这一观点，因而也同样主张社会主义要消灭商品经济。如列宁所说："觉悟的社会主义者应该直率地和清楚地指出……社会主义要求消灭货币的权力、资本的权力，消除一切生产资料私有制，消灭商品经济。社会主义要求把土地和工厂转交给按照总计划组织大生产……的全体劳动者。"正是基于这样的认识，列宁在 1918 年实施了以消灭商品货币关系为特征的"战时共产主义政策"，结果导致了国民经济的严重衰退。为了改变这一局面，不得不于 1921 年春天改为实施以恢复商品货币关系为特征的新经济政策，并在短时间内取得了明显的成效。然而此时列宁仍把恢复商品经济看作一种权宜之计，并没有真正否定传统的社会主义经济理论。后来斯大林继续坚持传统的社会主义经济理论，在苏联建立了与市场经济相对立的高度集中的计划经济体制，对我国和其他社会主义国家经济体制的建立产生了重大的影响。

不仅传统社会主义经济理论坚持社会主义必须实行计划经济，而不能实行市场经济的观点，而且西方经济学家在这一问题上也与马克思主义创始人保持着惊人的一致，认为私有制是市场经济的本质特征，因而与社会主义公有制水火不容。例如，北欧经济学家伊萨克森、汉米尔顿和吉尔法松在合著的《理解市场经济》一书中说："没有所有权，就没有资本家；没有资本家，就没有资本主义；没有资本主义，就没有市场经济。"《现代日本经济事典》也提出，市场经济制度有三个原则，即私有财产制度、契约自由的原则和自我负责的原则，并且认为，"私有财产制度是市场经济制度中最具有代表性的制度"。奥地利经济学家路德维希·冯·米塞斯的观点更具有代表性。他说："市场是资本主义制度的核心，是资本主义制度的本质，只有在资本主义条件下它才是可行的；在社会主义条件下，它是不可能被'人为地'仿制的。"他认为，要把市场和它的价格形成的功能同以生产资料私有制为基础的社会分离开来是不可能的，因为"如果没有企业家（包括股票持有者）对利润、地主对地租、资本家对利息和劳动者对工资的追求，那么整个市场机制就不可能成功地运转。"因此他得出结论说："二者必居其一，要么是社会主义，要么是市场经济。"

我国社会主义制度建立后，正是在传统社会主义经济理论和苏联经济体制的影响下，根据我国当时生产力水平十分低下，经济实力十分薄弱，需要迅速、有效地集中全国力量进行大规模经济建设的实际情况，而形成高度集中的计划经济体制的。这种经济体制虽在 20 世纪 50 年代我国社会主义经济建设中发挥了重要作用，使我国初步建立了独立的比较完整的工业体系和国民经济体系，但也逐渐暴露出了不少问题。其主要弊端是：政企职责不分，条块分割，国家对企业统得过多过死，权力过于集中，忽视商品生产、价值规律和市场机制的作用，企业缺乏应有的自主权，并且分配中存在着严重的平均主义，结果导致了"做多做少一个样、做好做坏一个样、做与不做一个样"的劳动状况，造成了企业吃国家的"大锅饭"、职工吃企业的"大锅饭"的局面，严重压抑了企业和职工的积极性、主动性和创造性，使本来应该生机盎然的社会主义经济在很大程度上失去了活力，阻碍了我国经济的发展，导致了物资的长期短缺，许多商品只能凭票限量供应。

针对我国经济建设中出现的这些问题，以毛泽东为核心的第一代中央领导集体对如何建立符合中国国情的经济体制曾作过积极的探索。譬如，1956 年 4 月，毛泽东在中央政治局扩大会议上作的《论十大关系》的报告中，曾提出要发挥中央和地方两个积极性；强调国家、生产单位和生产者不能只顾一头，必须兼顾三个方面。20 世纪 50 年代末 60 年代初，毛泽东在纠正“大跃进”中的错误时，针对有人提出要消灭商业、货币的错误观点，曾指出：我国是一个商品生产很不发达的国家，很需要有一个发展商品生产的阶段，必须有计划地大力发展商品生产。并且认为，商品生产的命运，最终和社会生产力的水平有密切关系，因此，即使实现了单一的社会主义全民所有制，如果产品还不很丰富，某些范围内的商品生产和商品交换仍然有可能存在。毛泽东的这些思想虽然对我国后来形成社会主义市场经济理论有一定的启示，但总体上尚未摆脱把计划和市场看作社会基本制度范畴的传统观念的束缚。因此，当时提出的一些改革措施至多只是在一定程度上加强了市场调节的力度和作用，而不可能突破我国计划经济体制的总体框架，而这也就为新一代中央领导集体创立社会主义市场经济理论留下了余地。以邓小平为核心的第二代中央领导集体，正是在这样的背景下创立社会主义市场经济理论的。

2. 社会主义市场经济理论的提出和形成过程

以党的十一届三中全会为标志，中国进入了改革开放的新时期。改革的思路之一便是正确认识和处理社会主义和市场经济的关系，建立社会主义市场经济体制。从 20 世纪 70 年代末党的十一届三中全会，到 1992 年党的十四大提出建立社会主义市场经济体制的改革目标和基本框架，经历了十四个年头的艰辛探索，初步提出和形成了社会主义市场经济理论，使我国进入了全面建设社会主义市场经济的新阶段。这一过程可大致分为三个阶段。

（1）从完全排斥市场调节的大一统计划经济观念到承认市场调节的辅助作用，提出了“计划经济为主，市场调节为辅”的指导方针。1979 年 11 月 26 日，邓小平在会见外宾时，联系世界经济的发展形势和我国的历史经验指出，从 20 世纪 60 年代末期到 70 年代这十一二年，我们同世界的差距拉得太大了。这十多年，正是世界经济和科技蓬勃发展的时期。60 年代我们有了同国际上加强交往合作的条件，但是我们自己孤立自己。现在我们算是学会利用这个国际条件了。我们有些经济制度，特别是企业的管理、企业的组织这些方面，受苏联影响比较大。这些方面资本主义国家先进的经营方法、管理方法、发展科学的方法，我们社会主义应该继承。据此，他果断指出："说市场经济只存在于资本主义社会，只有资本主义的市场经济，这肯定是不正确的。社会主义为什么不可以搞市场经济，这个不能说是资本主义。我们是计划经济为主，也结合市场经济，但这是社会主义的市场经济。虽然方法上基本上和资本主义社会的相似，但也有不同，是全民所有制之间的关系，当然也有同集体所有制之间的关系，也有同外国资本主义的关系，但是归根到底是社会主义的，是社会主义社会的。市场经济不能说只是资本主义的。市场经济，在封建社会时期就有了萌芽。社会主义也可以搞市场经济。同样地，学习资本主义国家的某些好东西，包括经营管理方法，也不等于实行资本主义。这是社会主义利用这种方法来发展社会生产力。把这当作方法，不会影响整个社会主义，不会重新回到资本主义。"这样，邓小平就突破了社会主义只能实行大一统计划经济，完全排斥市场经济的传统观念，第一次把市场经济和社会主义联系了起来。

邓小平之所以能实现这种突破，是因为，在他看来，市场经济作为一种资源配置方式和方法、手段，并不是资本主义特有的，它在封建社会就有了萌芽，其存在条件一是社会分工的出现，二是不同经济利益主体（可以是私有制企业，也可以是公有制企业）的存在。由于我国是在半封建半殖民地的基础上，经过新民主主义革命和社会主义革命的胜利建立社会主义的，此前没有经过资本主义充分发展的阶段，因此我们建立的社会主义，就只能是不发达的或被称为初级阶段的社会主义。这种社会主义必然存在国家、集体、个人、外资等多种所有制经济成分，亦即多种经济利益主体，因而必须保留和发展商品经济。而不是像马克思主义创始人所设想的，在西欧发达资本主义的基础上建立的，作为共产主义第一阶段或低级阶段的发达的社会主义。这种社会主义只存在单一的全民所有制，不存在多种经济利益主体，因而可以消灭商品经济。这是我国必须实行社会主义市场经济的根本依据。另外，在邓小平看来，市场经济作为一种资源配置方式和发展生产力的方法、手段，既然并不必然与资本主义私有制相联系，因而也不必然体现资本主义的性质，那么，社会主义搞市场经济也就不会影响自身的性质。

正是根据邓小平的这一见解，我们党在1981年十一届六中全会通过的《关于建国以来党的若干历史问题的决议》中，便正式提出了"计划经济为主，市场调节为辅"的经济建设指导方针。这一方针虽然仍坚持了计划经济的总体框架，认定市场调节在整个总体框架中只起辅助的作用，但由于它已承认市场经济在我国经济建设中的地位和作用，因而也就为我们党社会主义市场经济理论的形成开辟了道路。

（2）从承认市场调节的辅助作用到承认市场在资源配置中的基础性作用，提出了“公有制基础上的有计划的商品经济”的新概念。进入改革开放新时期以后，随着我国以市场为导向的经济体制改革的深入，邓小平对计划和市场的关系又作了进一步的思考。1982 年 10 月，在同国家计委负责同志的谈话中，邓小平指出：“计划与市场的关系问题如何解决？解决得好，对经济的发展就很有利，解决不好，就会糟。”根据邓小平的这一思想，1984 年党的十二届三中全会通过的《中共中央关于经济体制改革的决定》，便提出了社会主义经济是公有制基础上的有计划的商品经济的新概念，认为商品经济的充分发展是社会主义经济发展的不可逾越的阶段，是实现我国经济现代化的必要条件。邓小平对此给予了高度的评价，认为它是马克思主义基本原理和中国社会主义实践相结合的政治经济学。指出：“这次经济体制改革的文件好，就是解释了什么是社会主义，有些是我们老祖宗没有说过的话，有些新话。……过去我们不可能写出这样的文件，没有前几年的实践不可能写出这样的文件。写出来，也很不容易通过，会被看作‘异端’。我们用自己的实践回答了新情况下出现的一些新问题。”

《中共中央关于经济体制改革的决定》中“公有制基础上的有计划商品经济”概念的提出，突破了长期以来把计划经济同商品经济对立起来的传统观念的束缚，为进一步发展商品经济，发挥市场机制的作用，扫除了许多障碍。但它也同时提出，就总体说，我国实行的是计划经济，即有计划的商品经济，而不是完全由市场调节的市场经济。完全由市场调节的生产和交换，主要是部分农副产品、日用小商品和服务修理行业的劳务活动，它们在国民经济中起辅助的但不可缺少的作用。这实际上是限制了市场调节的作用范围，没有确认市场在资源配置中的基础性作用。其实质还是把市场经济看作与资本主义私有制相联系的体现资本主义本质的东西。针对这一情况，邓小平在 1987 年党的十三大召开前夕明确指出：“为什么一谈市场就说是资本主义，只有计划才是社会主义呢？计划和市场都是方法嘛。只要对发展生产力有好处，就可以利用。它为社会主义服务，就是社会主义的；为资本主义服务，就是资本主义的。好像一谈计划就是社会主义，这也是不对的，日本就有一个企划厅嘛，美国也有计划嘛。我们以前是学苏联的，搞计划经济。后来又讲计划经济为主，现在不要再讲这个了。”这里，社会主义市场经济的概念已呼之欲出。在邓小平这一思想的指引下，党的十三大便作出了“社会主义有计划商品经济的体制，应该是计划与市场内在统一的体制”的结论。明确指出：在这种体制下，计划和市场的作用范围都是覆盖全社会的。计划必须建立在商品交换和价值规律的基础上，市场必须受国家宏观调控政策的制约。新的经济运行机制，总体上来说应当是“国家调节市场，市场引导企业”的机制。这样就确认了市场在资源配置中的基础性作用，使市场经济与社会主义公有制结合了起来。

（3）从承认市场在资源配置中的基础性作用到从根本上破除把计划和市场看作社会基本制度范畴的束缚，确立了社会主义市场经济体制的改革目标和基本框架。20 世纪 80 年代后期，我国经济中市场调节的比重已经超过了计划调节。此时我国的经济体制改革既取得了很大的成就，也出现了许多矛盾和问题。尤其是 1989 年国内发生政治风波，国际上出现东欧剧变、苏联解体重大事件以来，那种把以市场为导向的改革视为搞资本主义的观念又开始滋生蔓延，认为在市场调节背后必然隐藏着资本主义的幽灵。这时，计划与市场的关系问题又变成一个与社会基本制度直接相关的问题。针对这一情况，1990 年 12 月，邓小平在与中央领导同志谈话时明确指出：“我们必须从理论上搞懂，资本主义与社会主义的区分不在于是计划还是市场这样的问题。社会主义也有市场经济，资本主义也有计划控制。资本主义就没有控制，就那么自由？最惠国待遇也是控制嘛！不要以为搞点市场经济就是资本主义道路，没有那么回事。计划和市场都得要。不搞市场，连世界上的信息都不知道，是自甘落后。”1991 年 1 月，邓小平在视察上海时再次强调：“不要以为，一说计划经济就是社会主义，一说市场经济就是资本主义，不是那么回事，两者都是手段，市场也可以为社会主义服务。”1992 年 1 月，邓小平在南方谈话中进一步指出：“计划多一点还是市场多一点，不是社会主义与资本主义的本质区别。计划经济不等于社会主义，资本主义也有计划；市场经济不等于资本主义，社会主义也有市场。计划和市场都是经济手段。”邓小平的这些论断进一步界定了计划和市场作为资源配置方式或方法、手段的属性，从根本上破除了把计划和市场看作社会基本制度范畴的思想束缚，为我国最终确立社会主义市场经济体制的改革目标和基本框架奠定了理论基础。正是根据邓小平的这一思想，1992 年 10 月，江泽民在党的十四大报告中确立了社会主义市场经济体制的改革目标和基本框架。这标志着我们党社会主义市场经济理论的正式提出和初步形成。此后，以江泽民为核心的第三代中央领导集体和以胡锦涛为总书记的党中央，在邓小平社会主义经济理论的基础上，又对党的社会主义市场经济理论作了进一步丰富和发展，使我国社会主义市场经济体制在实践中不断完善，从此，我国便进入了全面建设社会主义市场经济的新时期。

3. 社会主义市场经济理论的重大意义

社会主义市场经济理论的创立，对于中国特色社会主义事业的发展有着重大的意义。其意义主要有两个方面：

（1）明确了市场经济作为资源配置方式和方法、手段的属性，使其与社会基本制度区分开来，为我国发展市场经济，建立社会主义市场经济体制提供了理论依据。邓小平从 1979 年提出社会主义也可以搞市场经济开始，就始终把市场经济看作一种资源配置方式和发展社会生产力的方法、手段，认为它并不是资本主义特有的，而是社会化大生产的必要条件。其根据在于，市场经济的存在并不必然与资本主义私有制相联系，而是以社会分工和不同经济利益主体（可以是私有制企业，也可以是公有制企业）的存在为前提。因此，市场经济既可以为资本主义服务，也可以为社会主义服务。市场经济所以能与社会主义相结合，是因为现实的社会主义并不是像马克思主义经典作家所设想的，在西欧发达资本主义的基础上建立的，作为共产主义第一阶段或低级阶段的，发达的，只存在单一的全民所有制，因而不存在不同的经济利益主体的社会主义，而是在经济文化相对落后的中国等东方国家建立的，不发达的或曰初级阶段的社会主义，其经济成分不仅包括全民所有制（即国家所有制）和集体所有制，而且还包括劳动者个体和外资所有制，在这些经济成分之间以及各种经济成分内部必然存在着不同的经济利益关系，从而必然构成各种不同的经济利益主体，这也就具备了实行市场经济的基本条件。在这种条件下，市场经济作为一种资源配置方式和方法、手段，也就可以在社会主义经济中发挥调节作用，使社会资源得到有效和最佳的配置，从而使国民经济实现又好又快地发展。这样就既把市场经济与社会基本制度区分了开来，又使其与社会主义结合了起来，从而为我国发展市场经济，建立社会主义市场经济体制奠定了理论基础。

（2）指出了市场经济的共性和个性，为我国在经济建设中既充分发挥市场对于资源配置的基础性作用，又始终坚持社会主义基本原则奠定了理论基础。既然市场经济作为一种资源配置方式和发展社会生产力的方法、手段，不是资本主义特有的，而是社会化大生产的必要条件，那么，这便表明，市场经济与某种社会制度并没有必然的联系，因而并不必然具有某种社会制度属性、体现某种社会性质，这样便使不同社会制度下的市场经济具有了某些共性，如企业或个人是市场的主体，自主经营，自负盈亏，自我发展，自我约束；经济活动靠市场调节，市场对资源配置起基础性作用；商品生产者按等价交换原则交换自己的商品；经济活动遵循价值规律的要求，适应供求关系的变化；通过竞争机制实现商品生产者的优胜劣汰；遵守经济法规，保证经济法制化；等等。正因为如此，邓小平反复强调：市场经济既可以为资本主义服务，也可以为社会主义服务。计划多一点还是市场多一点，不是社会主义与资本主义的本质区别。因此，这里也就不存在所谓姓“资”姓“社”的问题。

但也必须看到，市场经济作为一种资源配置方式和发展社会生产力的方法、手段，虽不必然与某种社会制度相联系，因而并不必然具有某种社会制度属性、体现某种社会性质，但也不是可以脱离社会制度而孤立存在的，而是总与使其发挥作用的社会的基本制度结合在一起，从而体现该社会的基本性质。这样一来，不同社会制度下的市场经济除了具有某些共性以外，便同时具有了自己的某些个性。所以如此，是因为，在现实的经济活动中，作为市场主体的企业，都不是脱离现实社会制度的抽象的企业，而是与该社会的基本制度结合在一起的现实的企业，或者是资本主义的私有制企业，或者是社会主义的公有制企业以及与之并存的非公有制企业。正因为如此，所以现实生活中的市场经济，不是与资本主义基本制度相结合并受其制约的资本主义市场经济，就是与社会主义基本制度相结合并受其制约的社会主义市场经济，不存在脱离现实社会制度的任何抽象的市场经济。这也就是说，当本来不具有社会制度属性的市场经济与某种现实的社会制度结合在一起并受其制约、为其服务后，也就具有了它与之结合的某种社会制度的属性，体现着该社会制度的性质。换句话说，市场经济作为一种资源配置方式和发展社会生产力的方法、手段，本来不存在姓“资”姓“社”的问题，但当它与某种现实的社会制度结合在一起并受其制约、为其服务后，也就有了姓“资”姓“社”的问题。就像某项理论和技术，在它被某个国家或个人利用之前，便不具有为某个国家或个人服务的属性。而当它被某个国家或个人利用之后，也就具有了这种属性一样。

既然如此，那么我们在进行市场经济建设时，就应既要看到它的共性的一面，又要看到它的个性的一面。市场经济作为一种资源配置方式和发展社会生产力的方法、手段，由于是社会主义经济和资本主义经济的共性，因此，资本主义在其几百年的历史发展中所积累和形成的发展市场经济的经验、机制和管理方法、手段，便都值得社会主义国家学习、借鉴。正如邓小平所说："社会主义要赢得与资本主义相比较的优势，就必须大胆吸收和借鉴人类社会创造的一切文明成果，吸收和借鉴当今世界各国包括资本主义发达国家的一切反映现代化生产规律的先进经营方式、管理方法。"只有这样，社会主义在市场经济建设中才能少走弯路，加快发展步伐。而作为与我国基本经济制度相结合的社会主义市场经济体制，由于所体现的是中国特色社会主义的个性，因此，在其建设和完善过程中，就必须始终坚持社会主义的基本原则，体现社会主义的根本性质。其原则包括：以公有制为主体、多种所有制经济共同发展的基本经济制度；以按劳分配为主体、多种分配方式并存的分配制度；实现共同富裕的发展目标；企业劳动者的主体地位等。只有这样，我们建设的市场经济才能保证是社会主义的市场经济，否则，则会走向资本主义。对此，邓小平曾明确指出："实行对外开放政策，搞计划经济和市场经济相结合，进行一系列的体制改革，这个路子是对的。这样做是否违反社会主义的原则呢？没有。因为我们在改革中坚持了两条，一条是公有制经济始终占主体地位，一条是发展经济要走共同富裕的道路，始终避免两极分化。"江泽民也指出："我们搞的是社会主义市场经济，'社会主义'这几个字是不能没有的，这并非多余，并非'画蛇添足'，而恰恰相反，这是'画龙点睛'。所谓'点睛'，就是点明我们市场经济的性质。"正是这些思想的提出，为我国在经济建设中既充分发挥市场对于资源配置的基础性作用，又始终坚持社会主义基本原则奠定了重要理论基础，使我国的经济体制改革和社会主义市场经济体制建设得以顺利进行并不断深化，保证了我国经济的又好又快发展。

（三）社会主义民主政治论

建设中国特色社会主义，不仅需要中国特色社会主义经济理论，推动我国经济实现又好又快发展，而且需要有中国特色社会主义民主政治理论，有效推进我国的民主政治建设，为我国经济社会的发展提供强大的政治保证。因此，社会主义民主政治理论也同样成为中国特色社会主义理论体系的支柱之一。

1. 中国特色社会主义民主政治的基本框架

新中国成立特别是改革开放以来，中国人民在中国共产党的领导下，经过长期奋斗和反复探索，已成功开辟了中国特色社会主义民主政治的发展道路，形成了中国特色社会主义民主政治的基本框架，即“三个统一”和“四种制度”。“三个统一”即共产党领导、人民当家做主和依法治国的有机统一；“四种制度”即人民代表大会制度、共产党领导的多党合作和政治协商制度、民族区域自治制度和基层群众自治制度。

（1）共产党领导、人民当家做主和依法治国的有机统一。党的领导是人民当家做主和依法治国的根本保证。人民群众要成为掌握国家、社会和自己命运的主人，需要有一个能够代表和反映人民整体利益的政党将自己组织起来，形成自觉的意识，采取有效的行动。尤其是在中国这样一个人口众多、经济文化比较落后且发展不平衡的大国，人民利益的广泛性、多样性，实现人民利益的复杂性、艰巨性，就更需要有一个能够集中反映和有效体现人民共同意志的政治核心，来团结、凝聚和带领人民把革命、建设和改革事业不断推向前进。在中国，能担当这一重任的唯有中国共产党。中国共产党是中国工人阶级、中国人民和中华民族的先锋队，是中国最广大人民根本利益的忠实代表者和坚定维护者。通过人民代表大会、共产党领导的多党合作和政治协商、民族区域自治、基层群众自治等政治制度，我们党将来自人民群众的各种愿望、诉求，综合概括为人民的整体利益和共同意志，并进一步将其转化为国家的法律和政策。离开了党的领导，人民当家做主就会落空，法治和各项制度也就无法真正实现和落实。

实现人民当家做主是实行社会主义民主政治的根本目的。共产党领导的实质是领导和支持人民当家做主。人民当家做主，就是人民群众在党的领导下，通过人民代表大会、共产党领导的多党合作和政治协商、民族区域自治以及基层群众自治等制度形式，掌握国家政权，行使国家权利，管理国家事务、经济文化事业和社会事务。具体来说，人民群众根据宪法和法律规定选举人民代表，反映和表达自己的愿望与要求，同时通过立法听证、行政听证等形式，直接有序地参与法律法规以及政策的制订；实行基层民主，广大人民在城乡基层群众性自治组织中，依法直接行使民主选举、民主决策、民主管理和民主监督等权利，对所在基层组织的公共事务和公益事业实行民主自治；实行民主监督，广大人民群众在社会生活的各个层次上，采取法律、舆论等多种手段对党和政府以及干部实施监督。人民当家做主保证了国家各项事业发展符合人民的利益和意愿。离开人民当家做主，不受人民监督，党的领导和法治就会偏离正确方向，就会变质。

依法治国是党领导人民治理国家的基本方略。依法治国的实质，就是广大人民群众在党的领导下，依照宪法和法律规定，通过各种途径行使管理国家事务、经济文化事业和社会事务的权利，保证国家各项工作和社会政治生活都依法进行，逐步实现社会主义民主的制度化、法律化。法治具有稳定性、规范性、连续性的特点，依法治理国家、管理社会，使民主制度化、法律化，不会出现因领导人的改变或领导人看法和注意力的改变而改变的情况。在当代中国，无论是党的领导，还是人民当家做主、行使民主权利，都必须在法制范围内进行，都必须严格依法办事，任何组织和个人都不允许有超越宪法和法律的特权。任何违反法治原则的权力意志和所谓的“民主”，都会对社会秩序和人民的权利与自由造成损害，进而危害社会主义民主政治制度。离开了法制，人民的权利就要落空，就没有保证，就会出现混乱，甚至导致无政府主义泛滥。“文化大革命”在这方面的教训尤为深刻。法制与民主的密切结合，实施民主的法制化和法制的民主化，依法推行和保障民主，是中国特色社会主义民主的一个重要特色。

在共产党领导、人民当家做主和依法治国的有机统一中，深刻反映出在中国建设社会主义民主政治的内在规律性。按照这个规律办事，就一定能把中国的民主政治建设好、发展好。

（2）人民代表大会制度、共产党领导的多党合作和政治协商制度、民族区域自治制度和基层群众自治制度。人民代表大会制度是我国的根本政治制度，是人民掌握国家政权、行使国家权力的根本途径。一方面，人民代表大会制度为中国人民当家做主提供了最好的组织形式；另一方面，人民代表大会制度为国家机构高效运转提供了有力制度保障。人民代表大会是国家权力机关，统一行使国家权力。国家行政机关、审判机关、检察机关由人民代表大会产生，对人民代表大会负责，受人民代表大会监督。国家机构的这种合理分工，既有利于充分发扬民主，又可以集中力量办大事，提高工作效率。人民代表大会制度建立以来的实践证明：这个制度是符合中国国情、体现中国特色社会主义国家性质、能够保证中国人民当家做主的根本政治制度和最高实现形式，也是党在国家政权中充分发扬民主、贯彻群众路线的最好实现形式，是中国特色社会主义政治文明的重要制度载体。人民代表大会制度健康发展，人民当家做主就有保障，党和国家的事业就顺利发展；这个制度受到破坏，人民当家做主就无法保证，党和国家的事业就会遭受损失。因此，在建设中国特色社会主义民主政治的过程中，必须毫不动摇地坚持、巩固和完善人民代表大会制度。

中国共产党领导的多党合作和政治协商制度，是中国特色社会主义的政党制度。通过这个制度，执政党和各级政府决策的科学化、民主化程度得以提高，既实现了广泛的民主参与，又有利于集中统一，统筹兼顾各方利益。中国共产党的领导是多党合作的首要前提和根本保证。但这种领导是政治领导，即政治原则、政治方向和重大方针政策的领导。中国共产党与各民主党派都以宪法为根本活动准则，负有维护宪法尊严、保证宪法实施的职责。中国共产党与各民主党派合作的基本方针是“长期共存、互相监督、肝胆相照、荣辱与共”。中国人民政治协商会议是中国人民爱国统一战线的组织，是中国共产党领导的多党合作和政治协商的重要机构，也是中国政治生活中发扬社会主义民主的重要形式。人民政协成立以来，坚持贯彻中共中央关于人民政协工作的方针政策，始终高举爱国主义、社会主义的旗帜，牢牢把握团结和民主两大主题，切实履行政治协商、民主监督、参政议政职能，自觉服从和服务于国家大局，广泛团结海内外一切热爱祖国的中华儿女，在推进社会主义物质文明、政治文明、精神文明建设和促进祖国统一大业等方面发挥了重大作用。

民族区域自治制度，是富有中国特色的实现民族平等、保障少数民族权利的基本政治制度。实行这项制度，体现了我国实行各民族平等、团结、合作和共同繁荣的原则，体现了民族因素与区域因素、政治因素与经济因素、历史因素与现实因素的统一。民族区域自治是在统一而不可分离的国家领导下，在各少数民族聚居的地方设立自治机关，行使自治权，实行区域自治。民族区域自治的核心，是保障少数民族当家做主，管理本民族、本地方事务的权利。实行民族区域自治，是中国共产党根据我国的历史发展、文化特点、民族关系和民族分布等具体情况作出的制度安排，符合各民族人民的共同利益和发展要求。根据《中华人民共和国宪法》《中华人民共和国民族区域自治法》和其他法律规定，我国各民族自治地方的自治机关享有广泛的自治权利。一是自主管理本民族、本地区的内部事务；二是享有制定自治条例和单行条例的权利；三是享有宗教信仰自由的权利；四是享有使用和发展本民族语言文字，按照传统风俗习惯生活及进行社会活动的权利和自由。此外，还拥有自主安排、管理、发展经济建设事业，自主发展教育、科技、文化等其他各项权利。实践证明，民族区域自治制度是党和各族人民的一个伟大创举。

基层群众自治制度是广大人民群众在中国共产党领导和支持下，在城乡基层单位和组织中依法直接行使民主选举、民主决策、民主管理和民主监督权利的民主制度。它是群众身边的民主，能够最有效地保障人民群众最关心、最直接、最现实的利益，保障人民群众的主人翁地位，是中国特色社会主义民主最直接和最具体的体现。改革开放以来，随着中国的发展和进步，全国各地城乡基层民主不断扩大，公民有序的政治参与渠道增多，民主的实现形式日益丰富。目前，我国已建立了以农村村民委员会、城市居民委员会和企业职工代表大会为主要内容的基层民主自治体系。

2. 沿着中国特色社会主义民主政治道路继续前进

中国特色社会主义民主政治道路是光明的道路、充满希望的道路。我们走上这条道路是历史的必然、人民的选择。通过这条道路，中国正朝着富强、民主、文明、和谐、美丽的社会主义现代化国家前进。社会主义民主政治建设是一个长期的历史过程，我们的认识还将随着实践的发展而不断深化。在未来的民主政治建设中，我们应当进一步注意和把握好以下几点。

（1）毫不动摇地走社会主义民主之路，始终坚持自身特点。民主是人类政治文明的成果。人类在追求和发展民主政治的过程中，形成了相应的民主观念。在不同的历史时期、站在不同阶级立场上的人们对民主的认识会有很大差别，但人民应享有国家主权和人民权利的观念，还是得到了广泛的认同。

我们坚定不移地走社会主义民主道路，是因为这是亿万中国人民掌握自己命运、焕发建设国家的强大创造力量的必由之路，是实现国家富强、人民幸福和社会长治久安的必由之路，是团结海内外中华儿女共同为中华民族的伟大复兴而奋斗的必由之路，也是中国共产党始终保持同人民群众的血肉联系、永葆马克思主义政党先进性的必由之路。在新时期新阶段，我们要坚持用改革的方法、用民主的方法兴利除弊、除旧布新；用不断发展着的社会主义民主政治，适应新变化，解决新问题，促进新发展。

在肯定民主观念具有一定的普遍性的同时，我们还必须深刻认识不同历史时代、不同国情和不同社会制度下民主的特殊性。民主是具体的、历史的，人民以及人民主权、人民权利在不同的历史条件下，在不同社会环境中存在着内容实质和实现形式的具体差别。在当代中国，人民是指以工人阶级和劳动群众为主体的全体社会主义劳动者、社会主义事业的建设者、拥护社会主义的爱国者、拥护祖国统一的爱国者。人民主权表现为国家政权掌握在共产党领导的广大人民手中。权利是一个历史的、相对的概念。权利的产生和发展建立在一定的经济基础之上，社会的生产力水平和生产关系决定着权利的性质和发展程度。在我国，中国特色社会主义基本制度决定了广大人民群众享有真实、平等的经济、政治、社会和文化权利，发展人民权利的根本途径是社会的稳定、进步和经济的发展。中国的民主是社会主义民主，这是由中国的历史、国情和社会性质决定的。对此我们绝不能有丝毫的含糊，绝不能淡化中国民主的制度属性。

实现社会主义民主是人类政治文明发展进步的必然趋势，我们没有任何理由妄自菲薄，更没有理由照搬照抄西方国家多元化的指导思想、多党轮流执政、“三权鼎立”和两院制以及联邦制等民主形式。只有走我们自己的路，才能真正在中国发展民主，才能保障和发展亿万中国人民的主权和权利、平等和自由。

（2）注重民主实质与民主形式的统一。中华人民共和国成立特别是改革开放以来，中国发生了翻天覆地的变化。中国的发展令世界瞩目，中国发展的原因也成为一个世界性话题。然而，有一种看法认为，中国经济社会发展的成就是在所谓“威权主义”体制下取得的，换言之，是不民主的产物。这种看法或因不了解中国，或是在有意曲解中国，它既不合乎逻辑，更不符合事实。稍有常识的人都知道，没有一个公平、正义和法制的社会环境，人民的基本权利得不到保障，就不可能有活跃的经济和稳定的社会发展。那种认为一个处于专制压迫下的社会能够实现长期稳定快速发展的观点是荒谬的，是经不起事实检验的。

在充分肯定我国民主获得了历史性进步的前提下，也要清醒地看到：社会主义制度在我国只有几十年的历史，发展和完善社会主义民主政治还有很多的工作要做，还有很长的路要走。概括起来说，今后我国民主政治建设的主要任务是：随着经济社会的发展，不断探索、发展和完善社会主义民主的各种实现形式。民主的实质要有相应的形式加以实现和表达。民主政治建设从一定意义上讲，就是不断探索和完善民主的形式。选择和建立什么样的民主形式，要受到一个国家在特定发展阶段面临的主要问题、需要完成的历史任务和需要达到的发展目标等因素的规定和制约。换言之，只有选择那些与具体国情、特定的发展阶段相适应的民主形式，才能实现和表达民主的实质，才是好的民主形式。

选举、协商、监督是实现民主的基本形式，它们存在于具体的民主制度之中，如西方的议会制、多党制，我国的人民代表大会制度、共产党领导的多党合作和政治协商制度，等等。在我国的各项具体政治制度中，选举、协商和监督等民主形式得到了广泛运用，如在人民代表大会制度下，人民群众通过选举人民代表组成各级国家权力机关，行使人民主权；在实施基层群众自治制度的条件下，人民群众通过直接选举产生自治组织的领导人，等等。当前，发展民主协商和加强民主监督，是我们探索和完善民主形式的重点。这是由我国现阶段的国情特点和面临的主要任务决定的。我国正处于现代化建设发展的关键时期，也是各种社会矛盾与问题的多发期。在这一时期协调各方利益，化解各种矛盾，实现社会和谐，是最重要的社会发展目标，而发展民主协商是实现社会和谐的重要制度保障。实行社会主义市场经济，在给经济发展带来巨大推动力的同时，也导致了一定程度的社会分化，因此，维护社会公平正义，防止特殊利益集团的形成及其对市场经济秩序的破坏和对权力的腐蚀，就成为保障社会主义市场经济健康发展的一个关键性问题，而加强民主监督则是维护社会公平正义，防范和遏制腐败的制度保障。

（3）坚持已经取得的成功经验，不断进行新的探索。我国的民主政治建设取得了显著的成就，基本形成了一整套适合我国国情和社会主义发展要求的民主政治模式。在民主政治建设中，我们积累了许多重要经验，如：坚持自主探索，走发展社会主义民主政治道路；坚持党的领导、人民当家做主和依法治国的有机统一；民主与法制紧密结合，实现民主法制化和法制民主化；科学对待西方民主，一不照搬，二要借鉴；在坚持四项基本原则的前提下，通过积极稳妥的政治体制改革，推进民主政治建设等。对于以往取得的经验，我们要倍加珍惜。但同时也要清醒地认识到，社会主义民主政治建设依然任重道远，实现大多数人当家做主，是人类政治史上最深刻的变革。因此，需要解放思想、大胆创新，需要坚持不懈地进行新的探索。

当前，我国民主政治建设中有两个比较突出的问题，需要在实践中着力探索解决。一是在社会主义市场经济条件下，如何保证广大人民群众的主人翁地位；二是在长期执政条件下，如何保持共产党的先进性。在社会主义市场经济条件下，保证人民群众特别是广大工农劳动群众真正当家做主的根本思路应当是：在改革中，高度重视保障广大人民群众、特别是工农基本群众的各项民主权利，扩大他们有序的政治参与；在发展中，更加注重社会公平，更加注重统筹协调，使全体人民共享改革开放和经济社会发展的成果，实现社会的和谐发展。长期执政是对我们党的严峻考验。要长期坚持和实行中国共产党的领导，就必须始终注重执政党的自身建设，扩大和完善党内民主，以保证党的先进性，防止党的组织和干部蜕变；通过完善多党合作和政治协商，通过加强人民群众的监督，保证共产党的民主执政。

中国特色社会主义民主政治，使14亿中国人民在自己的国家和社会生活中当家做主，享有广泛的民主权利。中国特色社会主义民主政治道路是将中国引向富强、民主、文明、和谐的道路。沿着这条道路继续探索前进，我们必将实现社会主义现代化和中华民族的伟大复兴，必将对人类文明做出更大贡献。

第三章　坚持和发展中国特色社会主义

第一节　中国特色社会主义的发展

一、中国特色社会主义概念的提出和演变

“研究任何一种理论，都必须首先弄懂它所使用的基本术语。”中国特色社会主义理论与实践研究，首先必须弄清楚“中国特色社会主义”这个基本概念。对中国特色社会主义基本概念的考查、分析和界定，是研究中国特色社会主义理论与实践一切问题的起点，影响着人们对中国特色社会主义思想内涵的理解和把握。

新中国成立 70 多年特别是改革开放 40 多年以来，我们党把马克思主义基本原理同中国具体实际和时代特征相结合，在艰辛探索中成功开辟了中国特色社会主义道路，创造性地形成了中国特色社会主义理论体系，在实践中不断发展和完善中国特色社会主义制度，坚定了中国特色社会主义道路自信、理论自信、制度自信、文化自信。伴随着实践的发展、认识的深化、时代的变迁，扎根于中华民族深厚历史文化沃土之中，中国特色社会主义的概念和内涵也经历了一个不断演变、拓展和升华的过程。

（一）“有中国特色的社会主义”概念的提出

1978 年十一届三中全会的召开，开启了中国改革开放的新时期，在坚持四项基本原则的前提下，强调一切从中国的实际出发，走出一条有中国特色的社会主义建设道路。1979 年邓小平强调指出“过去搞民主革命，要适合中国国情，走毛泽东同志开辟的农村包围城市的道路。现在搞建设，也要适合中国国情，走出一条中国式的现代化道路”。1982 年，邓小平在中共十二大开幕词中明确

提出“我们的现代化建设，必须从中国的实际出发，把马克思主义普遍真理同我国的具体实际结合起来，走自己的路，建设有中国特色社会主义，这就是我们总结长期历史经验得出的基本结论”。这是党的文献中首次使用“建设有中国特色社会主义”概念，从表述背景和形式看，主要是从实践层面谈中国特色社会主义。从之后多个使用这一概念的场合来看，“建设有中国特色社会主义”强调在坚持社会主义的框架模式前提下，使其具有“中国特色”，而且偏重从中国式现代化道路角度来理解“有中国特色的社会主义”。1987 年十三大报告继续沿用“有中国特色社会主义”概念，并在此基础上，出现了“有中国特色社会主义理论”“有中国特色社会主义道路”等相关概念，但仅仅对“有中国特色社会主义理论”进行了初步说明。十三大报告指出“有中国特色的社会主义，是马克思主义基本原理同中国现代化建设相结合的产物，是扎根于当代中国的科学社会主义。它是全党同志和全国人民统一认识、增强团结的思想基础，是指引我们事业前进的伟大旗帜”。这是对十一届三中全会以来中国共产党对社会主义再认识中形成的理论成果基本轮廓的首次概括，形成了十二个重要的理论观点，并据此指出：“这些观点，构成了建设中国特色社会主义的理论轮廓。”

（二）邓小平同志“建设有中国特色社会主义理论”

邓小平南方谈话后的1992年3月，江泽民主持召开中共中央政治局全体会议，要求全党认真学习“邓小平关于建设有中国特色社会主义的一系列重要论述”。中共十四大报告则明确提出了“邓小平同志建设有中国特色社会主义理论”这一概念，突出了邓小平在“有中国特色社会主义理论”形成过程中的地位，也表明这一阶段对“有中国特色社会主义理论”认识的特征。对于加上“邓小平同志”的表述，十四大报告做了进一步的说明：“邓小平同志是我国社会主义改革开放和现代化建设的总设计师。他尊重实践，尊重群众，时刻关注最广大人民的利益和愿望，善于概括群众的经验和创造，敏锐地把握时代发展的脉搏和契机，既继承前人又突破陈规，表现出了开辟社会主义建设新道路的巨大政治勇气和开拓马克思主义新境界的巨大理论勇气，对建设中国特色社会主义理论的创立做出了历史性的重大贡献。”与此同时，中共十四大报告中仍然保留了“有中国特色社会主义理论”“有中国特色社会主义道路”“有中国特色社会主义事业”“有中国特色社会主义旗帜”等十三大报告中的提法，对“有中国特色社会主义理论”的内容从九个方面进行了概括总结，彰显了邓小平的理论贡献。

（三）从“邓小平理论”到“中国特色社会主义”

党的十五大把“邓小平建设有中国特色社会主义”正式简称为“邓小平理论”并把它与马克思列宁主义、毛泽东思想并列在一起，作为党的指导思想写入党章。十五大报告从十个方面概括了邓小平理论的基本内涵，但依然保留使用了从十三大以来就提出并使用的“有中国特色社会主义道路、理论、事业、伟大实践”等衍生概念，并对建设有中国特色的社会主义经济、政治文化进行了具体阐述，提出了社会主义初级阶段的三大纲领，明确了中国特色社会主义建设事业“三位一体”的基本布局，进一步提出了“有中国特色社会主义共同理想”的概念。

从党的十六大开始，在党的文献中不再使用“有中国特色的社会主义”，首次出现了“中国特色社会主义”这一更加简洁、肯定、有力的概念表述。这一概念彰显了社会主义的中国形态，不仅仅是“有中国特色”，更是力求形成一种独立的社会主义形态或社会主义样式。在十六大报告中，相应地也出现了“中国特色的社会主义道路”“中国特色的社会主义理论”“中国特色的社会主义事业”“中国特色的社会主义伟大实践”这些衍生概念的提法。

（四）“中国特色社会主义”概念内涵的拓展和升华

新世纪开始，随着海外对“中国模式”“中国经验”“中国道路”关注的不断升温，中国共产党对“中国特色社会主义”的认识和总结，在党的十七大政治报告中进一步得到理论升华。十七大报告指出：“改革开放以来我们取得一切成绩和进步的根本原因，归结起来就是：开辟了中国特色社会主义道路，形成了中国特色社会主义理论体系。高举中国特色社会主义伟大旗帜，最根本的就是坚持这条道路和这个理论体系。”这就从“道路”和“理论体系”两个方面明确了中国特色社会主义的内涵，进而界定了“旗帜”的内容，明确了“中国特色社会主义理论体系”的基本内容是由邓小平理论、“三个代表”重要思想和科学发展观构成的。2011 年 7 月，胡锦涛在庆祝中国共产党成立 90 周年讲话中，把“开辟了中国特色社会主义道路”“形成了中国特色社会主义理论体系”和“确立了中国特色社会主义制度”概括为中国共产党 90 年奋斗、创造、积累的根本成就。由此，中国特色社会主义由“道路”和“理论体系”的“二位一体”升华为“道路”“理论体系”“制度”的“三位一体”。中国特色社会主义主体概念内涵丰富的同时，党的十七大报告中继续沿用了“中国特色社会主义事业、中国特色社会主义伟大实践、中国特色社会主义共同理想”等概念和提法。

党的十八大报告在重申“中国特色社会主义”包含的道路、理论体系、制度三个方面内容的同时，阐明了三者之间的关系，即中国特色社会主义道路是实现途径，中国特色社会主义理论体系是行动指南，中国特色社会主义制度是根本保障，三者统一于中国特色社会主义伟大实践中。十八大报告从实践特色、理论特色、民族特色、时代特色四个方面，对“中国特色社会主义”的“特色”进行了回应，深化了对中国特色社会主义内涵的认识。同时十八大报告向全党提出，要坚定中国特色社会主义的道路自信、理论自信和制度自信，彰显和表达了中国共产党人对中国特色社会主义的自信。

2017 年 10 月，党的十九大作出了中国特色社会主义进入新时代的重大政治判断，阐述了新时代中国特色社会主义思想和基本方略，深刻回答了新时代坚持和发展中国特色社会主义的一系列重大理论和实践问题，回应了十八大以来国内外形势变化和我国各项事业发展提出的一个重大时代课题，即必须从理论和实践结合上系统回答，新时代坚持和发展什么样的中国特色社会主义、怎样坚持和发展中国特色社会主义。十九大报告明确指出：“中国特色社会主义是改革开放以来党的全部理论和实践的主题，是党和人民历尽千辛万苦、付出巨大代价取得的根本成就。中国特色社会主义道路是实现社会主义现代化、创造人民美好生活的必由之路，中国特色社会主义理论体系是指导党和人民实现中华民族伟大复兴的正确理论，中国特色社会主义制度是当代中国发展进步的根本制度保障，中国特色社会主义文化是激励全党全国各族人民奋勇前进的强大精神力量。全党要更加自觉地增强道路自信、理论自信、制度自信、文化自信，既不走封闭僵化的老路，也不走改旗易帜的邪路，保持政治定力，坚持实干兴邦，始终坚持和发展中国特色社会主义。”这表明，把“中国特色社会主义”由“道路、理论体系、制度”的“三位一体”，升华到“道路、理论体系、制度、文化”的“四位一体”，“三个自信”到“四个自信”，表明了新时代中国特色社会主义思想，是中国共产党以全新的视野深化对共产党执政规律、社会主义建设规律、人类社会发展规律的认识取得的重大理论创新成果。需要注意的是，十九大报告仍然沿用“中国特色社会主义伟大实践”，把“中国特色社会主义”置于“伟大事业”之中，放在和“伟大梦想”“伟大斗争”“伟大工程”的相互关系中来理解。

综述“中国特色社会主义”概念的演变和发展，可以得出以下基本认识：一是“中国特色社会主义”概念的提出和形成不是偶然的，是具有深厚的历史渊源、理论依据和实践基础的。二是“中国特色社会主义”内涵和外延的变化和升华，是对共产党执政规律、社会主义建设规律、人类社会发展规律的认识不断进行艰辛理论探索，取得的重大理论创新成果。三是“中国特色社会主义”这一概念内涵和外延的演变过程，影响和决定着理论体系的建构、传播和发展。这一过程既是理论探索、认识提升的过程，更是时代发展、实践发展的必然要求。

二、中国特色社会主义基本理论

思想理论是社会变革的先导。中国特色社会主义是马克思主义基本原理和中国改革开放具体实际相结合的产物，是与毛泽东思想“一根相连、一脉相承、一体相依、一帜相随”的中国化的马克思主义，是指导中国实现社会主义现代化和中华民族伟大复兴的行动指南。毛泽东思想是中国特色社会主义理论体系的渊源。毛泽东思想之中关于社会主义基本制度的理论，是中国特色社会主义理论体系得以创立的政治前提和思想基础；毛泽东思想之中探索适合中国国情的社会主义道路理论，奠定了中国特色社会主义理论体系的理论基石；毛泽东思想之中探索社会主义建设规律所取得的积极成果，为中国特色社会主义理论体系提供了理论基础和实践经验；毛泽东思想之中关于建设社会主义的一系列方针政策，为中国特色社会主义建设提供了重要思想指导；毛泽东思想为中国特色社会主义理论体系的形成提供了“实事求是”的指导思想，提供了“马克思主义与中国实际相结合”的基本指导原则。

中国特色社会主义经历了几代领导集体的探索和实践，已经形成了基本稳定的理论架构和内容，构成了一个理论大厦，并在一脉相承中，随着实践的不断发展而不断丰富。

（一）中国特色社会主义理论基础和理论基石

中国特色社会主义理论的基础和基石就是立论之基的内容，它包括三个方面：

一是解放思想、实事求是的思想路线。这是马克思主义中国化理论成果的精髓，是中国共产党领导中国人民取得胜利的“源头活水”，是哲学方法论层面的基础理论。十一届三中全会以来，党领导人民把马克思主义基本原理和当代中国社会主义现代化建设的实际和时代条件相结合，走自己的路，不断开创马克思主义的新境界。实事求是、解放思想、与时俱进、求真务实等论述，从党的思想路线层面，为中国特色社会主义理论体系的形成提供了哲学基础。

二是社会主义本质论。十一届三中全会以后，摆在建设社会主义理论和实践面前的首要问题是“搞清楚什么是社会主义、怎样建设社会主义”。“社会主义是一个很好的名词，但是如果搞不好，不能正确理解，不能采取正确的政策，那就体现不出社会主义的本质”。社会主义本质论的提出，正是基于我们长期以来没有完全搞清楚什么是社会主义，因而影响了社会主义优越性发挥的事实而做出的理论反思。社会主义的本质就是解放生产力、发展生产力、消灭剥削消除两极分化，最终实现共同富裕。这一本质概括，解释了社会主义本质特征与道路选择之间的内在逻辑，为中国特色社会主义理论与实践提供了逻辑前提。

三是初级阶段理论。十一届三中全会以后，党在总结新中国成立以来历史经验和改革开放以来新的经验基础上，对我国社会主义所处历史阶段进行新的探索，做出了我国社会主义处于并将长期处于社会主义初级阶段的科学论断。中国特色社会主义伟大事业，必须坚持一切从实际出发，当前最大的实际就是我国处于并将长期处于社会主义初级阶段，这是我国的基本国情。初级阶段理论是中国特色社会主义立论的现实依据。

解放思想实事求是、社会主义本质、社会主义初级阶段三个方面相互联系，共同构成了中国特色社会主义理论体系的基础和基石，使中国特色社会主义理论与实践牢固地建立在马克思主义科学世界观和方法论的基础之上。

（二）中国特色社会主义总依据和基本路线

坚持和发展中国特色社会主义，必须明确我国正处于并将长期处于社会主义初级阶段的科学判断，必须认清社会主义初级阶段出现的阶段性变化特征和趋势，这是中国特色社会主义的总依据。对我国社会主要矛盾的科学判断，则是制定党的路线方针政策的基本依据。

1981 年十一届六中全会通过的《关于建国以来党的若干历史问题的决议》对我国社会主要矛盾作了科学表述：“在社会主义改造基本完成以后，我国所要解决的主要矛盾，是人民日益增长的物质文化需要同落后的社会生产之间的矛盾。”党的十九大明确指出，中国特色社会主义进入新时代，我国社会主要矛盾已经转化为人民日益增长的美好生活需要和不平衡不充分的发展之间的矛盾。

“一个中心、两个基本点”是党在社会主义初级阶段的基本路线的基本内容。以经济建设为中心谋发展是兴国之要，坚持四项基本原则是立国之本，根本是坚持党的领导，坚持中国特色社会主义道路、中国特色社会主义理论体系、中国特色社会主义制度、中国特色社会主义文化。改革开放是强国之路。必须坚持以人民为中心的发展思想，坚持人民主体地位、坚持解放和发展生产力、坚持推进改革开放、坚持维护公平正义、坚持促进社会和谐，不断促进人的全面发展和人民的共同富裕。

（三）中国特色社会主义总任务

坚持和发展中国特色社会主义的总任务，是实现社会主义现代化和中华民族伟大复兴。实现社会主义现代化强国和中华民族伟大复兴中国梦是同一个问题的不同方面。

实现中华民族伟大复兴是近代以来中华民族最伟大的梦想。中国梦是中华民族伟大复兴的形象表达。中国梦的本质是国家富强、民族振兴、人民幸福。实现中国梦必须走中国道路，弘扬中国精神，凝聚中国力量。中国梦是人民的梦，也是世界的梦，与世界的梦息息相通。

实现社会主义现代化是近代以来中华民族的历史夙愿。从“两步走”战略到“三步走”战略，从全面建成小康社会到基本实现现代化，再到全面建成社会主义现代化强国，是新时代中国特色社会主义发展的战略安排。

（四）中国特色社会主义事业的总体布局和战略布局

不谋全局者，不足以谋一域。中国特色社会主义是全面发展的社会主义。以中国特色社会主义经济、政治、文化、社会和生态文明建设为基本目标与基本政策构成的“五位一体”战略布局，既是党在社会主义初级阶段基本路线的内在要求，也是党的基本路线在政治、经济、文化、社会和生态等方面的具体展开。“四个全面”战略布局是我们党在新形势下治国理政的总方略。“四个全面”布局中，全面建成小康社会是战略目标，全面深化改革、全面依法治国、全面从严治党是战略举措。

“五位一体”总体布局和“四个全面”战略布局之间，是纲和目的关系，纲举才能目张，是全局和重点的关系，放眼长远，综合施策，协调推进，攻坚克难，是走好新时代长征路，实现强国梦想，坚定道路自信、理论自信、制度自信、文化自信的根本。

（五）中国特色社会主义发展动力和发展方式

改革开放是决定中国命运的关键抉择，是新时期中国特色社会主义最鲜明的特征。改革开放是新的历史时期党带领人民进行的新的伟大革命，是推动中国特色社会主义发展的强大动力，它系统回答了我国改革开放的性质和方向、特点和规律，确定了改革开放作为社会主义发展必由之路的重要地位，是党对社会主义建设规律认识深化得出的重要结论，揭示了中国特色社会主义发展进步的动力源泉。改革开放40多年来，中国特色社会主义的理论和实践反复证明，没有改革开放就没有当代中国的发展进步。改革只有进行时，没有完成时。全面深化改革总目标是完善和发展中国特色社会主义制度、推进国家治理体系和治理能力现代化。

中国特色社会主义进入新时代，“综合判断，我国发展仍处于可以大有作为的重要战略期，也面临着诸多矛盾叠加、风险隐患增多的严峻挑战”，总体来看，我国经济已由高速增长阶段转向高质量发展阶段，大力转变经济发展方式、优化经济结构、转换增长动力，特别是净化市场环境，提升人力资本素质，增强国家治理能力，这是实现经济高质量发展的根本。必须贯彻“创新、协调、绿色、开放、共享”新发展理念，坚持适应把握引领经济发展新常态，把推进供给侧结构性改革作为经济工作的主线，建设现代化经济体系，使市场在资源配置中起决定性作用，更好发挥政府作用，是新时代坚持和发展中国特色社会主义的重要举措。

（六）中国特色社会主义的保障和外部条件

国防和军队建设关系国家安危和发展全局，富国和强军是发展中国特色社会主义、实现中华民族伟大复兴的两大基石。建设与我国国际地位相称、与国家安全和发展利益相适应的巩固国防和强大军队，在中国特色社会主义事业总布局中占有重要地位，是我国现代化建设的战略任务。坚持走中国特色强军之路，全面推进国防和军队现代化，必须以习近平强军思想为指引，毫不动摇坚持党对军队的绝对领导，坚持政治建军、改革强军、科技兴军、依法治军，构建中国特色现代军事力量体系；加快形成全要素、多领域、高效益的军民融合深度发展格局，逐步构建军民一体化的国家战略体系和能力。

坚持“一国两制”，推进祖国统一。历史和事实证明，“一国两制”是解决历史遗留的香港、澳门问题的最佳方案，也是香港、澳门回归后保持长期繁荣稳定的最佳制度安排。新的历史条件下，保持香港、澳门长期繁荣稳定，必须全面准确贯彻“一国两制”“港人治港”“澳人治澳”、高度自治的方针，严格依照宪法和基本法办事，完善与基本法实施相关的制度和机制；必须始终聚焦发展这个第一要务；必须始终维护和谐稳定的社会环境。党的十八大以来，以习近平同志为核心的党中央坚持一个中国原则和“九二共识”，推动两岸关系和平发展，加强两岸经济文化交流合作，实现两岸领导人历史性会晤，妥善应对台湾局势变化，坚决反对和遏制“台独”分裂势力，有力维护了台海和平稳定。一个中国原则是两岸关系的政治基础，扩大两岸经济文化交流合作，反对任何形式的“台独”分裂活动，是新时代推进祖国统一的基本方针。

坚持和平发展道路，推动构建人类命运共同体。中国特色社会主义外交与国际战略思想，是建立在20世纪70年代末期对国际局势和时代特征判断基础上的。新世纪以来，世界正处于大发展大变革大调整时期，和平、发展、合作、共赢成为不可阻挡的时代潮流，和平与发展仍然是当今时代的主题。维护世界和平、促进共同发展是中国外交政策的宗旨。中国将坚定不移奉行独立自主的和平外交政策，同国际社会一道致力于推动建立以合作共赢为核心的新型国际关系，推动构建人类命运共同体。

（七）中国特色社会主义政治保证

时代是出卷人，党是答卷人。中国共产党的领导地位是历史和人民的选择。中国共产党的领导是中国特色社会主义最本质的特征，是中国特色社会主义制度的最大优势。党是中国特色社会主义制度的创建者，党的领导是中国特色社会主义制度优势发挥的根本保障，党的优势是中国特色社会主义制度优势之源。

中国共产党的领导是实现中华民族伟大复兴的政治保证。中国共产党100多年的不懈奋斗，深刻改变了近代以来中华民族发展的方向和进程，深刻改变了中国人民和中华民族的前途和命运，深刻改变了世界发展的趋势和格局。进入新时代，中国共产党的初心不改使命不怠，这就是为中国人民谋幸福、为中华民族谋复兴。中国共产党的历史使命体现在“四个伟大”之中，伟大斗争扫清前行的障碍，伟大工程锻造坚强领导核心，伟大事业宣示旗帜道路，伟大梦想彰显初心使命，四个伟大是一个紧密联系、相互贯通、相互作用、有机统一的整体，统一于新时代坚持和发展中国特色社会主义伟大实践。坚持党对一切工作的领导，坚持党要管党从严治党，是新时代坚持和发展中国特色社会主义的根本保证。

总之，中国特色社会主义是改革开放以来中国共产党的历史性创造，是马克思主义基本原理和中国改革开放伟大实践和时代特征相结合的产物，是被中国特色社会主义实践检验证明是正确解决中国特色社会主义发展问题的理论原则和经验总结，是中国共产党几代领导集体智慧的结晶，是基本理论内涵丰富，富有时代性、理论性、实践性、民族性的当代中国马克思主义。

第二节　中国特色社会主义发展的难点问题

一、中国特色社会主义的基本内涵

（一）中国特色社会主义的性质是科学社会主义

中国特色社会主义首先是社会主义而不是别的什么主义。广义的科学社会主义就是马克思主义的同义语。狭义的科学社会主义是马克思主义理论体系中的核心问题，即马克思主义哲学和马克思主义政治经济学的合乎逻辑的归宿和落脚点，是关于无产阶级解放运动发展规律的学说。马克思主义经典作家在批判资本主义旧世界的基础上，对未来社会主义社会的发展过程、发展方向、一般特征做过科学的预测和设想，构成了科学社会主义的基本原则。主要内容包括：在生产资料公有制基础上组织生产，满足全体社会成员的需要，这是社会主义生产的根本目的；对社会生产进行有计划的指导和调节，实行等量劳动领取等量产品的按劳分配原则；合乎自然规律地改造和利用自然；无产阶级革命是无产阶级进行斗争的最高形式、必须由无产阶级政党领导、以建立无产阶级专政的国家为目的；通过无产阶级专政和社会主义高度发展最终实现向消灭阶级、消灭剥削、实现人的全面而自由发展的共产主义社会过渡等等。

世界社会主义500年的历史经历了六个阶段，即空想社会主义的产生和发展；马克思、恩格斯创立科学社会主义；列宁领导十月革命胜利并实践社会主义；苏联模式逐步形成；新中国成立后中国共产党对社会主义的探索和实践；中国共产党做出改革开放的历史性决策，开创和发展中国特色社会主义等六个阶段经历了从空想到科学、从理论到实践、从一国实践到多国发展的过程，上述科学社会主义的基本原则始终是坚持和发展社会主义的基本遵循。

中国特色社会主义是中国共产党和人民历尽千辛万苦、付出各种代价取得的根本成就，它是在改革开放新时期开创的，也是建立在我们党一百多年长期奋斗基础上的。中国特色社会主义，既坚持了科学社会主义基本原则，又根据时代条件赋予其鲜明的中国特色，是根植于中国大地、反映中国人民意愿、适应中国和时代发展进步要求的科学社会主义。

比如，中国特色社会主义在国体和政体上，实行人民民主专政及人民代表大会制度，以工人阶级（通过中国共产党）领导、以工农联盟为基础，其实质是无产阶级专政；在经济制度和体制上，鼓励、支持和引导非公有制经济发展，允许和鼓励资本参与分配，让市场在资源配置中起决定性作用，但公有制和按劳分配仍然占主体地位，国有经济仍然控制国民经济的命脉，政府对市场活动仍然发挥宏观调控作用；等等。

把中国特色社会主义等同于中国特色的资本主义、苏联模式的社会主义、民主社会主义的论调是完全错误的，是对中国特色社会主义根本性质的歪曲。

首先，资本主义是对人类文明做出过伟大贡献的一个社会形态。但从马克思主义揭示的人类社会发展规律来看，它不是人类社会的终点，更不是人类社会的理想彼岸，因为资本主义社会遵循的是资本的逻辑，资本是绝对的统治者和支配者，对利润的无限追求导致对人与自然的剥削和掠夺无时无刻都存在着。其次，苏联社会主义是20世纪战争与革命时代背景下产生的社会主义，苏联社会主义作为人类历史上第一个社会主义模式，开辟了人类历史的新纪元。但在和平与发展成为时代主题的当代，苏联模式的保守僵化和弊端暴露无遗。最后，民主社会主义是当代世界范围内有重要影响的一种理论，更是一种实践中的社会主义模式。民主社会主义是国际工人运动中机会主义发展到一定阶段的现实产物，和科学社会主义是根本对立的，与广大人民的根本利益是相悖的。其理论基础属于社会改良主义思想体系，本质仍属于资产阶级意识形态，其实践形态就是改良的资本主义。虽然民主社会主义在理论和实践上有暂时和局部的成就并产生了非常大的影响，但民主社会主义的经济基础和上层建筑依然是资本主义的，资本主义内在的矛盾依然存在。

中国特色社会主义在改革开放实践中，吸取了资本主义社会中对社会主义现代化建设有借鉴意义的经验和做法，也符合人类现代化建设的一般规律，但不能据此得出中国特色社会主义是资本主义性质的结论。苏联模式是新中国成立后进行社会主义现代化建设的模板和榜样，但高度集权的计划经济体制也是改革的对象。民主社会主义有社会主义的因素和成分，中国特色社会主义同样吸取了民主社会主义中有利于中国现代化发展的一些有益资源，同样不能据此判断，中国特色社会主义的性质是民主社会主义的。

中国特色社会主义的社会性质是社会主义的，是人类社会主义的中国样式、中国样态。社会主义是性质，中国特色仅仅是社会主义的修饰和限定语。这是理解中国特色社会主义基本内涵的首要问题。100多年来的国际共产主义运动实践经验证明：无产阶级政党只有将科学社会主义的基本原理和本国实际相结合，制定正确的路线、方针和政策，无产阶级解放运动才能取得胜利。背离和抛弃科学社会主义的基本原则，就不可避免地遭到挫折和失败。俄国十月革命、中国新民主主义革命和社会主义革命、建设、改革取得的伟大成就，都是在科学社会主义指引下取得的。东欧剧变苏联解体，则是背离科学社会主义原则的必然结果。

（二）中国特色社会主义是特色鲜明的中国的社会主义

习近平总书记指出："中国特色社会主义是科学社会主义理论逻辑和中国社会发展历史逻辑的统一，是根植于中国大地、反映中国人民意愿、适应中国和时代发展进步要求的科学社会主义。"中国特色社会主义蕴含着鲜明的实践特色、理论特色、民族特色和时代特色。

1. 中国特色社会主义就是要牢牢把握社会主义初级阶段这个最大国情，及时总结实践经验，勇于推进实践创新，尊重人民实践创造，具有鲜明的实践特色。马克思指出："人们自己创造自己的历史，但是他们并不是随心所欲地创造，并不是在他们自己选定的条件下创造，而是在直接碰到的、既定的、从过去继承下来的条件下创造。"中国特色社会主义的历史进程，就是在当代既定的、从过去继承下来的条件下创造的，它的实践特色表现在：

中国特色社会主义首先是在我国社会主义制度已经确立并进行了 40 多年建设的前提下，在总结正反两方面建设经验教训基础上提出和展开的。在中国这样一个拥有 14 亿多人口，经济文化基础相对落后的东方国家进行社会主义建设，在人类历史上是开先河之举，其艰巨性、复杂性、长期性在社会主义发展史上是也没有先例的。尽管有马克思主义理论的指导，有苏联社会主义建设经验的借鉴，但中国共产党对中国社会主义建设道路的探索历程，因其社会历史条件的具体独特性，注定是艰辛曲折的。中国特色社会主义就是在以毛泽东为核心的党的第一代中央领导集体带领全党全国各族人民取得社会主义建设伟大成就、艰辛探索社会主义建设规律取得宝贵经验的基础上开创的。

中国特色社会主义的发展是在中国共产党紧密结合中国的基本国情、紧密结合改革开放新的伟大实践、不断推进"五位一体"现代化建设的伟大实践创新中实现的。十一届三中全会重新确立了解放思想、实事求是的思想路线，坚持一切从具体实际出发，开启了改革开放新的伟大实践，明确提出要走出一条中国式的现代化道路，从"建设有中国特色社会主义"到"中国特色社会主义"，其内涵的不断丰富和拓展，无不以40多年来中国改革开放的伟大实践为基础。在改革开放40多年一以贯之的接力探索中，中国共产党立足中国社会主义初级阶段的最大实际，以实现社会主义现代化和中华民族伟大复兴为己任，在全面推进“五位一体”总体布局和协调推进“四个全面”战略布局中，成功开辟了中国特色社会主义道路，形成了中国特色社会主义理论体系，确立了中国特色社会主义制度，坚定了中国特色社会主义文化自信，使中国特色社会主义进入了新时代。

中国特色社会主义的实践特色体现着中国人民的历史性创造和实践，是人民的选择。人民群众是历史的创造者，是中国改革开放历史进程和中国特色社会主义伟大实践的决定性力量。从安徽凤阳小岗村的农民首创到改革开放的方方面面，改革开放40多年的历程反复证明，自觉地维护人民利益，尊重人民群众的首创精神，坚决反对一切损害人民利益、脱离群众的行为，将人民群众实践中的创造加以总结提升，是中国特色社会主义伟大实践取得成功最根本的经验总结。人民的支持和参与、人民的实践创造始终是中国特色社会主义的源泉和动力。回顾中国共产党100多年的奋斗历程，以最广大人民根本利益为我们一切工作的根本出发点和落脚点，坚持把人民拥护不拥护、赞成不赞成、高兴不高兴作为制定政策的依据，顺应民心、尊重民意、关注民情、致力民生，既通过提出并贯彻正确的理论和路线方针政策带领人民前进，又从人民实践创造和发展要求中获得前进动力，让人民共享改革开放成果，激励人民更加自觉地投身改革开放和社会主义现代化建设事业，始终如一统一于中国特色社会主义伟大实践。

2. 中国特色社会主义系统回答了中国建设社会主义的一系列重大问题，丰富和发展了科学社会主义理论，具有鲜明的理论特色。理论是行动的指南，理论是行动的旗帜。正如毛泽东所指出：“主义譬如一面旗子，旗子立起了，大家才有所指望，才知所趋赴。”中国特色社会主义鲜明的理论特色就在于它是旗帜鲜明的社会主义，是中国化的马克思主义，就在于它始终坚持科学社会主义的基本原则，在一代接一代中国共产党人承前启后、开拓创新的不断实践中，自觉地将马克思主义基本原理和中国实际相结合，自觉地把中国改革开放的成功经验升华为理论，不断推进马克思主义的中国化。

中国特色社会主义建设理论的探索。新中国成立以后，以毛泽东为核心的党的第一代领导集体带领全党全国各族人民，在实践中不断摸索，从“以苏为师”

到“以苏为鉴”，独立探索适合中国国情的社会主义建设道路。以《论十大关系》《关于正确处理人民内部矛盾》为主要标志的理论成果，集中体现了我们党对怎样建设中国的社会主义有了全新的重要判断和认识，社会主义建设取得了重要的成就。由于主客观方面的原因和历史局限性，后来的探索实践中发生了指导思想上“左”的错误，导致很多关于社会主义建设的正确认识在实践中没有得以贯彻，也使得党在社会主义建设探索中遭受严重挫折；但失败的教训和成功的理论总结都是极其宝贵的，为改革开放历史时期开创中国特色社会主义提供了宝贵经验、理论准备和物质基础。

中国特色社会主义理论的创立和不断发展。邓小平同志是中国特色社会主义道路的开创者。十一届三中全会以后，以邓小平为核心的党的第二代领导集体，在重新确立党的思想路线基础上，果断放弃“以阶级斗争为纲”的理论和实践，以巨大的政治勇气、理论勇气和时代担当，提出了改革开放的重大决策，并明确提出搞清楚什么是社会主义、怎样建设社会主义，是建设有中国特色社会主义首要的、基本理论问题，也是实践中的重大问题。党的十二大首次向全党发出号召，要把马克思主义普遍真理和我国的具体实际结合起来，走自己的道路，建设有中国特色的社会主义。经过理论和实践上的不断探索，我们党第一次比较系统地回答了，在中国这样的经济文化比较落后的国家如何建设和巩固社会主义的一系列基本问题，实现了马克思主义中国化新的历史飞跃，创立了邓小平理论，成功开创了中国特色社会主义。“三个代表”重要思想，在国内外形势十分复杂、世界社会主义出现严重曲折的严峻考验面前，捍卫了中国特色社会主义，成功地把中国特色社会主义推向21世纪。科学发展观，成功的在新的历史起点上坚持和发展了中国特色社会主义，在新的历史条件下，实现了对中国特色社会主义理论的继承和进一步发展。

习近平新时代中国特色社会主义思想是马克思主义中国化的最新理论成果。党的十九大指出，经过长期努力，中国特色社会主义进入了新时代。在这样的时代，以习近平同志为主要代表的中国共产党人，创造性地回答了时代发展给中国前行提出的新课题，即坚持和发展什么样的中国特色社会主义，如何坚持和发展中国特色社会主义，创立了习近平新时代中国特色社会主义思想。习近平新时代中国特色社会主义思想是对马克思主义的坚持继承和创新发展，也是与马克思主义中国化理论成果一脉相承的，续写了新时代中国特色社会主义理论和实践新篇章。

3. 中国特色社会主义立足于中华大地，汲取中华民族优秀文化传统的丰富营养，以实现中华民族伟大复兴的中国梦为奋斗目标，具有鲜明的民族特色。

运用马克思主义解决中国革命、建设和改革中的问题，在总结革命、建设和改革实践经验和历史经验中坚持和发展马克思主义，把马克思主义根植于中国的优秀文化之中，赋予马克思主义以鲜活的中国特色，这是中国共产党成立以来不断推动和实现马克思主义中国化的根本经验。

中华民族在五千多年的文明发展进程中创造了博大精深的中华文化，其优秀传统文化中积淀着中华民族最深沉的精神追求，代表着中华民族独特的精神标识，是中华民族生生不息、发展壮大的丰厚滋养，已然成为中华民族的基因，根植于中国人的内心，成为我们共同的价值观和生活方式，潜移默化地影响着中国人的思维方式和行为方式。

马克思主义最初是作为一种产生于欧洲的西方思想文化传入中国的，要使它能够为中国人民所接受并在实践中发挥指导作用，就必须找到一种为中国人民所理解所接受的方式。这就是毛泽东曾经说过的马克思主义中国化的两个目标："解决中国的问题""创造些新的东西"。

立足于完成中华民族近代以来的历史任务，中国共产党人始终从最自觉、最彻底、最坚定的爱国主义立场出发，坚持把科学社会主义基本原则同推进民族伟大复兴的现实需要相结合，同中华民族优秀的传统文化相结合。由此开创的中国特色社会主义必定是充满民族特色的、根植于整个民族的凝聚力和创造力之中的、赢得民众支持和拥护的，也必然会获取最丰厚、最滋润的民族精神营养，形成与中华民族血脉相传生生不息的民族特色。

中国特色社会主义理论和实践是继承毛泽东思想及其中国民主主义革命、社会主义革命和建设理论实际，在改革开放实践中开创的，始终根植于中国的历史、文化和现实土壤之中，并得以生长和繁盛壮大起来。在中国特色社会主义伟大实践中得以彰显的民族特色，因实践的伟大丰富而不断得以强化。十八大以来，以习近平同志为核心的中国共产党人，不断强调和注重中华优秀传统文化的继承和创造性弘扬，不断丰富着中国特色社会主义的民族特色，使中国特色社会主义越来越契合中华民族优良传统和民族复兴需求，从而形成更加能够体现民族精神、民族智慧、民族气派的精神优势。在对优秀传统文化的创造性转化建设和创新性发展中，把中华优秀传统文化融入中国特色社会主义经济、政治、文化、社会、生态"五位一体"现代化建设总体布局之中，使中国特色社会主义深深扎根于中华文化的沃土之中。

4. 中国特色社会主义顺应时代潮流、体现时代要求，学习借鉴人类文明的一切有益成果，始终与世界发展和人类文明进步紧密联系在一起，具有鲜明的时代特色。

伟大的时代呼唤伟大理论，伟大的时代孕育伟大理论。百年之前，孙中山先生就有“世界潮流，浩浩荡荡，顺之者昌，逆之者亡”的警世恒言。开创于20世纪80年代的中国特色社会主义，从一开始就立足和平与发展这一时代主题，在把握时代机遇、体现时代发展进步要求中不断发展。改革开放就是顺应时代潮流的重大国策，中国特色社会主义就是在面对世界多极化、经济全球化这个深刻而复杂的变化中、在中国与世界联系和互动空前紧密的情况下，一步步走到了今天。中国特色社会主义理论与实践的经验也在反复不断的印证，中国特色社会主义是顺应历史潮流的产物这个历史的结论。

今天的世界处于百年不遇的大发展大变革大调整时期。世界多极化、经济全球化、社会信息化、文化多样化深入发展，全球治理体系和国际秩序变革加速推进，各国相互联系和互相依存日益加深。同时，世界面临的不稳定性不确定性突出，世界经济增长动能不足，贫富分化日益严重，地区热点问题此起彼伏，恐怖主义、气候变化等人类共同的威胁持续蔓延。机遇与挑战并存，使得中国特色社会主义的发展和前行在顺应世界发展大势中，不断敞开怀抱，学习和借鉴人类一切有利于自己发展的积极成果，成为中国贡献给世界的极具时代性特征的中国智慧和中国方案。

党的十九大郑重宣示中国特色社会主义进入了新时代，这是一个分量很重、内涵很深的重大政治论断，当然也是一个让中国特色社会主义充满时代气息的新判断，时代之“新”，意味着我们进入了一个新的发展阶段，发展环境、发展条件、发展目标任务已经从“未发展起来”时期进入到“发展起来以后”时期；新的社会主要矛盾，即“人民日益增长的美好生活需要和不平衡不充分的发展之间的矛盾”，深刻揭示了当前我国发展状况和人民生活状况的时代特点，对党和国家各方面工作都提出了新的要求；在迈向新的奋斗目标征程上，中华民族迎来了从站起来、富起来到强起来的伟大飞跃。习近平新时代中国特色社会主义思想正是在这样的伟大时代中应运而生、在当代中国的新实践、新发展中顺势而成的。

中国特色社会主义在以往和当代所体现出来的鲜明的时代性特色，深刻说明它是植根于中国大地、反映中国人民意愿、适应中国和时代发展进步要求的科学社会主义。

中国特色社会主义既体现了社会主义的共性，又体现了区别于其他社会主义国家的“中国特色”。中国特色社会主义的科学命题包含“社会主义”和“中国特色”两个元素，社会主义是大方向和根本道路，中国特色是具体道路（或具体做法）。邓小平在1980年《目前的形势和任务》一文中指出，“社会主义制度并不等于建设社会主义的具体做法”，强调将社会主义制度这一科学社会主义的“一般”，不能等同于社会主义具体制度的“个别”，中国特色社会主义就是科学社会主义基本原则与中国社会主义初级阶段实际的统一。中国特色社会主义是科学社会主义在当代中国的伟大实践。

总之，中国特色社会主义是中国共产党对现阶段纲领的概括。其科学涵义是要求把马克思主义的普遍真理同本国的具体实际结合起来，走适合中国特色的道路，逐步实现富强、民主、文明、和谐、美丽的社会主义现代化国家。即一方面要坚持马克思主义的基本原理，走社会主义道路；另一方面必须从中国的实际出发，不照抄、照搬别国经验、模式，而是走具有中国特色的道路。

二、中国特色社会主义的基本形态

中国特色社会主义是科学社会主义理论逻辑和中国社会历史发展逻辑的统一。理解中国特色社会主义的外延，需要遵循科学社会主义的理论逻辑。关于科学社会主义的研究，学术界主要是从“学说”“运动”“制度”三个维度来认识的，即科学社会主义是一种思想、理论或者思潮，这是科学社会主义的理论形态；科学社会主义是包括革命和建设在内的社会运动，这是科学社会主义的实践形态；科学社会主义是理论指导实践要达到的目的和归宿，这是科学社会主义的制度形态。胡乔木称其为“科学社会主义的三种含义或实现形态”。科学社会主义的“学说、运动、制度三种实现形态，仅仅是理论研究和逻辑上的一种分类，在一个统一的科学社会主义体系中，三者是相辅相成、不可分割地联系在一起的”。在马克思主义理论体系中处于核心地位的是科学社会主义，这是因为，无产阶级和人类的解放，社会主义事业的发展和共产主义的远大理想，集中体现了马克思主义的目的、任务和使命。

中国特色社会主义是科学社会主义发展的具体化，其内涵是“社会主义”和“中国特色”两大元素的集合，其外延更加广泛，包括中国特色社会主义、中国特色社会主义旗帜、中国特色社会主义道路、中国特色社会主义理论体系、中国特色社会主义制度、中国特色社会主义文化、中国特色社会主义事业等相关概念。因此，中国特色社会主义的基本形态就有了它的多层面表现。

（一）中国特色社会主义的政治形态

这是指中国特色社会主义旗帜。旗帜，是一个政党简明扼要公开宣示自己的指导思想、阶级基础、基本立场、行动纲领、发展方向和奋斗目标等一系列主张的鲜活而生动的政治标识，也是外界识别一个政党首要的、核心的政治标识，是一个关系全局的概念。旗帜就是方向，举什么旗关系到“走什么路”“做什么事”。中国共产党是以马克思列宁主义为指导的无产阶级政党，从党成立的那一天起就把马列主义写在自己的旗帜上。1945 年党的七大将马克思主义中国化第一大理论成果毛泽东思想写在了自己的旗帜上。2007 年党的十七大将改革开放以来党先后创立的邓小平理论、“三个代表”重要思想、科学发展观统称为马克思主义中国化第二大理论成果“中国特色社会主义理论体系”，并号召全党“高举中国特色社会主义伟大旗帜”。党的十八大精神，说一千道一万，归结为一点，就是坚持和发展中国特色社会主义。中国特色社会主义或中国特色社会主义伟大旗帜中，已经包含了马克思列宁主义、毛泽东思想。

党的十九大做出了中国特色社会主义进入新时代的重大判断，形成了习近平新时代中国特色社会主义思想。十九大通过的《中国共产党章程（修正案）》，将习近平新时代中国特色社会主义思想和马列主义、毛泽东思想、邓小平理论、“三个代表”重要思想、科学发展观一道确立为党的行动指南，把坚决维护以习近平同志为核心的党中央权威和集中统一领导写入党章。体现了中国共产党的旗帜是一贯的、不变的，始终是马克思主义、科学社会主义的旗帜。“科学社会主义基本原则不能丢，丢了就不是社会主义。”同时，也可以说中国共产党的旗帜是发展的、变化的，是始终与中国实际相结合、发展着的与时俱进的马克思主义。“实践充分证明，中国特色社会主义是中国共产党和中国人民团结的旗帜、奋进的旗帜、胜利的旗帜。我们要全面建成小康社会、加快推进社会主义现代化、实现中华民族伟大复兴，必须始终高举中国特色社会主义伟大旗帜。”

主义是内涵、是思想，旗帜是标识、是主张。广义上可以是同义语，这种情况下，中国特色社会主义或中国特色社会主义伟大旗帜有四个部分：一是中国特色社会主义道路，二是中国特色社会主义理论体系，三是中国特色社会主义制度，四是中国特色社会主义文化。

（二）中国特色社会主义的实践形态

这是指中国特色社会主义道路。“道路”是指通向未来的途径和路线，是解决社会主义“向何处去”的重大问题。党的十八大报告指出，道路问题至关重要，选择什么样的道路，“关乎党的命脉、关乎国家的前途、关乎民族的命运、关乎人民的福祉”。

新世纪以来，外部关注和研究中国问题，对中国道路的关注和认同，更多是对中国特色社会主义道路的关注和认同。而中国特色社会主义道路有广义和狭义的不同。广义的中国特色社会主义道路包含有主义或旗帜、道路、理论体系、制度、文化等内容。狭义的中国特色社会主义道路，实质上就是马克思主义理论指导下的中国社会主义建设的具体实践，是中国特色社会主义理论的实践形态。1987 年十三大提出“沿着有中国特色社会主义道路前进”并阐明了社会主义初级阶段的科学理论和基本路线。2007 年十七大、2012 年的十八大明确界定了“中国特色社会主义道路”的科学内涵，这“就是在中国共产党领导下，立足基本国情，以经济建设为中心，坚持四项基本原则，坚持改革开放，解放和发展生产力，建设社会主义市场经济、社会主义民主政治、社会主义先进文化、社会主义和谐社会、社会主义生态文明、促进人的全面发展，逐步实现全体人民共同富裕，建设富强民主文明和谐的社会主义现代化国家。”这段表述强调建设和发展中国特色社会主义必须遵循的七方面要求，即坚持中国共产党领导的核心地位不可动摇；坚持社会主义初级阶段的最大实际不可动摇；坚持“一个中心、两个基本点”的基本路线不可动摇；坚持解放和发展生产力、实现共同富裕的社会主义本质不可动摇；坚持社会主义经济、政治、文化、社会、生态文明建设“五位一体”协调发展的总体布局不可动摇；坚持以人为本、促进人的全面发展不可动摇；坚持实现富强民主文明和谐的社会主义现代化国家和中华民族伟大复兴的奋斗目标不可动摇。

中国特色社会主义道路在现阶段可以具体内化为：一是坚持以公有制为主体、多种所有制经济共同发展，坚持以按劳分配为主体、多种分配形式并存，在国家宏观调控下发展社会主义市场经济，防止两极分化、逐步实现共同富裕的社会主义经济发展道路。二是坚持工人阶级和共产党的领导、人民当家作主和依法治国的有机统一，以工农联盟为基础，紧紧依靠人民群众，人人起来负责，坚持和完善民主集中制，坚持和巩固人民民主专政的社会主义政治发展道路。三是坚持以马克思主义为指导的社会主义核心价值体系，建设面向现代化、面向世界、面向未来的，民族的、科学的、大众的社会主义文化发展道路。四是坚持节约优先、保护优先、自然恢复为主的方针，形成节约资源和保护环境的空间格局、产业结构、生产方式、生活方式，还自然以宁静、和谐、美丽的生态文明建设道路。五是坚持在独立自主、平等互利的前提下，扩大对外交流合作，反对动辄诉诸武力或以武力相威胁，反对颠覆别国合法政权，反对一切形式的恐怖主义，反对各种形式的霸权主义和强权政治，促进世界各国共同繁荣进步的社会主义和平发展道路。

正如习近平总书记指出的："中国特色社会主义道路，是实现我国社会主义现代化的必由之路，是创造人民美好生活的必由之路。"

（三）中国特色社会主义理论形态

这是指中国特色社会主义理论体系。作为行动指南，中国特色社会主义理论体系是党在改革开放和社会主义现代化建设历史时期，继续推进马克思主义中国化的伟大历史性创造，是马克思主义中国化的第二大理论成果，是被实践检验并证明了的中国共产党领导人民进行社会主义现代化建设的正确理论原则和经验总结，是中国共产党集体智慧的结晶。

中国特色社会主义理论体系是马克思主义、科学社会主义基本原理与当代中国实际和时代特征相结合的产物，中国特色社会主义理论体系集中回答了中国实现社会主义现代化和国家繁荣富强人民共同富裕的一系列重大理论和实践问题，体现了中国共产党对党的执政规律、社会主义建设规律和人类社会发展规律认识的不断深化。

中国特色社会主义理论体系是同马列主义、毛泽东思想既一脉相承又与时俱进的理论体系，是包括邓小平理论、"三个代表"重要思想、科学发展观在内的科学理论体系；习近平新时代中国特色社会主义思想是中国特色社会主义理论体系的重要组成部分，是马克思主义中国化最新理论成果。中国特色社会主义理论体系这座理论大厦，是在和平与发展时代背景下，以马克思列宁主义毛泽东思想为共同的思想渊源，在改革开放和社会主义现代化建设伟大实践基础上形成的。中国特色社会主义理论体系贯穿始终的理论主题是坚持和发展中国特色社会主义，解放思想、实事求是是中国特色社会主义理论体系的思想精髓，坚持以人民为中心、实现共同富裕和人的自由而全面发展价是其值取向。在当代中国，坚持中国特色社会主义理论体系，就是坚持马克思主义。

（四）中国特色社会主义的制度形态

制度是一种规范和约束，具有一定的稳定性。国家社会制度是一个国家社会的根本和基础，是社会发展理论的一种具体化，也是一种实践形态。

中国特色社会主义制度是从新中国成立后开始建立和形成、改革开放时期逐步丰富和完善的崭新的社会制度体系，是社会主义在中国发展进步的根本制度保障，集中体现了中国特色社会主义的性质、特点和优势；是在推进社会主义制度自我完善和发展过程中，在经济、政治、文化、社会等各个领域形成的一整套相互衔接、相互联系的制度体系。《宪法》总纲第一条：“中华人民共和国是工人阶级领导的、以工农联盟为基础的人民民主专政的社会主义国家。社会主义制度是中华人民共和国的根本制度。禁止任何组织或者个人破坏社会主义制度”。社会主义这一根本制度是我国最高层次的制度。在这一制度之下，有经济、政治的根本制度、基本制度及体制等。

十八大报告指出：中国特色社会主义制度，就是人民代表大会制度的根本政治制度，中国共产党领导的多党合作和政治协商制度，民族区域自治制度以及基层群众自治制度等基本政治制度，中国特色社会主义法律体系，公有制为主体、多种所有制经济共同发展的基本经济制度，以及建立在这些制度基础上的经济体制、政治体制、文化体制、社会体制等各项具体制度。

中国特色社会主义制度是中国特色社会主义事业兴旺发达的制度基础，是改革开放以来快速发展的根本制度性支撑和保证。

（五）中国特色社会主义的价值形态

价值属于关系范畴，从认识论上来说，是指客体能够满足主体需要的效益关系，是表示客体的属性和功能与主体需要间的一种效用、效益或效应关系的哲学范畴。所谓中国特色社会主义价值，主要是指作为客体的中国特色社会主义（含道路、制度、理论等），对于作为主体的中国各族人民的利益和需要所具有的满足功能。这一功能源于中国特色社会主义理论体系的建构、制度的设计、道路的选择和实践推进。

中国特色社会主义文化由四个部分或来源组成：一是马列主义、毛泽东思想和中国特色社会主义理论体系，这是根本和灵魂。二是党领导人民在伟大斗争中产生的革命文化和建设、改革时期产生的社会主义先进文化。三是5000多年中华优秀传统文化。四是我国积极借鉴的世界各国、各个民族的优秀文化。四个层面构成的有机统一体以“平等自由”“公平正义”“民主法治”“共同富裕”“和谐幸福”等集中性概括，形成一个全社会的最大公约数，凝聚着社会前行的力量。正如习近平总书记所说：“在5000多年文明发展中孕育的中华优秀传统文化，在党和人民伟大斗争中孕育的革命文化和社会主义先进文化，积淀着中华民族最深层的精神追求，代表着中华民族独特的精神标识。我们要弘扬社会主义核心价值观，弘扬以爱国主义为核心的民族精神和以改革创新为核心的时代精神，不断增强全党全国各族人民的精神力量。”

中国特色社会主义是改革开放以来党的全部理论和实践的主题，是党和人民历尽千辛万苦、付出巨大代价取得的根本成就。中国特色社会主义旗帜、中国特色社会主义道路、中国特色社会主义理论、中国特色社会主义制度、中国特色社会主义文化，五个方面构成了中国特色社会主义的基本样态，五者之间是紧密联系、相互依存、不可分割的有机统一体。主义或者旗帜是“纲领”，它规定了道路、理论、制度、文化的根本性质和方向。中国特色社会主义道路是实现社会主义现代化、创造人民美好生活的必由之路，中国特色社会主义理论体系是指导党和人民实现中华民族伟大复兴的理论指南，中国特色社会主义制度是当代中国发展进步的根本制度保障，中国特色社会主义文化是激励全党全国各族人民奋勇前进的强大精神力量。它们统一于中国特色社会主义的宏伟事业，共同构成了中国特色社会主义的实际而又具体的内容。全党要更加自觉地增强道路自信、理论自信、制度自信、文化自信，既不走封闭僵化的老路，也不走改旗易帜的邪路，保持政治定力，坚持实干兴邦，始终坚持和发展中国特色社会主义。

三、坚持和发展中国特色社会主义

改革开放40多年以来，党的理论创新和实践主题主线是一以贯之的，这就是坚持和发展中国特色社会主义。在这一历史时期党的重要文献中，“中国特色社会主义是核心词、关键词和高频词”。坚持和发展中国特色社会主义是当代中国共产党人的核心使命，是新时代续写中国特色社会主义伟大篇章的必然要求。党的十九大报告中指出，经过长期努力，中国特色社会主义进入了新时代，这是我国发展新的历史方位。中国特色社会主义进入新时代，意味着近代以来久经磨难的中华民族迎来了从站起来、富起来到强起来的伟大飞跃，迎来了实现中华民族伟大复兴的光明前景；意味着科学社会主义在21世纪的中国焕发出强大的生机和活力，在世界上高高举起了中国特色社会主义伟大旗帜；意味着中国特色社会主义道路、理论、制度、文化不断发展，拓展了发展中国家走向现代化的途径，给世界上那些既希望加快发展又希望保持自身独立性的国家和民族提供了全新选择，为解决人类问题贡献了中国智慧和中国方案。

新时代，坚持和发展中国特色社会主义，就是要坚持科学社会主义的基本原则，深化认识中国特色社会主义规律，在中国特色社会主义奋斗目标和总体布局的伟大实践中，坚定中国特色社会主义道路自信、理论自信、制度自信和文化自信。

（一）坚定不移走中国特色社会主义道路

中国特色社会主义道路，就是在中国共产党领导下，立足基本国情，以经济建设为中心，坚持四项基本原则，坚持改革开放，解放和发展社会生产力，建设社会主义市场经济、社会主义民主政治、社会主义先进文化、社会主义和谐社会、社会主义生态文明，促进人的全面发展，逐步实现全体人民共同富裕，建设富强民主文明和谐的社会主义现代化国家。

中国特色社会主义道路的开创，是在毛泽东等第一代领导集体艰辛探索“取得独创性理论成果和巨大成就”的基础上开启的，为新时期开创中国特色社会主义道路提供了宝贵经验、理论准备、物质基础。以邓小平同志为核心的党的第二代中央领导集体，成功开创了中国特色社会主义道路。以江泽民同志为核心的党的第三代中央领导集体，成功把中国特色社会主义推向21世纪。新世纪新阶段，以胡锦涛同志为总书记的党中央，成功在新的历史起点上坚持和发展了中国特色社会主义。党的十八大对改革开放以来，我们党团结带领全国各族人民不懈奋斗，推动我国经济实力、科技实力、国防实力、综合国力进入世界前列，推动我国国际地位实现前所未有的提升，党的面貌、国家的面貌、人民的面貌、军队的面貌、中华民族的面貌发生了前所未有的变化，中华民族正以崭新姿态屹立于世界的东方。中国特色社会主义道路，给国家的前途、民族命运、人民的生活带来了翻天覆地的变化。实践证明，中国特色社会主义道路，是实现国家富强、民族振兴的唯一正确道路，是创造人民美好生活的必由之路。

中国特色社会主义道路与其他国家相比较，在内容和目标上有自己鲜明的特点。它既坚持以经济建设为中心，又坚持社会全面进步；既坚持四项基本原则，又坚持改革开放；既坚持不断解放和发展生产力，又坚持逐步实现全体人民共同富裕、不断促进人的全面发展；既坚持立足中国，又坚持面向世界；既不是对马克思主义经典作家论述的机械应用，也不是对别国发展道路、发展模式的模仿照搬，而是中国共产党领导全国各族人民，在科学社会主义基本原则同中国具体实际相结合过程中所进行的独立自主的创造，是既适合中国国情又体现时代特征、既体现社会主义共性又凸显中国特色个性的创新道路。这条道路由许多具体道路组成，包括中国特色自主创新道路，中国特色新型工业化、信息化、城镇化、农业现代化道路，中国特色社会主义政治发展道路，中国特色社会主义文化发展道路，中国特色反腐倡廉道路，和平发展道路等，这些都是中国特色社会主义道路在不同领域的具体展开和表现。

中国特色社会主义道路不仅致力于中国自身的发展，也强调对世界的责任和贡献。在实现社会主义现代化和中华民族伟大复兴的进程中，高举和平、发展、合作、共赢旗帜，坚定不移致力于维护世界和平、促进共同发展，是与时代潮流相随、与世界文明相伴的和平发展道路。

中国特色社会主义道路，是中国特色社会主义旗帜在实践形态方面的具体体现。在当代中国，坚持中国特色社会主义道路，就是真正坚持社会主义。在中国特色社会主义道路上实现中国梦，最关键的是坚定不移走中国特色社会主义道路、与时俱进开拓中国特色社会主义道路。

保持清醒头脑，既不走封闭僵化的老路，也不走改旗易帜的邪路。所谓的“老路”，是相对于改革开放之后形成的中国特色社会主义道路而言的。封闭僵化的老路在这里不是对历史的评价，不是针对毛泽东那一代人对社会主义的艰辛探索，而是针对现实的选择，相对于今天的改革开放、坚持和发展中国特色社会主义而言。当时代主题已经转变，时代特征已经变化，改革开放成为唯一的出路，否定这一选择企图走回头路，就是封闭僵化的老路。从这个意义上说，封闭僵化的老路也可以说就是邓小平所说的“回头路”，其实质是思想落后于现实。不容否认的是，毛泽东时期的社会主义建设确实在一定程度上是封闭的，这种封闭不只是源于自身的思想上的僵化封闭，更是来自外部的客观环境的封闭，即资本主义世界对于社会主义国家的封锁政策。所谓“邪路”就是放弃科学社会主义基本原则，走资本主义道路。世界是丰富多彩的，道路是多元的。一个国家和民族选择走什么样的发展道路，取决于这个国家的历史文化传统、经济社会发展水平等多种因素。一个国家的发展道路合适不合适，只有这个国家的人民最有发言权。中国特色社会主义道路是能够引领中国进步、实现人民幸福的人间正道，它来之不易、弥足珍贵，必须倍加珍惜。

正确认识改革前后两个 30 年之间的关系。马克思曾深刻指出："人们自己创造自己的历史，但是他们并不是随心所欲的创造，并不是在他们自己选定的条件下创造，而是在直接碰到的、既定的、从过去承继下来的条件中创造的。"社会主义建设道路的艰辛探索和中国特色社会主义道路之间的关系，从理论上看就是马克思主义中国化两大理论成果之间的关系。从实践上看，就是党领导人民进行社会主义建设与改革开放两个历史时期的关系。两个历史时期虽然在指导思想、方针政策、实际工作上存在很大差别，但两者之间不是彼此割裂的，更不是根本对立的，本质上都是我们党领导人民进行社会主义建设的实践探索。前一个历史时期探索中提出的许多正确主张，改革开放后得到了贯彻。邓小平曾指出："从许多方面来说，现在我们还是把毛泽东同志已经提出来、但是没有做好的事情做起来，把他反对错了的改正过来，把他没有做好的事情做好。今后相当长的时期，还是做这件事。当然，我们也有发展，而且还要继续发展。"

处理改革开放前后社会主义实践探索中各方面的关系，不只是一个理论问题和历史问题，更主要的是一个政治问题。正确评价改革开放前后两个历史时期，不能用前一个历史时期否定后一个历史时期，也不能用后一个历史时期否定前一个历史时期。改革开放前的探索为改革开放后的实践探索积累了条件，改革开放后的实践探索是对前一个历史时期的坚持和发展。对改革开放前的探索要坚持实事求是的思想路线，分清主流和支流，坚持真理、修正错误，总结经验，吸取教训。如果处理不好这两个历史时期的关系，就会在实践中导致严重的政治后果。

（二）坚持和发展中国特色社会主义制度的特色优势

中国特色社会主义制度，是指我国在经济、政治、文化、社会等各个领域形成的一整套相互衔接、相互联系的制度体系。中国特色社会主义制度有三个不同层次：第一个层次是根本政治制度，即人民代表大会制度，它在整个中国特色社会主义制度体系中具有特殊重要地位，决定和影响着其他制度，象征和体现了我们国家和社会的社会主义性质。第二个层次是基本制度，其中包括基本政治制度、作为政治上层建筑重要组成部分的中国特色社会主义法律体系，以及基本经济制度。第三个层次是具体制度，即建立在根本政治制度、基本政治制度、基本经济制度基础上的经济、政治、文化、社会体制等各种体制。三个层次的制度相互衔接、相互联系，都遵循着科学社会主义的基本原则，又具有鲜明的中国特色。

中国特色社会主义制度，是中国共产党在领导革命、建设和改革的长期实践中，在建立社会主义基本制度、推进社会主义制度自我完善和发展过程中，逐步建立和完善起来的。以毛泽东为核心的党的第一代领导集体，团结带领人民建立了人民民主专政的国家，主持制定了《中国人民政治协商会议共同纲领》和 1954 年《中华人民共和国宪法》，确立了人民代表大会制度、共产党领导的多党合作和政治协商制度、民族区域自治制度、基层群众自治制度等根本和基本政治制度，并在探索适合中国国情的社会主义建设道路过程中，制定了一系列涉及各个领域的符合中国实际的进行社会主义建设的“章程”，为改革开放后形成中国特色社会主义制度奠定了坚实的基础。改革开放初期，邓小平在领导我国经济体制改革的同时，深刻剖析了在党和国家的一些具体制度中存在的弊端，并由此提出改革党和国家领导制度的问题。在之后大力推进经济体制改革的同时，也积极推进政治体制改革，不断完善中国特色社会主义制度体系、法律体系。党的十八届三中全会通过的《中共中央关于全面深化改革若干重大问题的决定》，提出了全面深化改革的总目标是完善和发展中国特色社会主义制度，推进国家治理体系和治理能力现代化。其中，完善和发展中国特色社会主义制度规定了全面深化改革的根本方向，推进国家治理体系和治理能力现代化则规定了实现路径，它是完善和发展中国特色社会主义制度、充分发挥我国社会主义制度优越性的必然要求，也是实现社会主义现代化的应有之义。

中国特色社会主义制度根植于改革开放和社会主义现代化建设的伟大实践，符合我国国情、顺应时代潮流，具有鲜明特点和独特优势。

中国特色社会主义制度坚持社会主义的根本性质，集中体现了中国特色社会主义的特点和优势。在经济领域，着力构建社会主义市场经济体制，坚持公有制为主体地位和国有经济的主导作用，发挥社会主义制度的优越性和市场配置资源的有效性，保证了社会主义经济制度的性质和活力，有利于实现社会公平、促进共同富裕。在政治领域，坚持党的领导、人民当家做主和依法治国相统一，保证了国家的一切权利属于人民。在文化领域，坚持马克思主义的指导地位，用社会主义核心价值体系引领社会思潮，形成全国各族人民团结奋斗的共同思想基础。在社会领域，推进以保障和改善民生为重点的社会建设，构建中国特色社会主义社会管理体系，维护社会公平正义、促进社会和谐稳定。上述都是为坚持和发展中国特色社会主义服务、从本质上体现社会主义的必然要求。

中国特色社会主义制度坚持以人为本，维护和实现最广大人民的根本利益。坚持人民利益至上，从整体上把握协调各方面利益关系，激发社会整体和个体活力。为谁立命、为谁谋利，是判断一种制度性质优劣的一个根本性、方向性问题。以最广大人民根本利益为价值取向，根植人民、服务人民，发展为了人民、发展依靠人民，是中国特色社会主义制度的出发点和落脚点。我国的人民代表大会制度、公有制为主体多种所有制经济共同发展的基本经济制度、按劳分配为主体多种分配方式并存的分配制度、基层群众自治制度等等，都充分体现和保证了人民当家做主、调动各方面积极性、有利于人民共享发展成果等制度优势。

执政党与参政党协调一致，有利于防止出现相互倾轧的政治乱象，形成推动社会发展的合力。政党政治是民主政治的重要体现，政党制度是国家政治制度的重要组成部分。中国政党制度的独特性，体现在坚持共产党领导和多党派合作，共产党执政、多党派参政，不同于西方两党制或者多党制的权利争夺型政党关系，而是一种长期共存、互相监督、肝胆相照、荣辱与共的崭新的合作型政党关系。同时，大力发展社会主义协商民主，通过国家政权机关、政协组织、党派团体等渠道，就经济社会发展重大问题和涉及群众切身利益的实际问题广泛协商，是对间接民主、代议民主的完善和超越，有利于汇集各方智慧和力量，有利于决策的科学化、民主化，有利于促进政治稳定和社会团结。再比如民族区域自治制度所体现的国家充分尊重和保障各少数民族管理本民族内部事务权力的精神，体现了国家坚持实行各民族平等、团结和共同繁荣的原则，是中国人民的伟大创造。中国特色社会主义制度是我们党和人民的伟大创造，充分体现了我国社会发展的具体条件和特点，也是对人类制度文明成果的丰富和发展。

中国共产党的领导是中国特色社会主义制度的最大优势。中国共产党的领导地位是历史和人民的选择。改革开放 40 多年以来，在党的坚强领导下，伴随着中国特色社会主义道路在实践上取得的成就和中国特色社会主义理论体系的不断丰富，中国特色社会主义制度建设已经取得了很大的进步，成为党和国家全部理论和实践主题的制度支撑。

当然也应该看到，中国特色社会主义制度从探索到形成只有几十年时间，相对于西方发达国家资本主义制度几百年的发展历史来讲，各方面具体的制度还不完善、不可能是尽善尽美、成熟定型的。比如，新旧体制交替中出现的“制度漏洞”“制度缺失”，以及不同制度之间未能形成合力等方面，都需要在实践中通过改革来不断完善。正如邓小平在1992年在视察南方重要谈话中指出的："恐怕再有30年的时间，我们才会在各方面形成一整套更加成熟、更加定型的制度。"

新时代，坚持和完善中国特色社会主义制度，体现在经济、政治、文化、社会和生态文明建设"五位一体"现代化建设总布局的各个方面，体现在"四个全面"战略布局之中。坚持和完善中国特色社会主义制度，要处理好制度建设变与不变的关系，即处理好根本制度、基本制度、具体制度三个层面之间的关系，根本制度和基本制度事关国家根基、人民福祉，必须毫不动摇坚持，始终不可背弃和偏离；具体制度特别是各种体制机制，必须随着经济社会领域新情况新问题的变化，及时进行变革创新，与时俱进地发展。坚持和完善中国特色社会主义制度，要处理好坚守本来与吸收外来之间的关系，要看到，中国特色社会主义制度是在吸收借鉴古今中外制度建设成果基础上形成的，它的发展和完善自然离不开对人类文明有益制度成果的吸收和借鉴。

总之，中国特色社会主义制度的发展和完善，必将为我国社会发展进步提供坚实的制度支撑，在世界上不同制度模式的较量竞争中更加充分展现出自身优势。正如邓小平指出的那样："我们的制度将一天天完善起来，它将吸收我们可以从世界各国吸收的进步因素，成为世界上最好的制度。"

（三）坚持和发展中国特色社会主义文化

文化是一个国家、一个民族的灵魂。广义的文化是指人类在社会实践中所形成的物质生产与精神生产的能力以及所创造出来的物质成果和精神成果的总和，包括物质文化、制度文化、行为文化和精神文化。狭义的文化专指精神文化，是指一个国家、一个民族长久以来形成的共同的生活方式和价值观。文化的概念复杂多样，但精神文化即狭义文化的内涵则是共识。十九大报告指出："中国特色社会主义文化，源自于中华民族五千多年文明历史所孕育的中华优秀传统文化，熔铸于党领导人民在革命、建设、改革中创造的革命文化和社会主义先进文化，植根于中国特色社会主义伟大实践。"

中华优秀传统文化是中华民族的"根"和"魂"，是最深厚的文化软实力，是中国特色社会主义植根的沃土，是我们在世界文化激荡中站稳脚跟的根基。中华优秀传统文化蕴含的思想观念、人文精神、道德规范等，在潜移默化中影响着中国人的行为方式。传承发展中华优秀传统文化，就是要用蕴含其中的精髓精华滋养当代中国人的精神世界，提振当代中国人的精神力量。

在长期革命斗争实践中，以中国共产党为代表的仁人志士创立了坚定马克思主义理想信念、不怕苦、不怕死、艰苦奋斗和无私奉献的革命文化，为中华文化注入了新的生机与活力。“革命文化最重要的价值无疑是它的‘破旧’‘立新’作用。”打破一个旧世界并建立一个新世界，无疑需要巨大的决心、勇气和毅力。以马克思主义革命理论为指导，从中国具体的革命实际出发，在敢于推翻旧文化、勇于建立新文化和执着追求自由的文化精神中，培育出了民族的科学的大众的新文化。在社会主义建设时期和改革时期，革命文化精神仍然是中国特色社会主义文化不能忘却的内容。

人类文明没有优劣之分，但文化一定有先进与落后之分。先进文化，就是符合人类社会发展方向、体现先进生产力发展要求、代表最广大人民根本利益、反映时代进步潮流的文化。在当代中国，我们说的文化，一般是指先进文化，它是国家和民族的灵魂，是集中体现国家和民族品格的所在。在当代中国，社会主义文化就是中国特色社会主义文化，它是中国特色社会主义经济政治的反映，又是为中国特色社会主义经济政治服务的。坚持马克思主义在意识形态领域的指导地位，牢牢掌握意识形态工作领导权，培育和践行社会主义核心价值观，加强思想道德建设，是社会主义先进文化的重要内容。

发展中国特色社会主义文化，就要坚定文化自信和文化自觉。就是以马克思主义为指导，坚守中华文化立场。习近平总书记强调，文化自信，是更基础、更广泛、更深厚的自信，是更基本、更深沉、更持久的力量。党的十九大报告中将中国特色社会主义文化同中国特色社会主义道路、理论、制度一道，作为中国特色社会主义的重要组成部分，强调要增强“四个自信”，这反映了我们党对文化地位和作用认识的极大深化，充分体现了我们党高度的文化自觉和文化担当。

坚持用社会主义核心价值观凝心聚力。党的十八大以来，我们坚持倡导富强、民主、文明、和谐，自由、平等、公正、法治，爱国、敬业、诚信、友善的社会主义核心价值观。社会主义核心价值观把涉及国家、社会、公民三个层面的价值要求融为一体，深入回答了我们要建设什么样的国家、建设什么样的社会、培育什么样的公民的重大问题，是当代中国精神的集中体现，凝结着全体人民共同的价值追求。党的十九大指出，培育和践行社会主义核心价值观，要以培养担当民族复兴大任的时代新人为着眼点。面对新时代新要求，落实好这一重大战略任务，必须强化教育引导、实践养成、制度保障，发挥社会主义核心价值观的引领作用，使之融入社会发展各方面，转化为人们的情感认同和行为习惯。

推动中华优秀传统文化创造性转化、创新性发展。要秉持客观、科学、礼敬的态度，不复古，不简单否定，坚持古为今用、推陈出新，有鉴别地加以对待，有扬弃地予以继承，取其精华、去其糟粕，用中华民族创造的一切精神财富来以文化人、以文育人，推动传统文化与现实文化相融相通。

综上可知，坚持中国特色社会主义道路、理论体系、制度和文化，就要正确认识它们之间相互联系，相互促进的内在关系。

中国特色社会主义道路是中国特色社会主义的实践基础和实现途径。在中国特色社会主义伟大旗帜指引下，党领导人民坚定不移走中国特色社会主义道路，就是推进中国特色社会主义的实践过程，就是逐步实现全体人民共同富裕，建设社会主义现代化的基本途径。中国特色社会主义理论体系的形成和发展，是以中国特色社会主义道路的实践过程为理论源泉、发展依据、检验标准的。中国特色社会主义制度的不断完善同样以中国特色社会主义道路发展的实践要求为基本依据和根本目标。

中国特色社会主义理论体系是中国特色社会主义的指导思想和行动指南。中国特色社会主义理论体系系统回答了在中国这样一个十几亿人口的发展中大国建设什么样的社会主义、怎样建设社会主义，建设一个什么样的党、怎样建设党，实现什么样的发展、怎样发展，坚持和发展什么样的中国特色社会主义、怎样坚持和发展中国特色社会主义等一系列重大理论和基本问题。深化了党对共产党执政规律、社会主义建设规律、人类社会发展规律的认识，为中国特色社会主义道路的发展指明了前进的方向，为中国特色社会主义制度提供了科学依据，是确保不走封闭僵化“老路”，更不走改旗易帜“邪路”的重要前提。

中国特色社会主义制度是中国特色社会主义的制度体现和根本保证。制度带有根本性、全局性、稳定性和长远性的特征。制度的科学合理和日趋完善，不仅对公民具有激励和约束功能，更是一个社会稳定发展的最终保障。中国特色社会主义制度来源于党领导人民在长期革命、建设、改革实践中的不断探索和积累，也是对实践成果的凝集和制度化，源于实践又为中国特色社会主义实践提供根本制度保障。同时，中国特色社会主义制度的创立和发展、坚持和完善，也是中国特色社会主义理论体系回答和解决的重大问题。

中国特色社会主义文化是激发和凝聚全党全国各族人民奋勇前进的强大精

神力量。中国特色社会主义文化是在党领导人民坚定走中国特色社会主义道路的伟大实践中凝练概括出来的，中国特色社会主义文化理论是中国特色社会主义理论体系的组成部分，中国特色社会主义文化道路是中国特色社会主义道路在文化层面的体现。中国特色社会主义文化自信，是道路自信、理论自信和制度自信中更基础、更广泛和更深厚的自信。在当代，没有高度的文化自信，没有文化的繁荣兴盛，就没有中华民族伟大复兴。发展中国特色社会主义文化，要坚定文化自信，增强文化自觉，坚持走中国特色社会主义文化发展道路，激发全民族文化创新创造活力，建设社会主义文化强国。

中国特色社会主义道路、理论体系、制度和文化及相互联系、相互促进，共同构成了中国特色社会主义伟大旗帜、伟大事业的根本内涵。习近平总书记指出，全党要更加自觉地增强道路自信、理论自信、制度自信、文化自信，既不走封闭僵化的老路，也不走改旗易帜的邪路，保持政治定力，坚持实干兴邦，始终坚持和发展中国特色社会主义。

第四章　中国特色社会主义进入新时代

第一节　中国特色社会主义发展本质

在新的历史起点上，坚持和发展中国特色社会主义，要紧密联系中国正处于并将长期处于社会主义初级阶段的基本国情，联系当代中国历史方位的深刻变化，联系改革开放和社会主义现代化建设的实践，加深对当代中国基本国情和所处历史方位的理解和把握，全面理解和认识中国特色社会主义进入新时代这一重大政治判断。

一、我国处于并将长期处于社会主义初级阶段

国情是历史文化传统、自然地理环境、社会经济发展状况以及国际关系等各个方面的总和，其中最基本的国情是指一个国家在一定历史时期内的社会性质及其所处的社会发展阶段。当代中国的基本国情是我国处于并将长期处于社会主义初级阶段，这是当代中国的最大国情和最大实际，是建设中国特色社会主义的总依据。

社会主义初级阶段，是指中国走上了社会主义道路但尚处于不发达阶段，是经济文化落后的中国实现社会主义现代化不可逾越的历史阶段。社会主义的不发达表现在经济、政治、文化、社会、生态、人民生活水平等各个方面。经过 40 多年改革开放和社会主义现代化建设，我国的综合国力迈上了新台阶，人民生活水平总体上达到了小康，国家各项事业取得了巨大成就。但我国还没有从根本上摆脱不发达状态；发展不平衡不充分的一些突出问题尚未解决；民生领域的短板、社会文明水平、国家治理能力和治理体系、重大改革部署和政策的落实、党的建设等方面还需要不断加强和改进。

我国处于并将长期处于社会主义初级阶段，是中国共产党依据马克思主义基本原理，在分析我国基本国情、深刻总结社会主义发展经验教训基础上得出的科学结论。社会主义初级阶段是一个长期的历史过程，至少需要上百年的时间、经历若干具体的发展阶段。党的十一届六中全会首次提出“我国的社会主义社会现在还处于初级阶段”，党的十二大提出“我国的社会主义社会现在还处在初级发展阶段”。党的十三大系统阐述了社会主义初级阶段的基本内涵，提出了党在社会主义初级阶段的基本路线。此后，党的历次代表大会均重申我国依然处于社会主义初级阶段的判断，并不断丰富和发展社会主义初级阶段理论。

在这个不断前进的历史进程中，必然要经历若干具体的发展阶段，呈现出不同的阶段性特征，我国社会的主要矛盾也必然随着社会发展出现的新情况而发生变化。但这些变化，仅仅是社会主义初级阶段这个历史阶段中发生的变化，必须厘清社会主义社会发展的长期性与阶段性的关系，把握和运用好变与不变的辩证法，才能正确认识我国仍处于社会主义初级阶段的判断。

党的十八大以来，党和国家事业取得了历史性成就、发生了历史性变革，但这并没有改变党对我国社会主义所处历史阶段的判断。党的十九大指出：我国社会主要矛盾已经转化为人民日益增长的美好生活需要和不平衡不充分的发展之间的矛盾，但我国仍将处于社会主义初级阶段的基本国情没有变。

坚持我国仍处于并将长期处于社会主义初级阶段的基本判断，不仅在经济建设中要始终立足初级阶段，而且在政治建设、文化建设、社会建设、生态文明建设中也要始终牢记初级阶段；不仅在经济总量低时要立足初级阶段，而且在经济总量高时仍要始终牢记初级阶段；不仅在谋划长远发展时要立足初级阶段，而且在日常工作中也要始终牢记初级阶段。立足社会主义初级阶段，需要我们敏锐把握初级阶段不同发展阶段的新形势新变化，以新理念引领各项事业的发展，积小胜为大胜，积跬步至千里，不断推动中国特色社会主义伟大事业取得新胜利。

二、我国是最大发展中国家的国际地位没有变

发展中国家是相对于发达国家而言，在经济、社会、科技、人民生活水平等方面发展程度较低的国家。改革开放40多年以来，我国的经济增速、经济总量增加位居世界前列，社会结构出现显著变化，科技发展和人民生活水平有

显著提高，但大而不强，与发达国家相比较，我国仍然是一个发展中国家。

发展是人类社会永恒的主题，也是增进人民福祉、促进社会全面进步的基本途径。我国作为世界上最大的发展中国家，发展依然是我们的第一要务，发展是解决我国所有问题的基础和关键。坚持以人民为中心的发展思想，以新发展理念统领全局发展，努力实现更高质量、更高效率、更加公平、更可持续的发展。我国在努力实现自身发展的同时，积极承担应尽的国际义务、提供国际公共产品。中国对全球经济增长的贡献率超过30%；中国通过自身的和平发展，使14亿多人口过上了越来越好的生活，这本身就是对世界和平发展的最大贡献；中国提出的"一带一路"倡议和发起成立的金砖国家开发银行、亚洲基础设施投资银行等，就是中国承担更多国际责任、完善全球经济治理体系、提供国际公共产品的建设性举措。作为世界最大的发展中国家，中国将在力所能及的范围内承担更多国际责任和义务，为人类和平与发展做出更大贡献。

三、党和国家事业的历史性成就和历史性变革

经过40多年改革开放和社会主义现代化建设的发展，特别是党的十八大以来，面对世界经济复苏乏力、局部冲突和动荡频发、全球性问题加剧的外部环境，面对我国经济发展进入新常态等一系列深刻变化，以习近平同志为核心的党中央，以巨大的政治勇气和强烈的责任担当，统筹推进"五位一体"总体布局，协调推进"四个全面"战略布局，提出一系列具有开创性意义的新理念新思想新战略，出台一系列重大方针政策，推出一系列重大举措，推进一系列重大工作，解决了许多长期需要解决而没有解决的难题，办成了许多过去想办而没有办成的大事，推动党和国家事业发生历史性变革、取得历史性成就。

全面加强党的领导发生深刻变革。针对过去一个时期党的领导弱化问题比较普遍的状况，党中央果断提出坚持和改善党的领导的重大政治要求，强调党的领导是做好党和国家各项工作的根本保证，强调党政军民学，东西南北中，党是领导一切的，强调增强"四个意识"，坚决维护习近平总书记党中央的核心、全党的核心地位，坚决维护党中央权威和集中统一领导。从政治建设、思想建设、组织建设、作风建设、纪律建设等方面着手，完善坚持党的领导的体制机制，坚持民主集中制，严明党的政治纪律和政治规矩，坚决防止和反对个人主义、分散主义、自由主义、本位主义、好人主义和宗派主义，提高党把方向、谋大局、定政策、促改革的能力和定力，确保党始终总览全局、协调各方。这些重大工

作和重大成就，纠正了一个时期以来在坚持党的领导问题上出现的模糊认识和错误思想认识，扭转了在一些地方和部门存在的党的领导弱化和党的建设缺失现象，实现了全党思想上统一、政治上团结、行动上一致，大大增强了党的凝聚力、战斗力和领导力、号召力。

发展理念和发展方式发生深刻变革。党的十八大以来，面对国际国内不利条件和复杂形势的深刻变化，党中央果断作出我国经济发展进入新常态的重大判断，提出创新、协调、绿色、开放、共享的发展理念，坚定不移推进供给侧结构性改革，接连推进“一带一路”建设、京津冀协同发展、长江经济带发展等重大战略，经济社会发展取得巨大成就，使全党全国的发展观念发生深刻变化，推动我国经济由高速增长阶段转向高质量发展阶段，为我国发展培育了新动力、拓展了新空间，有力地推动了我国发展不断朝着更高质量、更有效率、更加公平、更可持续的方向前进。

各方面体制机制发生深刻变革。针对我国各方面体制机制存在的突出矛盾和问题，党中央果断作出全面深化改革的重大战略决策，改革全面发力、多点突破、纵深推进。5 年间，共审议、通过重点改革文件 360 多个，中央和国家机关有关部门共推出 1500 多项改革举措，重要领域和关键环节改革取得突破性进展，主要领域改革主体框架基本确立。农村土地“三权”分置、户籍制度、考试招生制度、生态环保等关乎民生的改革举措陆续落地实施。全面深化改革取得重大成就，全社会发展活力和创新活力明显增强，人民群众获得感显著提升。

全面依法治国发生深刻变革。针对我国法治建设相对滞后，有法不依、执法不严、违法不究、司法不公等问题严重影响社会公平正义与和谐稳定的状况，党中央果断作出全面推进依法治国的重大决策，统筹加强科学立法、严格执法、公正司法、全民守法各环节建设，统筹推进法治国家、法治政府、法治社会一体建设，全面推进司法体制改革，中国特色社会主义法治体系日益完善。这些重大工作和重大成就，有效提高了国家机构依法履职能力，有效提高了各级领导干部运用法治思维和法治方式解决问题、推动发展的能力，有效增强了全社会法治意识，有效促进了社会公平正义，维护了人民群众合法权益，显著增强了我们党运用法律手段领导和治理国家的能力。

党对意识形态工作的领导发生深刻变革。针对境内外敌对势力加紧对我国进行意识形态渗透和各种错误思潮、观点给我国改革发展稳定带来的严重干扰，党中央果断作出加强党对意识形态工作领导的重大工作部署，就意识形态领域方向性、根本性、全局性问题阐明立场，坚持马克思主义在意识形态领域的指导地位，建立健全意识形态工作责任制，加强宣传舆论阵地管理，加强网络舆论监管，对错误思想敢于亮剑、敢于斗争，坚决遏制各种错误思想的炒作和蔓延。这些重大工作和重大成就，大大增强了党在意识形态领域的主导权和话语权，有效扭转了意识形态领域一度出现的被动局面，社会主义核心价值观深入人心，中华优秀传统文化广泛弘扬，互联网建设管理运用不断完善，主旋律更加响亮，正能量更加强劲，文化自信得到彰显，国家文化软实力和中华文化的影响力大幅提升，全党全社会思想上的团结统一更加巩固。

生态文明建设发生深刻变革。针对导致发展不可持续和人民群众反映强烈的生态环境恶化问题，党中央把生态文明建设放在更加突出的位置，实行最严格的生态环境保护制度，倡导“绿水青山就是金山银山”的理念，全面加强生态文明制度建设，积极参与全球环境治理，在生态文明建设上的重视程度、投入力度前所未有。这些重大工作和重大成就，显著增强了全党全国贯彻绿色发展理念的自觉性和主动性，有效遏制了漠视生态环境、破坏生态环境的行为和倾向，推动美丽中国建设迈出重要步伐。

国防和军队现代化发生深刻变革。针对国防和军队建设上存在的许多体制性障碍、结构性矛盾，以及部队内部的不正之风、腐败问题，党中央果断作出在全军开展正风肃纪的重大政治决策，对新形势下政治建军作出部署，坚定不移开展党风廉政建设和反腐败斗争。坚持改革强军，全面深化国防和军队改革，形成军委管总、战区主战、军种主建新格局，推动人民军队组织架构和力量体系实现革命性重塑。坚持依法治军、从严治军，推进治军方式根本性转变。坚持战斗力这个唯一的根本的标准，推进科技兴军，加强练兵备战。坚持统筹发展和安全两件大事，提出总体国家安全观，组建中央国家安全委员会，全面加强国家安全工作，突出抓好维护政治安全。这些重大举措和重大工作，加强了党对军队的绝对领导，国防和军队改革取得历史性突破，实现了人民军队政治生态重塑、组织形态重塑、力量体系重塑、作风形象重塑，提高了国防和军队现代化建设水平，显著加强了国家安全工作，显著提升了我们维护国家主权、安全、发展利益的能力。

中国特色大国外交发生深刻变革。针对来自外部环境的严峻挑战，特别是一些西方国家加紧对我国进行围堵、干扰、遏制，党中央果断对外交总体布局作出战略谋划，坚持统筹国内国际两个大局，推进全方位外交，提出构建人类命运共同体，坚持正确义利观，阐明我国的全球治理观、新安全观、新发展观、全球化观等，倡议和推动“一带一路”建设，构建覆盖全球的伙伴关系网络，促进全球治理体系变革，在对外工作上取得一系列新突破，形成了全方位、多层次、立体化的中国特色大国外交布局。审时度势、精心运筹，开展钓鱼岛维权斗争，划设东海防空识别区并实施常态化管控，强化对南海重点岛礁和海域管控，抓住时机推进南海岛礁扩建工程建设，取得了经略海洋、维护海权的历史性突破。这些重大工作和重大成就，大大提高了我国的国际影响力、感召力、塑造力，营造了我国发展的和平国际环境和良好周边环境，提高了我国参与全球治理的能力和水平，为我国的发展在国际上赢得了战略主动，为世界和平与发展做出了新的重大贡献。

全面从严治党发生深刻变革。针对新形势下党执政面临许多新的重大风险考验和党内存在的腐败现象等突出问题，党中央果断作出全面从严治党的战略部署，并以顽强的意志、空前的力度加以推进，着力解决人民群众反映最强烈、对党的执政基础威胁最大的突出问题。大力推进理想信念教育，开展党的群众路线教育实践活动和“三严三实”专题教育，推进“两学一做”学习教育常态化制度化。严肃党内政治生活，严明党的政治纪律和政治规矩，坚决纠正选人用人上的不正之风。出台并坚持实施中央八项规定，严厉整治“四风”问题，坚决反对特权。全面强化党内监督，巡视利剑作用彰显，实现中央和省级党委巡视全覆盖。坚持反腐败无禁区、全覆盖、零容忍，坚定不移“打虎”“拍蝇”“猎狐”，这些重大工作和重大成就，刹住了一些过去被认为不可能刹住的歪风邪气，攻克了一些司空见惯的顽瘴痼疾，形成了反腐败斗争的压倒性态势，消除了党和国家内部存在的严重隐患。管党治党实现从“宽松软”到“严紧硬”的深刻转变。党内政治生活气象更新，党内政治生态明显好转，全党理想信念更加坚定、党性更加坚强，党自我净化、自我完善、自我革新、自我提高能力显著增强，党的执政基础和群众基础更加巩固，为党和国家事业发展提供了坚强的政治保证。

党和国家事业取得的历史性成就是全方位的、开创性的，历史性变革是深层次的、根本性的。这些历史性变革的力度之大、程度之深、范围之广、成效之卓著，在党的历史上、在新中国历史上、在中华民族发展史上都具有极其重要的意义，必将对中国特色社会主义事业的发展产生全局性和根本性的影响。

第二节　中国特色社会主义发展的根本要素

一、中国特色社会主义进入新时代的依据、内涵和意义

历史方位，是指一个国家、一个民族在历史发展进程中所处的位置。一个国家的进步，只有从历史发展的坐标上去认识，才能更加准确；一个社会的变革，只有从时代的对比中把握，才能更加清晰。十九大做出了中国特色社会主义进入新时代的重大政治判断，这是我国发展新的历史方位，是对中国特色社会主义发展阶段、发展现状、发展方向、发展要求的科学概括，赋予党的历史使命、理论遵循、目标任务以新的时代内容。认识和把握我国社会发展这一新的变化和判断，是新的历史条件下坚持和发展中国特色社会主义的认识基础和实践基础。

一般来说，“时代”是人们认识人类社会规律的世界历史性范畴，是指一定时空范围下世界历史的性质和走势，这是对于世界历史发展总的趋势或者总的方向的判断，这是“时代”内涵的最高层次。在世界历史发展的大时代大趋势中，一般还会有阶段性区分的时代，比如20世纪前半叶是战争与革命的时代，后半叶是以和平与发展为主题的时代。21世纪的今天，和平发展、合作共赢仍然是时代的主题。十九大报告指出，中国特色社会主义进入新时代，这是当代中国新的历史方位，这里的“新时代”，是从中国特色社会主义的发展来讲进入了一个新的阶段，并非世界历史的性质和走势发生变化的大时代，也不是世界发展阶段性时代主题的变化，仅仅是指中国特色社会主义进入新时代。

中国特色社会主义进入了新时代，这是我国发展新的历史方位，这是基于当代中国社会发生的深刻的历史性变化所做出的重大判断，也是基于时代发展的历史性变化所做出的重大判断，有着充分的时代依据、理论依据和现实依据。

（一）中国特色社会主义发展进入新的发展阶段

党的十八大以来，以习近平同志为核心的党中央以巨大的政治勇气和强烈的责任担当，提出一系列新理念新思想新战略，出台一系列重大方针政策，推出一系列重大举措，推动党和国家事业取得了全方位的、开创性的历史性成就，发生了深层次的、根本性的历史性变革。历史性成就表现在：经济建设取得重

大成就；全面深化改革取得重大突破；民主法治建设迈出重大步伐；思想文化建设取得重大进展；人民生活不断改善；生态文明建设成效显著；强军兴军开创新局面；港澳台工作取得新进展；全方位外交布局深入展开；全面从严治党成效卓著。这些历史性成就带来了中国社会全方位的变革，主要表现在：党的领导得到全面加强，党的领导被忽视、淡化、削弱的状况得到明显改变；坚定不移贯彻新发展理念，发展观念不正确、发展方式粗放的状况得到明显改变；坚定不移全面深化改革，各方面体制机制弊端阻碍发展活力和社会活力的状况得到明显改变；坚定不移全面推进依法治国，有法不依、执法不严、司法不公问题严重的状况得到明显改变；加强党对意识形态工作的领导，社会思想舆论环境的混乱状况得到明显改变；坚定不移推进生态文明建设，忽视生态环境保护、生态环境恶化的状况得到明显改变；坚定不移推进国防和军队现代化，人民军队中一度存在的不良政治状况得到明显改变；坚定不移推进中国特色大国外交，我国在国际力量对比中面临的不利状况得到明显改变；坚定不移推进全面从严治党，管党治党"宽松软"状况得到明显改变。这些历史性成是全方位的、开创性的，在新中国成立以来特别是改革开放以来我国发展取得的重大成就基础上，我国发展又站在新的历史起点上，中国特色社会主义进入新的发展阶段。这个新的发展阶段，是改革开放 40 多年来发展历程的必然接续，又有很多与时俱进的新特征。历史性变革是深层次的、根本性的。这些历史性变革的力度之大、程度之深、范围之广、成效之卓著，在党的历史上、共和国史上、民族发展史上都具有极其重要的影响，使得党的面貌、国家的面貌、人民的面貌、军队的面貌、中华民族的面貌都发生了前所未有的变化，中国正以高度的道路自信、理论自信、制度自信和文化自信屹立于世界的东方。历史性成就和历史性变革要求我们从新的历史方位、新的时代坐标，科学认识和全面把握中国特色社会主义新的发展阶段。

（二）中国社会主要矛盾发生了新变化

社会主要矛盾状况及其变化是社会发展阶段性划分的重要依据。中国社会主要矛盾已经由人民日益增长的物质文化需要同落后的社会生产之间的矛盾，转化为人民日益增长的美好生活需要和不平衡不充分的发展之间的矛盾。这个论断，反映了我国发展的实际状况，揭示了制约我国发展的症结所在，指明了解决当代中国发展主要问题的根本着力点。我国社会主要矛盾发生变化，对我国发展全局产生了广泛而深刻的影响，需要从新的历史方位、新的时代坐标，科学认识和全面把握我国社会主要矛盾的变化。

（三）当下中国处于“两个百年”奋斗目标的历史交汇期

从党的十九大到党的二十大，是“两个一百年”奋斗目标的历史交汇期，我国既要全面建成小康社会、实现第一个百年奋斗目标，又要乘势而上开启全面建设社会主义现代化国家新征程，向第二个百年奋斗目标进军。党的十九大综合分析国际国内形势和我国发展条件，既对决胜全面建成小康社会提出明确要求，又将实现第二个百年奋斗目标分为两个阶段安排。从2020年起，在全面建成小康社会基础上，再奋斗15年，到2035年基本实现社会主义现代化；在基本实现现代化的基础上再奋斗15年，到本世纪中叶把我国建成富强民主文明和谐美丽的社会主义现代化强国。需要我们从新的历史方位、新的时代坐标上，科学认识和全面把握这一鼓舞人心、切实可行的奋斗目标、宏伟蓝图。

（四）我国所处的国际环境发生了新变化

世界正处于大发展大变革大调整时期，我国发展仍处于重要战略机遇期和历史机遇期。当代中国已不再是国际秩序的被动接受者，而是积极的参与者、建设者、引领者。中国日益走近世界舞台中央，世界对中国的关注，从未像今天这样广泛、深切、聚焦；中国对世界的影响，也从未像今天这样全面、深刻、长远。同时也要看到，前景十分光明，挑战也十分严峻，我国正处在从大国走向强国的关键时期，“树大招风”效应日益显现，外部环境更加复杂，一些势力对我国的阻遏、忧惧、施压不断增大。需要从新的历史方位、新的时代坐标，科学认识和全面把握国际局势和周边环境的新变化。

新时代是中国特色社会主义新时代，而不是别的什么新时代。理解新时代，需要把握其内涵和外延。中国特色社会主义进入新时代，既不是凭空产生的，更不是一个简单的新概念表述，而是经济社会发展到一定阶段发生的必然历史飞跃，具有丰富厚重的思想内涵、实践内涵和历史内涵。

第一，从历史过程看，中国特色社会主义新时代，是承前启后、继往开来，在新的历史条件下继续夺取中国特色社会主义伟大胜利的时代。中国特色社会主义是党和人民近100年来奋斗、创造、积累的根本成就。改革开放以来特别是党的十八大以来，我们党带领人民走中国特色社会主义道路，极大激发了中国人民的创造力，极大解放和发展了社会生产力，极大增强了社会活力，极大提升了我国的国际地位，社会主义在中国展现出强大生命力。坚持和发展中国特色社会主义是一篇大文章，需要一代又一代中国共产党人带领人民接续奋斗。在中国特色社会主义新时代，我们党治国理政第一位的任务，就是紧紧围绕坚持和发展中国特色社会主义这个主题，团结带领人民奋力实现“两个一百年”奋斗目标，谱写中国特色社会主义新的伟大篇章，让社会主义在中国展现出更加强大的生命力。

第二，从主要内容看，中国特色社会主义新时代，是决胜全面建成小康社会，进而全面建设社会主义现代化强国的时代。当代中国已经进入决胜全面建成小康社会、开启全面建设社会主义现代化国家新征程的历史阶段。按照党的十九大的战略部署安排，2020 年我国已如期全面建成小康社会，为此统筹推进经济建设、政治建设、文化建设、社会建设、生态文明建设，战胜了各种风险考验，闯过了各种险滩难关，这是举全党全国之力不懈奋斗的结果。在 2020 年底第一个百年目标实现以后，再用两个 15 年，到 2035 年我国将基本实现社会主义现代化，2050 年我国将建成富强民主文明和谐美丽的社会主义现代化强国，中华民族将以更加昂扬的姿态屹立于世界民族之林。新时代中国特色社会主义的战略安排科学而宏大，要用 100 年时间走完发达国家几百年走过的现代化路程，用和平发展实现这一目标史无前例，其任务之艰巨繁重、道路之艰难和曲折、困难障碍之多都是超乎寻常。因此，坚韧不拔、锲而不舍地为全面建成社会主义现代化强国而奋斗，是中国特色社会主义新时代的必然要求和历史任务。

第三，从发展阶段来看，中国特色社会主义新时代，是全国各族人民团结奋斗、不断创造美好生活、逐步实现全体人民共同富裕的时代。社会主义的本质是解放生产力，发展生产力，消灭剥削，消除两极分化，最终达到共同富裕。人民对美好生活的向往，始终是我们党的奋斗目标。党的十九大明确了以人民为中心的发展思想，把不断创造美好生活、不断促进人的全面发展、逐步实现全体人民共同富裕，作为发展的目标和归宿，作为制定路线方针政策战略部署的基本依据。中国特色社会主义新时代的重大任务，就是把党的群众路线贯彻到治国理政全部活动之中，集中精力解决人民群众关注关心的切身利益问题，使全体人民在共建共享发展中有更多获得感。中国特色社会主义新时代鲜明的人民性特质，凸显着社会主义的价值立场和追求。中国人民美好生活的状况与国家综合实力的发展、民族精神的高扬同向同行，人民群众将在实现国家富强、民族复兴的伟大实践中享有更加幸福安康的生活，获得更全面的发展。

第四，从人心所向来看，中国特色社会主义新时代，是全体中华儿女勤力同心、奋力实现中华民族伟大复兴中国梦的时代。实现中华民族伟大复兴，是近代以来中国人民最伟大的梦想，凝聚了几代中国人的夙愿，是每一个中华儿女的共同期盼。新中国的成立，为民族复兴奠定了坚实基础。改革开放新的伟大革命，为民族复兴注入了强大生机活力。中国共产党领导中国人民进行了坚持不懈的努力奋斗，中国这个世界上最大的发展中国家创造了人类社会发展史上惊天动地的发展奇迹，中华民族展现出强大活力，焕发出蓬勃生机。在中国特色社会主义新时代，中国比历史上任何时期都更接近、更有信心和能力实现中华民族伟大复兴的目标。凝聚起全体中华儿女同心共筑中国梦的磅礴力量，接续奋斗、砥砺前行，就一定能够到达民族复兴的光辉彼岸。

第五，从国际地位来看，中国特色社会主义新时代，是我国日益走近世界舞台中央、不断为人类作出更大贡献的时代。当今世界是密切联系、相互影响的统一体，中国人民的梦想同各国人民的梦想息息相通，中国的利益和世界的利益不可分割。改革开放以来，随着中国经济社会的不断发展，随着我国对全球经济贸易和全球治理进程的深度参与，中国与世界的关系发生了根本性变化。中国的发展对世界的贡献有目共睹，中国的发展日益成为世界发展不可分割的重要组成部分，并且为世界各国特别是发展中国家提供了重要借鉴。面对国际格局和国际关系的深度调整，面对局部冲突和动荡频发，人类需要应对许多共同挑战的外部环境，实现中国梦离不开和平的国际环境和稳定的国际秩序。我们必须统筹国内国际两个大局，始终高举和平、发展、合作、共赢的旗帜，恪守维护世界和平、促进共同发展的外交政策宗旨，积极发展全球伙伴关系，参与全球治理体系改革和建设，推动构建人类命运共同体，始终做世界和平的建设者、全球发展的贡献者、国际秩序的维护者，为建成一个持久和平、普遍安全、共同繁荣、开放包容、清洁美丽的新世界做出新的更大贡献。

党的十九大报告指出：中国特色社会主义进入新时代，在中华人民共和国发展史上、中华民族发展史上具有重大意义，在世界社会主义发展史上、人类社会发展史上也具有重大意义。

第一，中国特色社会主义进入新时代，意味着近代以来久经磨难的中华民族迎来了从站起来、富起来到强起来的伟大飞跃，迎来了实现中华民族伟大复兴的光明前景。近代以来，中华民族经历了从落后挨打到独立自主、从积贫积弱到繁荣富强的发展历程。经过中国人民长期奋斗和不懈努力，我国的综合国力日益强大，中国已经步入从大国走向强国的关键历史阶段，中国特色社会主义进入了新时代，强起来不只是简单的物质经济总量的提升，而是体现在社会发展的方方面面。创新驱动战略不断实施，产业结构不断优化，经济发展转向高质量高效益方向；中国特色社会主义民主政治道路不断发展，协商民主凸显中国特色和中国优势；随着文化强国战略的实施，文化软实力不断提升，中国人民的精神面貌和文化自信不断增强，中华文化对世界的影响力和吸引力显著提升；社会和谐、美丽中国建设取得更大的成就等，都将成为新时代建设社会主义现代化强国任重而道远、但明确而坚定的前进方向。

第二，中国特色社会主义进入新时代，意味着科学社会主义在21世纪的中国焕发出强大生机活力，在世界上高高举起了中国特色社会主义伟大旗帜。中国特色社会主义是科学社会主义理论逻辑和中国社会历史发展逻辑的辨证统一，是改革开放以来党的全部理论和实践主题。20世纪80年代末90年代初，苏联解体、苏共垮台、东欧剧变，世界社会主义遭受严重挫折，“社会主义失败论”“历史终结论”一度甚嚣尘上，“中国崩溃论”在西方也不绝于耳。中国共产党带领中国人民，始终坚持科学社会主义基本原则，紧密结合中国国情、发展时机和时代特征，适时顺应人民群众对美好生活的向往和追求，始终高举中国特色社会主义伟大旗帜，各项事业取得稳步前进，社会主义在中国彰显出顽强生机和不竭活力，创造了令人惊叹的“中国奇迹”，谱写了社会主义发展的辉煌篇章，为历经磨难的社会主义注入强大生命力，在世界上重振了人们对社会主义的信心。如果说我国社会主义实践前半程的主要历史任务是建立社会主义基本制度并在这个基础上进行改革，那么党的十八大以来的一个重要转变就是，中国特色社会主义进入了通过全面深化改革推进社会主义制度更加成熟定型的全新阶段。进入新时代，中国特色社会主义这面旗帜在当今世界更加鲜艳夺目、更加令人神往，成为引领21世纪科学社会主义发展的伟大旗帜，成为振兴世界社会主义的中流砥柱。

第三，中国特色社会主义进入新时代，意味着中国特色社会主义道路、理论、制度、文化不断发展，拓展了发展中国家走向现代化的途径，给世界上那些既希望加快发展又希望保持自身独立性的国家和民族提供了全新选择，为解决人类问题贡献了中国智慧和中国方案。改革开放40多年来中国创造了世界历史上的发展奇迹，成功走出了一条独具特色的社会主义现代化道路，打破了发展中国家对西方国家现代化的“路径依赖”，为它们树立了发展榜样，提供了全新选择。中国特色社会主义以其显著的建设成就和成功经验，证明了在实现现代化的历史进程中，不只是一条道路，而是有多种选择。无论什么国家，必须把近代以来世界范围内的现代化发展趋势与本国本民族的发展实际相结合，探索既符合现代化发展一般规律，又能与本国的历史文化传统和经济社会发展水平相适应的发展道路，才能既摆脱西方现代化的弊端，又实现本国现代化的目标。中国特色社会主义建设的不断发展，就是在现代化和民族特点之间找到了相容相济的发展方式，在融入世界全局和维护国家主权之间找到了平衡协调的路径和桥梁，不仅顺应了现代化发展的世界潮流，而且弘扬了民族传统和本国优势，破解了困扰发展中国家走向现代化与保持独立性之间的难题。中国特色社会主义新时代，大力推进国家治理能力和治理体系的现代化，又努力维护世界和平和发展、推进全球治理，在国际事务中发挥负责任大国的积极作用，为解决当今世界的全球性问题贡献了中国智慧。

二、正确认识我国社会主要矛盾的转化

矛盾学说和矛盾分析法，是马克思主义理论的重要组成部分。人类社会的基本矛盾是生产力和生产关系、经济基础和上层建筑之间的矛盾，这一基本矛盾的运动和发展，推动着人类社会不断向前发展。社会主要矛盾是社会基本矛盾在一定社会历史阶段的具体表现，反映着这种社会形态在一定发展阶段存在的最突出问题。它“规定和影响着其他矛盾”的存在和发展，在社会发展的各个阶段中“起着领导的、决定的作用”。科学分析和判断社会主要矛盾，历来是党制定大政方针和发展战略的重要依据。

党对我国社会不同历史时期主要矛盾的认识，就是根据社会发展变化而不断调整和深化的。新民主主义革命时期，我们党正确分析了半殖民地半封建中国的社会矛盾，牢牢把握帝国主义与中华民族、封建主义与人民大众这一社会主要矛盾及其不同时期的具体表现，制定了新民主主义革命总路线和一系列方针政策，最终领导人民夺取了新民主主义革命的胜利。

1956年社会主义改造基本完成后，党的八大指出：“我们国内的主要矛盾，已经是人民对于建立先进的工业国的要求同落后的农业国的现实之间的矛盾，已经是人民对于经济文化迅速发展的需要同当前经济文化不能满足人民需要的状况之间的矛盾。”这一提法是符合当时我国实际的。然而，由于各种主客观原因，党的八大关于社会主要矛盾的正确认识，并没有坚持下去。

1978年十一届三中全会决定把党和国家的工作重点转移到社会主义现代化建设上来。1981年十一届六中全会通过的《关于建国以来党的若干历史问题的决议》肯定了党的八大对我国社会主义矛盾的提法并作了进一步精简和提炼，

对我国社会主要矛盾作出了科学表述："在社会主义改造基本完成以后，我国所要解决的主要矛盾，是人民日益增长的物质文化需要同落后的社会生产之间的矛盾。"改革开放以来，我们党根据这一主要矛盾制定和坚持了正确的路线方针政策，中国特色社会主义建设事业取得了巨大成就。

历史充分说明，坚持一切从我国社会发展的实际状况出发，在诸多社会矛盾和矛盾全局中敏锐地抓住主要矛盾，制定正确的政治路线和战略策略，自觉围绕主要矛盾部署党和国家全局工作，是我们党解决中国革命、建设和改革问题的一条成功经验。党和国家事业能不能顺利发展，也同我们能否随着社会历史条件的变化准确认识和把握社会主要矛盾，是紧密联系在一起的。

新中国成立以来的70多年，我国的社会主义革命、建设和改革经历了不同历史时期的发展，经济社会发展取得了长足的进步，中国特色社会主义进入了新时代。无论从我们面临的国内外环境、面对的矛盾和问题、发展阶段和发展任务、工作对象和工作条件等，还是对我们党长期执政能力和领导水平的要求，都发生了深刻变化。我国社会主要矛盾的提法已经不能准确反映经济社会发展的根本性变化，进而制约和影响着中国经济社会发展的全局性判断和战略部署，需要作出新的概括和表述。党的十九大指出，中国特色社会主义进入新时代，我国社会主要矛盾已经转化为人民日益增长的美好生活需要和不平衡不充分的发展之间的矛盾。我国社会主要矛盾变化的新表述，指明了解决当代中国发展问题的根本着力点，为推动党和国家事业发展提供了科学准确的认识前提。

人类社会是在矛盾运动中不断向前发展的，社会主要矛盾是各种社会矛盾的主要根源和集中反映，在社会矛盾运动中居于主导地位。新时代我国社会主要矛盾的变化，是关系全局的历史性变化，深刻反映了我国社会生产和社会需求的新特点，这是由我国现阶段的客观实际决定的。

一是经过改革开放40多年的发展，我国社会生产力水平总体上显著提高，很多方面进入世界前列。我国国内生产总值自2010年开始稳居世界第二位，货物进出口和服务贸易总额均居世界第二位，对外投资和利用外资分别居世界第二、第三位，制造业增加值连续7年居世界第一位，基础设施建设部分领域遥遥领先，高铁运营总里程、高速公路总里程和港口吞吐量均居世界第一位，220多种主要工农业产品生产能力稳居世界第一位。这说明，我国进入社会主义初级阶段的"落后的社会生产"已经发生了新的阶段性变化。

二是人民生活水平显著提高，对美好生活的向往更加强烈，不仅对物质文化生活提出了更高要求，而且在民主、法治、公平、正义、安全、环境等方面的要求日益增长。改革开放以来，我国人民生活水平不断迈上了新台阶，已经达到了中等偏上收入国家水平，人均国内生产总值从 1978 年的 385 元增长到 2017 年的 59660 元，年均增长约 9.5%，已经达到中等偏上收入国家水平；城镇居民人均可支配收入和农村居民人均可支配收入大幅提高，分别从 1978 年的 343.4 元、133.6 元提高到 2017 年的 36396 元、13432 元；农村贫困发生率从 1978 年的 97.5% 大幅下降到 2017 年的 3.1% 以下，远低于世界平均水平；居民受教育程度不断提高，九年义务教育全面普及，高等教育毛入学率 2017 年达到 45.7%，高出世界平均水平近 10 个百分点：城乡居民健康状况显著改善，居民平均预期寿命 2017 年达到 76.7 岁，高于世界平均水平；社会保障水平极大提高，覆盖城乡的社会保障体系基本建立，其他很多方面的民生保障也有显著改善。随着人民生活水平不断提高，人民群众的需要呈现多样化多层次多方面的特点，期盼有更好的教育、更稳定的工作、更满意的收入、更可靠的生活保障、更高水平的医疗卫生服务、更舒适的居住条件、更优美的环境、更丰富的精神文化生活，人民群众的民主意识、公平意识、法治意识、参与意识、监督意识、维权意识在不断增强。这说明，人民群众对于日益增长的“物质文化需要”层次更高、内容范围更广，出现了阶段性的新特征。

三是影响满足人们美好生活需要的因素很多，但主要是发展的不平衡不充分问题，其他问题归根结底都是由此造成或派生的。发展不平衡，主要指各区域、各领域、各方面发展不平衡，存在“一条腿长、一条腿短”的失衡现象，制约了全国发展水平提升。发展不充分，主要指一些地区、一些领域、一些方面还存在发展不足的问题，发展的任务仍然很重。发展不平衡不充分问题表现在很多方面。从社会生产力来看，我国既有世界先进甚至世界领先的生产力，也有大量传统的、相对落后甚至原始的生产力，而且不同地区、不同领域的生产力水平和布局还不均衡，发展水平仍然差距较大。不平衡和不充分，从目前来看，不平衡更主要更凸显。从“五位一体”总体布局来看，我国经济社会发展取得重大成就，经济发展水平总体较好，但社会法治化水平不高，文化建设相对滞后，社会建设还有不少短板，生态文明建设问题较多。从城乡和区域发展来看，我国城市和乡村之间，东部地区、中部地区、西部地区之间，发展水平差距仍然较大。从收入分配来看，虽然我国人均国民收入在世界上处在中等偏上行列，绝大部分人已经解决了温饱问题，但收入分配差距仍然较大，农村有几千万人口尚未脱贫，城市还有不少困难群众。这些发展不平衡不充分问题相互掣肘，带来很多社会矛盾和问题，是当前和今后一个时期制约我国发展和满足人民日益增长的美好生活需要的主要根源。

四是社会主要矛盾的变化适应了我国发展的阶段性要求，体现了党和国家事业发展战略重点的变化。我国社会主要矛盾从“物质文化需要”到“美好生活需要”，从解决“落后的社会生产”问题到解决“不平衡不充分的发展”问题，是我国社会发展的阶段性特征和人民群众对美好生活的向往的必然要求，是生产力和生产关系矛盾运动的必然结果，反映了新时代坚持以人民为中心发展思想的内在要求，是新时代、新战略、新举措的着力点。

我国社会主要矛盾新的表述不是一个短期的概念，而是要管相当长的历史时期，具有很强的现实针对性、工作导向和实践要求，是关系全局的历史性变化，对党和国家工作提出了许多新要求。要结合当前任务和长远目标，坚持辩证唯物主义和历史唯物主义的方法论，在继续推动发展的基础上，着力解决好发展不平衡不充分问题，大力提升发展质量和效益，更好地满足人民在经济、政治、文化、社会、生态文明等方面日益增长的需要，更好地推动人的全面发展、社会全面进步。

我国社会主要矛盾的变化，没有改变我们对我国社会主义所处历史阶段的判断，我国仍处于并将长期处于社会主义初级阶段的基本国情没有变，我国是世界最大发展中国家的国际地位没有变。在“变”与“不变”论断相统一中把握我国社会主要矛盾的变化：一是从生产力和生产关系的理论逻辑和实践逻辑来看，在一个国家经济社会发展的同一个阶段里，生产力和生产关系都可以有不同的层次，社会主要矛盾的变化并不一定会改变社会发展阶段的总体判断。“两个没有变”是我国社会主义初级阶段生产力和生产关系矛盾运动的一般规律，但初级阶段的阶段性特征，则表现为生产力和生产关系矛盾运动的特殊性规律。二是从社会主义初级阶段的统一性和阶段性之间的关系来看，社会主义初级阶段是我国社会主义的不发达阶段，其艰巨性、长期性、复杂性都需要我们有清醒的认识。我国目前人均国内生产总值只相当于世界平均水平的80%左右，按国家和独立经济体排位，大体处在世界中列，在创新能力、产业层次、公共服务等方面与发达国家相比，仍有相当大的差距。实现建成富强民主文明和谐美丽的社会主义现代化强国目标，还有很长的路要走。同时，社会主义初级阶段较长历史时期的统一性中，包含有不同的阶段性，社会主要矛盾不会一成不变，必然会随着社会发展而变化，但这些变化一定是在社会主义初级阶段统一性中的阶段性变化。

因此，在认识理解新时代我国社会主要矛盾时，必须把社会主要矛盾变化的问题，同我国仍处于并将长期处于社会主义初级阶段没有变、同我国是世界上最大发展中国家的国际地位没有变的问题统一起来思考和研究，把“变”与“不变”这两个论断统一起来理解和把握。我国社会主义初级阶段的实现建成富强民主文明和谐美丽的社会主义现代化强国目标，还有很长的路要走。故此，谋划发展、制定政策，要始终牢牢把握社会主义初级阶段这个基本国情，牢牢立足社会主义初级阶段这个最大实际，牢牢坚持党的基本路线这个党和国家的生命线、人民的幸福线，既不落后于时代，也不能脱离实际、超越阶段。

三、中国共产党关于重要战略机遇期的研判

一个国家、一个民族要想赢得主动、赢得优势，就必须敏锐地发现机遇，紧紧抓住和利用好机遇。战略机遇期，主要是指有利于战略实施的历史阶段及其背景、环境和条件，具有时间的长期性、空间的开阔性、影响的全局性等特点。战略机遇期是各种因素和各种关系交互作用的结果，其内涵和条件会随着形势的发展而变化。谁能抓住和充分利用好战略机遇期，谁就能够获得新发展和新突破；谁能正确分析和准确把握战略机遇期，谁就能够延续和拓展战略机遇期。这既是发达国家的成功经验，也是我国社会主义建设取得重大成就的历史经验。

抓住战略机遇是中国共产党治国理政的一贯思路，是新中国社会主义建设取得伟大历史成就的重要法宝。从20世纪50年代“一五计划”开始至今，中共领导集体在社会主义建设的不同时期形成了丰富的战略机遇期思想以及基于其上的战略决策。新中国伊始，以世界进入原子能历史新时期、世界处于十年或者更长一点的和平时期为国际背景，毛泽东认为“我们要利用目前国际休战时间，利用这国际和平时期，再加上我们的努力，加快我们的发展，提早完成社会主义工业化和社会主义改造”。1956年9月党的八大作出了把党的工作重心转移到经济建设上来的战略决策，并形成了进一步强化社会主义工业化建设和加强国民经济技术基础的战略目标，掀起了社会主义工业化建设和国防技术发展的高潮。以毛泽东为代表的第一代领导集体对战略机遇期的判断及战略实践，奠定了社会主义工业化的物质基础，催生了中国尖端技术的发展，孕育了中国的新兴工业，为国民经济自立起到了固基立本的作用。

改革开放以来，在和平与发展成为时代主题的背景下，中国共产党在科学分析中国国情和时代特征的基础上，反复强调要抓住机遇、加快发展，不断推

进改革开放和社会主义现代化建设。改革开放初期，邓小平反复强调，分析问题要有战略眼光。“要实现适当的发展速度，不能只在眼前的事务里面打圈子，要用宏观战略的眼光分析问题，拿出具体措施。机会要抓住，决策要及时。”他还认为中国能否抓住历史机遇，不仅关系到国家发展的快慢，而且关系到能否坚持社会主义方向，关系到社会主义事业的兴衰成败、前途和命运。他说：“抓住时机，发展自己，关键是发展经济。现在，周边一些国家和地区经济发展比我们快，如果我们不发展或发展得太慢，老百姓一比较就有问题了。”我国一轮接一轮更加坚定有力的改革开放，就是建立在这样的机遇期判断基础上做出的重大决策。特别是1992年党的十四大上，中共中央决定抓住机遇，加快发展，并作出确定建立社会主义市场经济体制是我国经济体制改革的目标、用邓小平建设有中国特色社会主义理论武装全党和抓住机遇，加快发展，集中精力把经济建设搞上去三项重大战略决策。由此开始，我国经济社会发展步入快速发展的轨道。

进入新世纪新阶段，中共十六大在深刻分析国际国内形势的基础上，明确提出：“综观全局，21世纪的头20年，对我国来说，是一个必须紧紧抓住并且可以大有作为的重要战略机遇期。”贯彻十六大精神，中共中央作出了全面建设小康社会的国家发展战略，为新世纪中国经济社会发展构筑了强大动力。需要指出的是，我们党不仅强调了抓住战略机遇期的重大战略意义，还强调了抓住战略机遇期的主动性和自觉性。基于我国和世界其他国家现代化发展的正反两方面经验教训，胡锦涛提出：“无论从中国社会的发展历程看，还是从世界其他国家的发展历程看，能不能抓住机遇，加快发展，是一个国家能不能赢得主动、赢得优势、赢得胜利的关键所在。”同时强调了我国经济社会发展的主动性和创造性的战略主张，“要科学判断和全面把握国际形势的发展变化，正确应对世界多极化和经济全球化以及科技进步的发展趋势，妥善处理影响世界和平与发展的各种复杂和不确定因素，抓住和用好重要战略机遇期，在日益激烈的综合国力竞争中牢牢掌握加快我国发展的主动权”。结合现实国情以及国际战略格局的重大变化，我国开启了建设社会主义和谐社会以及致力于推动建设持久和平、共同繁荣的和谐世界的伟大征程，形成了更加有利于我国经济社会发展的国际环境的主动性和创造性的战略主张，这是新中国成立以来我国国际关系和对外开放战略的重大升华。

党的十八大重申，我国仍处于大有作为的重要战略机遇期，我们要准确判断重要战略机遇期内涵和条件的变化，全面把握机遇，沉着应对挑战，赢得主动，赢得优势，赢得未来，确保到2020年实现全面建成小康社会的宏伟目标。为实现上述目标，十八大提出我国要始终奉行互利共赢开放战略。十八届三中全会则进一步提出我国要构建开放型经济新体制，深化互利共赢新格局和建设丝绸之路经济带、中国（上海）自由贸易区等重大战略决策。2014年10月，党的十八届四中全会强调：面对新形势新任务，我们党要更好地统筹国内国际两个大局，更好地维护和运用我国发展的重要战略机遇期。2017年10月，党的十九大报告也再次明确指出：当前，国内外形势正在发生深刻复杂变化，我国发展仍处于重要战略机遇期，前景十分光明，挑战也十分严峻。中国将高举和平、发展、合作、共赢的旗帜，坚持和平发展道路，推动构建人类命运共同体。

综观十八大以来，以习近平同志为核心的党中央领导集体，面对国际环境和国内形势已经发生了广泛而深刻的变化这一基本特点，作出了我国仍然处于大有作为的重要战略机遇期的重大判断，其依据主要是：

第一，国际环境总体上有利于中国的发展。尽管国际金融危机给世界经济造成深度冲击，世界经济增长不稳定不确定因素增多，全球发展不平衡加剧，霸权主义、强权政治、逆全球化潮流有所上升，国际和地区热点问题此起彼伏，能源资源安全、恐怖主义、网络安全、气候变化、传染性疾病等全球性问题更加突出。但是，当今世界正处于大发展大变革大调整时期，和平与发展仍然是时代主题。世界多极化、经济全球化、社会信息化、文化多样化深入发展，全球治理体系和国际秩序变革加速推进，各国互相联系和依存日益加深，国际力量对比更趋平衡，和平发展大势不可逆转。特别是世界多极化和经济全球化深入发展，全球合作向多层次全方位拓展，国际力量对比继续朝着有利于维护世界和平与发展的方向变化，我国同各大国、周边国家、发展中国家等的关系持续平稳，各国加强对华合作意愿进一步增强，我国国际影响力和国际地位明显提高，国际环境总体上有利于我国集中精力搞建设、谋发展。

需要我们注意的是，发展重要战略机遇期的内涵和条件已经发生变化，以坚持和平发展道路、推动构建人类命运共同体为目标，改革和完善全球治理体系，构建包容共享、合作共赢的世界新秩序，是发展重要战略机遇期的新内涵和条件。把构建人类命运共同体作为我国战略机遇期的新内涵，为我国走和平发展道路构建了坚实的道义基础，超越了过往人类社会国强必霸的历史路径，改变了由发达国家主导和主宰、并非发展中国家可以完全享用发展成果的发展维度，塑造了人类社会开放、共享、包容、合作、共赢的发展轨道。“一带一路”倡议的实施，和其他国家发展战略的对接，以及亚投行的设立，既是人类命运共同体理念的最新实践，也是我国赋予战略机遇期的新内涵和把控战略机遇期的新尝试。

第二，中国经济社会的发展已经站在一个新的历史起点上。我国经济发展进入新常态，发展既面临大有作为的重大战略机遇期，也面临诸多矛盾相互叠加的严峻挑战。我们最大的机遇就是自身不断发展壮大，同时也要重视各种风险和挑战，转危为安、善于化危为机。既要看到我国发展中不平衡、不协调、不可持续问题依然突出，保障和改善民生任务繁重，社会矛盾凸显；也要看到，我国仍处于工业化、城镇化加速发展阶段，国内市场潜力较大，劳动力资源丰富，国民储蓄率较高，科技创新能力不断增强，转变经济发展方式和调整经济结构步伐加快，经济长期向好的发展趋势没有改变，各方面体制机制不断完善，社会政治大局稳定，这些都为保持我国经济社会发展良好势头创造了有利条件、提供了广阔空间。

第三，中国特色社会主义道路、理论体系、制度和文化更加成熟定型，经过长期努力，中国特色社会主义进入新时代。中国共产党在社会主义初级阶段的基本理论、基本路线、基本纲领、基本经验、基本要求得到了确立和发展，在实践中形成了一系列重大的实践成果、理论成果和制度成果，为党和国家事业发展提供了最根本的指导思想和行动指南。中国特色社会主义在经济、政治、文化、社会、生态等各个领域形成了一整套相互衔接、相互联系的制度体系；根本政治制度、基本政治制度、基本经济制度得到确立和巩固，中国特色社会主义法律体系已经形成；经济体制、政治体制、文化体制、社会体制等各项具体制度不断完善，为当代中国发展进步提供了根本制度保障。中国特色社会主义文化的繁荣和发展，中国特色社会主义道路、理论体系和制度，已经成为应对各种风险和挑战、推动当代中国发展进步的“定海神针”。中国共产党的领导是中国特色社会主义制度的本质特征和最大政治优势，牢牢抓住和利用好战略机遇期，是赢得主动、赢得优势、赢得未来的关键所在，是对中国共产党执政能力的重大考验。因此，牢牢抓住和利用好重要战略机遇期，增强机遇意识、忧患意识和风险意识，充分估计前进道路上可以预料和难以预料的困难和风险，在国内国际两个大局中牢牢把握发展的主动权。

第四，世界权力转移的历史表明，强大的综合国力和反映人类价值正义的道义支持，是大国战略机遇的必要条件。当前，位列世界第二的经济总量和强大的制造业能力，构成了我国硬实力的强劲支持。创造了 40 多年高速增长的人类经济奇迹的中国特色社会主义，正以积极的方式展示中国和中国特色社会主义文化的软实力。立足于发展中国家，代表发展中国家和新兴市场国家利益，反映新的世界秩序的需要，践行新的发展观，力促世界和谐和推动构建人类命运共同体，代表着人类正义和世界新秩序的方向。这是世界各国的共同期待，也是支撑我国战略机遇期判断及其延长的有利条件。

需要特别强调的是：一是我们面临的重要战略机遇期判断，是一个事关国家、民族的，具有全局性、长远性、决定性的判断，并非仅仅限于某一局部或某一领域。二是战略机遇期是一个世界性话语，并非专指中国。世界各个国家都存在着战略机遇期，各个大国都有对其战略机遇期的预估和研判，这个战略机遇期可以是10年甚或50年。战略机遇是开放的，也是互动的。可以观察到的事实是，有些国家在抓住和用好战略机遇期的同时，也在不断地为各种秩序的修正和完善发挥着积极的作用，因为规则并非是一成不变的。有些国家在抓住用好战略机遇期的过程中，也给其他国家带来了实实在在的发展机遇。比如“一带一路”倡议的推进，不仅是中国的机遇，也是沿线、沿岸国家和地区的机遇；不仅是“亚洲命运共同体”的机遇，也是全球各个国家的重要发展机遇。“片面的以某个国家的意旨和行为作为标准来核定其他国家是否处于战略机遇期，这本身就是一种以他人的霸权思维束缚自身思维的认识和看法。没有世界各国的共同努力，就没有所有国家的战略机遇期。”各国的战略机遇期是可以叠加的。三是我国发展仍处于可以大有作为的重要战略机遇期的研判，同时蕴含着我们所面临前所未有的挑战的寓意，必须全面理解。机遇与挑战并存，机遇大于挑战，有利条件胜于不利因素，所以必须抢抓机遇，加快发展，坚定不移地继续推进改革开放，坚定不移地坚持和发展中国特色社会主义。要居安思危，知危图安，增强机遇意识、忧患意识、风险意识，充分研判可以预料和难以预料的风险，在国际国内两个大局中牢牢把握发展的主动权。对内求发展、求和谐，对外求和平、求共赢，在此基础上继续努力，为实现社会主义现代化和中华民族伟大复兴奠定基础。

2018年1月5日，习近平总书记在学习贯彻党的十九大精神研讨班开班式的重要讲话中指出，我国正处于一个大有可为的历史机遇期，这是继十九大提出“中国特色社会主义进入新时代”后对我们当下所处历史方位的又一重大判断。“战略机遇期”之后强调“历史机遇期”，是在纵观中华民族过去、现在和未来的历史演进，统揽国家、政党、民族的沉浮兴衰、立足于“两个百年”

目标实现基础上，做出的重大判断。历史性机遇就在今朝。历史机遇就是中华民族强起来、实现伟大复兴的机遇，是中国特色社会主义道路理论制度文化更加成熟、更具引领力感召力的机遇，是中国人民创造美好生活、走向共同富裕的机遇。“历史机遇期”体现了中国共产党一张蓝图绘到底、一个目标干到底、一任接着一任干，勇于担当、不辱使命的奋进历程；体现了已走过百年历程的中国共产党，作为长期执政党自我意识的觉醒和深化。这意味着中国共产党必然内在地要求党始终不忘初心、牢记使命、永远奋斗，始终坚持改革开放的正确道路，将中国特色社会主义这场伟大的社会革命进行到底，也必然内在地要求党始终保持忧患意识、备豫不虞，以理性的自我反省能力和自我革命勇气，应对艰辛挑战，充满朝气。

紧紧抓住大有可为的历史机遇期，在实现社会主义现代化和中华民族伟大复兴的伟大征程中，“快干”“实干”“会干”，抢抓机遇，真抓实干，在尊重规律中破解难题，在防范风险中化解风险，在应对挑战中转危为机。继续进行具有许多新的历史特点的伟大斗争，准备战胜一切艰难险阻，朝着我们党确立的伟大目标奋勇前进。

四、坚持社会主义初级阶段党的基本路线

基本路线也称总路线，是中国共产党在一定历史时期指导全局的总任务、总方针、总政策的集中概括，是党的指导思想和基本理论的集中体现，是党在一定历史时期全部实践的指南和依据。

党的十九大通过的《中国共产党章程》规定，党在社会主义初级阶段的基本路线是：领导和团结全国各族人民，以经济建设为中心，坚持四项基本原则，坚持改革开放，自力更生，艰苦创业，为把我国建设成为富强民主文明和谐美丽的社会主义现代化强国而奋斗。概括起来就是“一个中心、两个基本点”。

回顾改革开放以来的历程，党的十三大报告首次提出了党在社会主义初级阶段的基本路线。党的十七大把“和谐”与“富强、民主、文明”一起写入了基本路线。党的十九大不仅将“美丽”写入了基本路线，而且将“现代化国家”提升为“现代化强国”，扩展了党的基本路线的内涵，提升了社会主义初级阶段的奋斗目标。党的基本路线高度概括了党在社会主义初级阶段的奋斗目标、基本途径和根本保证、领导力量和依靠力量以及实现这一目标的基本方针，既

紧紧抓住了中国现阶段的主要矛盾，又体现了运用社会主义社会基本矛盾运动的规律，全面推动历史进步，实现国家富强、民族振兴的要求。历史经验证明，基本路线正确，党和人民的事业就进步。基本路线发生失误，党和人民的事业就会遭受挫折。

改革开放以来，党坚持社会主义初级阶段的基本路线，始终扭住经济建设这个中心不放，大力解放和发展生产力，积累了丰厚的物质财富；坚定不移坚持四项基本原则和改革开放不动摇，有效抵制了走改旗易帜的“邪路”和封闭僵化的“老路”。我国的综合国力和世界影响力不断提升，人民物质文化生活水平发生了根本改善，社会发展不断迈上新台阶。

党的十八大报告指出，“党的基本路线是党和国家的生命线”。习近平总书记在十八届中共中央政治局第一次集体学习时重申了这个认识，指出我们在实践中要始终坚持“一个中心、两个基本点”不动摇，既不偏离“一个中心”，也不偏废“两个基本点”。在庆祝中国共产党成立 95 周年大会上，习近平总书记指出：“党的基本路线是国家的生命线、人民的幸福线，我们要坚持把以经济建设为中心作为兴国之要、把四项基本原则作为立国之本、把改革开放作为强国之路，不能有丝毫动摇。”党的十八届六中全会通过的《关于新形势下党内政治生活的若干准则》指出，“党在社会主义初级阶段的基本路线是党和国家的生命线、人民的幸福线，也是党内政治生活正常开展的根本保证”，并要求“任何时候都不能有丝毫偏离和动摇”。党的十九大报告再次强调了牢牢坚持党的基本路线的重大意义。

党的基本路线是党和国家的生命线、人民的幸福线。中国特色社会主义进入新时代，坚持党在社会主义初级阶段的基本路线，依然必须牢牢抓住“一个中心、两个基本点”，把以经济建设为中心作为兴国之要、把四项基本原则作为立国之本、把改革开放作为强国之路，任何时候都不能有丝毫偏离和动摇，这是坚持和发展中国特色社会主义的时代要求。

毫不动摇地坚持以经济建设为中心。在中国特色社会主义新时代，坚持以经济建设为中心，就是要毫不动摇地坚持以人民为中心的发展思想，坚定不移贯彻创新、协调、绿色、开放、共享的发展理念，回应人民对美好生活的需要，紧紧围绕坚持和发展中国特色社会主义的总任务，牢牢把握在全面建成小康社会基础上，分两步走实现本世纪中叶建成富强民主文明和谐美丽的社会主义现代化强国的奋斗目标。一切从我国社会主义初级阶段这个最大的实际出发，适应我国经济转向高质量发展阶段的实际情况，统筹推进“五位一体”战略布局，协调推进“四个全面”战略布局，实施科教兴国战略、人才强国战略、创新驱动战略、乡村振兴战略、区域协调发展战略、可持续发展战略、军民融合发展战略，建设现代化经济体系，深化供给侧结构性改革，完善社会主义市场经济体制，推动形成全面开放新格局，为实现“两个一百年”奋斗目标、实现中华民族伟大复兴打下坚实的物质基础。正像习近平总书记指出的：只要国内外大势没有发生根本变化，坚持以经济建设为中心就不能也不应该改变。这是坚持党的基本路线100年不动摇的根本要求，也是解决当代中国一切问题的根本要求。

毫不动摇地坚持四项基本原则。坚持社会主义道路、坚持人民民主专政、坚持中国共产党的领导、坚持马列主义毛泽东思想，这四项基本原则是我们的立国之本，是党和国家生存发展的政治基石。毫不动摇地坚持四项基本原则，核心是坚持中国共产党的领导，坚持和加强党的全面领导。只有社会主义才能救中国，只有中国特色社会主义才能发展中国，这是历史的结论、人民的选择。中国特色社会主义最本质的特征是中国共产党领导，中国特色社会主义制度的最大优势是中国共产党领导，党是最高政治领导力量。要坚持党政军民学、东西南北中，党是领导一切的，把党的领导贯彻和落实到党和国家事业各个领域各个方面，必须增强“四个意识”，自觉维护党中央的权威和集中统一领导，提高党把方向、谋大局、定政策、促改革的能力，确保党始终总览全局、协调各方。要牢固树立道路自信、理论自信、制度自信、文化自信，真正做到“千磨万击还坚劲，任尔东西南北风”。国家一切权力属于人民，要发展社会主义民主政治，用制度体系保证人民当家作主。全党要用邓小平理论、“三个代表”重要思想、科学发展观、习近平新时代中国特色社会主义思想和党的基本路线统一思想，统一行动，并且毫不动摇地长期坚持下去。

毫不动摇地坚持改革开放。改革开放是强国之路，只有改革开放才能发展中国、发展社会主义、发展马克思主义。改革开放是当代中国最鲜明的特色，是当代中国发展进步的活力之源。改革开放只有进行时，没有完成时。面对国际形势发生深刻复杂变化带来的新挑战和当前我国发展面临的一系列突出矛盾和问题，必须毫不动摇地坚持改革开放，完善和发展中国特色社会主义制度，推进国家治理体系和治理能力现代化。坚定不移地全面深化改革，需要更加注重改革的系统性、整体性、协调性，充分发挥和尊重群众首创精神，敢于涉深水区、啃硬骨头，坚决破除一切不合时宜的思想观念和体制机制弊端，突破利益固化的藩篱，向积存多年的顽瘴痼疾开刀。坚定不移地实施对外开放基本国策，主动参与和推动经济全球化进程，发展更高层次的开放型经济，推动形成全面开放新格局。要全面提高对外开放水平，吸收人类文明有益成果，促进中国与世界联系的不断扩大，促进中国以更自信的胸怀面对世界，与世界各国共同分享发展机遇、应对挑战、创造辉煌。要发扬自力更生、艰苦创业的奋斗精神，大力推进理论创新、实践创新、制度创新、科技创新以及各领域的创新，永不僵化、永不停滞，把改革开放和中国特色社会主义伟大事业不断推向前进。

处于中国特色社会主义新时代，深刻领会牢牢坚持党的基本路线不动摇，具有非常重要的理论和实践意义。

坚持党的基本路线是新时代正确认识历史方位、坚定中国特色社会主义方向的根本保证。中国特色社会主义是中国共产党和中国人民团结的旗帜、奋进的旗帜、胜利的旗帜，能不能坚持决定我们的兴衰成败。毫不动摇地坚持中国特色社会主义道路，最根本的就是要坚定不移地贯彻党的基本路线。党的基本路线立足社会主义初级阶段的最大国情、最大实际，准确把握经济社会发展的客观要求，积极顺应了人民对美好生活的向往，体现了当代中国发展进步的根本方向，容不得半点怀疑和动摇。

坚持党的基本路线是新时代更好担负伟大使命、实现伟大梦想的根本保证。中国共产党人的初心和使命，就是为中国人民谋幸福，为中华民族谋复兴。全党必须准备付出更为艰巨、更为艰苦的努力。这就要求我们既要看到已取得的伟大成就、发生的伟大变革，又要看到人民日益增长的美好生活需要同不平衡不充分的发展之间的矛盾。要清醒地看到中国虽然经济总量已经稳居世界第二，但人均水平还很低，发展任务仍十分艰巨，要集中精力把经济建设搞上去、把人民生活搞上去，还要不断深化改革，破解新问题、新课题。既要看到中国的机遇，又要看到必须有效应对重大挑战、抵御重大风险、克服重大阻力、解决重大矛盾。要进行具有许多新的历史特点的伟大斗争，我们必须振奋精神，踔厉前行，绝不能贪图享受、消极懈怠、回避矛盾，绝不能对错误思想、不当言行放松纵容、养痈遗患。

坚持党的基本路线是新时代推进党的建设新的伟大工程的根本保证。中国共产党作为中国特色社会主义事业的领导核心，打铁必须自身硬。“四个伟大”紧密联系、相互贯通、相互作用，其中起决定性作用的是党的建设新的伟大工程。高度认同基本路线，则贬低改革开放和社会主义现代化建设成就的错误思潮就没有空间；高度认同基本路线，则夸大发展中存在的问题，不能正确指出这些问题的成因和解决办法，怀疑甚至反对改革开放的声音就没有市场。领导干部特别是高级领导干部高度认同、善于运用基本路线，党的团结统一、中央权威就能够实现；广大党员高度认同、善于运用基本路线，党对中国特色社会主义事业的凝聚就能实现。总之，只有坚持党的基本路线，严明党的政治纪律和政治规矩，党的建设才能扎实推进，我们党才能成为始终走在时代前列、人民衷心拥护、勇于自我革命、经得起各种风浪考验、朝气蓬勃的马克思主义执政党。

牢牢坚持党在社会主义初级阶段的基本路线，必须旗帜鲜明地反对和抵制一切违背党的基本路线的错误言行。党的基本路线关系党和国家事业发展全局的大方向、大原则和大战略，内部体现为“一个中心、两个基本点”的有机统一，外部体现为与党的基本理论、基本纲领、基本经验、基本要求的有机统一。因此，坚持党的基本路线，既要坚持其思想精髓和精神实质，保证其内在统一，贯彻始终；也要坚持其与党的基本理论、基本纲领、基本经验、基本要求所共同决定的党和国家事业的大方向、大原则和大战略。坚持党的基本路线的关键在于保证用党的基本路线统一全党的意志和行动，巩固党的领导、巩固中国特色社会主义、巩固改革开放大政方针及其所取得的成果。党的十八届六中全会通过的《关于新形势下党内政治生活的若干准则》要求，全体党员在坚决捍卫党的基本路线中，除了自身要不断提高认识、强化实践外，还要在思想和行动上旗帜鲜明地反对和抵制一切违背、歪曲、否定党的基本路线的错误言行。

第五章　中国特色社会主义经济建设

第一节　中国特色社会主义经济建设理论

改革开放以来，特别是党的十八大以来，中国共产党团结带领全国各族人民大力推进社会主义经济建设，创造性地提出了关于中国经济发展的一系列重大理论观点，形成了中国特色社会主义经济理论，建立了中国特色社会主义经济制度，为中国经济发展提供了根本遵循和制度保障。

一、中国特色社会主义经济理论

中国特色社会主义经济理论，是马克思主义政治经济学基本原理与中国经济建设实际相结合的产物。早在社会主义建设初期的探索中，中国共产党就提出了发展社会主义经济的一系列独创性理论观点。在改革开放新的伟大实践中，党创造性提出了关于社会主义本质的理论、关于经济体制改革的理论、关于社会主义初级阶段基本经济制度的理论、关于社会主义基本分配制度的理论、关于社会主义市场经济的理论、关于对外开放的理论等许多重要理论成果，有力指导了我国的经济社会发展，丰富和发展了马克思主义政治经济学。

党的十八大以来，党紧密结合时代和实践的要求，围绕发展中国特色社会主义经济，观大势、谋全局，自觉认识和遵循经济发展规律，提出了一系列新的重大战略思想和重要理论观点，形成了以新发展理念为主要内容的习近平新时代中国特色社会主义经济思想。这一思想是中国特色社会主义政治经济学的最新成果，是具有中国特色、中国风格、中国气派的21世纪马克思主义政治经济学，开辟了马克思主义政治经济学发展的新境界，为引领中国经济向高质量发展阶段迈进提供了根本遵循。

一是关于加强党对经济工作的集中统一领导的理论。经济工作是中国特色社会主义建设的中心工作，党的领导要在中心工作中得到充分体现。在经济工作中坚持党的集中统一领导，有利于集思广益、凝聚共识，有利于调动各方面积极性、形成合力，为更好地开展其他方面工作提供支持和保障。改革开放40多年来，我国经济社会发展之所以能够取得举世瞩目的巨大成就，是同我们坚定不移坚持党对经济工作的集中统一领导、充分发挥各级党组织和全体党员的作用分不开的。面对风云变幻的世界经济大潮，中国共产党要团结带领14亿多人民全面建成小康社会，必须在经济工作中毫不动摇、百折不挠贯彻落实党中央的决策部署，必须创新党领导经济社会发展的观念、体制、方式方法，提高党把握方向、谋划全局、提出战略、制定政策、推进改革的能力，为经济发展的航船定好方向、掌好舵。

二是关于坚持以人民为中心的发展理论。人民性是马克思主义最鲜明的品格。发展为了人民，是马克思主义政治经济学的根本立场。马克思、恩格斯指出，“无产阶级的运动是绝大多数人的，为绝大多数人谋利益的独立的运动”，在未来社会，生产将以所有人的富裕为目的，“所有人共同享受大家创造出来的福利”。以人民为中心的发展思想，体现了党全心全意为人民服务的根本宗旨，体现了人民是推动发展的根本力量的唯物史观。践行以人民为中心的发展思想，要求在部署经济工作、制定经济政策、推动经济发展时，把增进人民福祉、促进人的全面发展、朝着共同富裕方向稳步前进作为经济发展的出发点和落脚点。

三是关于用新发展理念统领发展全局的理论。理念是行动的先导，一定的发展实践都是由一定的发展理念来引领的。创新、协调、绿色、开放、共享的新发展理念，是在深刻总结国内外发展经验教训的基础上形成的，集中反映了党对经济发展规律的新认识，同马克思主义政治经济学的基本观点相通。坚持创新发展、协调发展、绿色发展、开放发展、共享发展，是当前和今后一个时期我国发展的总要求和大趋势，是关系我国发展全局的一场深刻变革。

四是关于经济发展新常态的理论。党的十八大以来，我国经济从高速增长转为中高速增长，经济结构不断优化升级，经济增长动力从要素驱动、投资驱动转向创新驱动，经济呈现出新常态。经济新常态是一个客观状态，并没有好坏之分。经济发展进入新常态，是我国经济发展阶段性特征的必然反映，是我国经济向形态更高级、分工更优化、结构更合理的阶段演进的必经过程，既没有改变我国发展仍处于可以大有作为的重要战略机遇期的判断，也没有改变我国经济发展总体向好的基本面。认识新常态，适应新常态，引领新常态，是当前和今后一个时期我国经济发展的大逻辑。

五是关于社会主义市场经济改革的理论。社会主义市场经济，是社会主义基本制度和市场经济的有机结合。社会主义的制度优势为市场经济健康发展开辟了广阔空间，市场经济的发展也推动着社会主义制度进一步趋于完善和巩固。坚持社会主义市场经济改革方向，不仅是经济体制改革的基本遵循，也是全面深化改革的重要依托，其核心问题是处理好政府和市场的关系，使市场在资源配置中起决定性作用同时又要更好的发挥政府作用。市场起决定性作用，是从总体上讲的，不能盲目绝对地讲市场起决定性作用，而是要讲辩证法、两点论。“看不见的手”和“看得见的手”都要用好，关键是加快转变政府职能，该放给市场和社会的权一定要放足、放到位，该政府管的事一定要管好、管到位。

六是关于供给侧结构性改革的理论。我国经济发展虽然面临周期性、总量性问题，但最突出的是结构性问题，矛盾的主要方面在供给侧。坚持适应我国经济发展主要矛盾变化完善宏观调控，就要坚持以供给侧结构性改革为主线，努力实现供求关系新的动态均衡。供给侧和需求侧是管理和调控宏观经济的两个基本手段。二者不是非此即彼、一去一存的替代关系，而是要相互配合、协调推进。纵观世界经济发展史，经济政策以供给侧为重点还是以需求侧为重点，要依据一国宏观经济形势作出抉择。我国经济运行面临突出矛盾和问题的根源是重大结构性失衡，这就决定了必须把推进供给侧结构性改革作为经济工作的主线。从政治经济学的角度看，供给侧结构性改革的根本，是使我国供给能力更好满足广大人民日益增长、不断升级和个性化的物质文化和生态环境需要，从而实现社会主义生产目的。

七是关于经济发展战略的理论。改革开放以来，我国经济在快速发展并取得巨大成就的同时，区域和城乡发展不平衡、经济发展和生态保护不协调、科技创新发展不充分等问题也逐渐凸显。坚持问题导向，制定实施经济发展战略，既是保持经济持续健康发展的要求，也是处理好新时代我国社会主要矛盾的要求。国际经济竞争是综合国力竞争，说到底就是创新能力的竞争。抢占科技和产业制高点，推动我国从经济大国走向经济强国，要坚定不移地实施科教兴国战略、人才强国战略和创新驱动发展战略。实现区域协调发展、城乡协调发展、经济可持续发展，必须坚定不移地实施乡村振兴战略、区域协调发展战略和可持续发展战略。统筹经济建设和国防建设，实现强军目标，必须坚定不移地实施军民融合战略。

八是关于坚持正确工作策略和方法的理论。做好经济工作，既要满怀创业热情，又要讲究工作方法策略。稳中求进的工作总基调是治国理政的重要原则，也是做好经济工作的方法论。“稳”和“进”相互促进，经济社会才会平衡，才能为调整经济结构和深化改革开放创造稳定的宏观经济环境。要坚持底线思维，既要充分肯定我国经济社会发展取得的成绩，看到我国经济社会发展基本面长期趋好的态势，也要看到国际国内各种不利因素的长期性、复杂性、曲折性，不回避矛盾，不掩盖问题，从坏处准备，争取最好的结果，牢牢把握主动权。

二、中国特色社会主义经济制度

经济制度体现一定社会形态中最基本、最本质的经济关系，经济体制主要指在经济制度基础上经济运行的具体形式。经济制度和经济体制是内容和形式的关系。经济制度是经济体制建立的前提和基础，经济体制反作用于经济制度。经济制度的选择取决于一国生产力发展水平和具体的社会经济条件。中国特色社会主义经济制度，主要包括以下三个方面。

一是社会主义初级阶段基本经济制度。基本经济制度是指一国的生产资料所有制形式与结构，是生产关系的核心内容，决定了一国经济的基本性质和发展方向。中国仍处于并将长期处于社会主义初级阶段，这是我国的基本国情和最大的实际。我国现阶段实行的是以公有制为主体、多种所有制经济共同发展的基本经济制度。这个基本经济制度，是中国特色社会主义制度的重要支柱，也是社会主义市场经济体制的根基。公有制主体地位不能动摇，国有经济主导作用不能动摇，这是保证我国各族人民共享发展成果的制度性保证，也是巩固党的执政地位、坚持我国社会主义制度的重要保证。公有制经济和非公有制经济都是社会主义市场经济的重要组成部分，是我国经济社会发展的重要基础。必须毫不动摇地巩固和发展公有制经济，坚持公有制主体地位，发挥国有经济的主导作用，不断增强国有经济活力、控制力、影响力。必须毫不动摇地鼓励、支持、引导非公有制经济发展，激发非公有制经济的活力和创造力。

二是社会主义初级阶段的收入分配制度。收入分配制度是有关国民收入如何在不同经济主体和个人之间进行分配的制度总和。以按劳分配为主体，多种分配方式并存，是我国社会主义初级阶段的收入分配制度。现阶段，要坚持按劳分配原则，完善按要素分配的体制机制，促进收入分配更合理、更有序。鼓励勤劳守法致富，扩大中等收入群体，增加低收入者收入，调节过高收入，取缔非法收入。坚持在经济增长的同时实现居民收入同步增长，在劳动生产率提高的同时实现劳动报酬同步提高。拓宽居民劳动收入和财产性收入渠道。履行好政府再分配调节职能，加快推进基本公共服务均等化，缩小收入分配差距。

三是社会主义市场经济体制。市场经济体制，是指以市场为配置资源基本手段的一种经济体制。经过改革开放以来的不断探索，我国已基本建立了社会主义市场经济体制。社会主义市场经济体制是适应我国现阶段基本经济制度的经济体制形式。一方面，在多种所有制经济并存的商品交换关系下，价值规律仍然发挥作用，市场配置资源是最有效的形式；另一方面，要坚持党的领导，更好发挥政府作用。社会主义市场经济本质上是法治经济，使市场在资源配置中起决定性作用和更好的发挥政府作用，必须以保护产权、维护契约、统一市场、平等交换、公平竞争、有效监管为基本导向，完善社会主义市场经济法律制度。

三、中国经济由高速增长转向高质量发展

（一）我国经济已由高速增长阶段转向高质量发展阶段

新时代我国经济发展的基本特征，是由高速增长阶段转向高质量发展阶段。高质量发展，集中体现了坚持以提高发展质量和效益为中心，是为了更好地满足人民日益增长的美好生活需要的发展，是体现新发展理念的发展。更通俗地说，高质量发展，就是从“有没有”转向“好不好”。推动高质量发展，对于我国发展全局具有重大现实意义和深远历史意义。

推动高质量发展是保持经济持续健康发展的必然要求。过去，粗放型经济发展方式在我国发挥了很大作用，加快了我国经济发展步伐，但现在再按照过去那种粗放型经济发展方式来做，不仅国内条件不支持，国际条件也不支持，是不可持续的。如今，我国一年的经济增量，就相当于一个中等发达国家的经济规模。由于体量和基数变大，每增长一个百分点，在保就业、惠民生方面的效应明显增大，同时，每增长一个百分点，对资源环境的消耗也成倍增加。中国经济既“做不到”也“受不了”像过去那样的高速增长。我国正处于转变经济发展方式的关键阶段，劳动力成本上升，资源环境约束增大，粗放的发展方式难以为继，经济循环不畅问题十分突出。同时，世界新一轮科技革命和产业革命方兴未艾、多点突破。我们必须推动高质量发展，以适应科技新变化、人民新需要，形成优质高效多样化的供给体系，提供更多优质产品和服务。这样，供求才能在新的水平上实现均衡，我国经济才能持续健康发展。

推动高质量发展是适应我国社会主要矛盾变化的必然要求。我国社会主要矛盾发生了重大变化，我国经济发展阶段也在发生历史性变化。我们要重视量的增长，但更要重视解决质的问题，在质的大幅提升中实现量的有效增长。解决我国社会主要矛盾，必须推动高质量发展。通过高质量发展，实现产业体系更加完整，生产组织方式网络化、智能化，创新力、需求捕捉力、品牌影响力、核心竞争力不断增强，产品和服务质量不断提高，更好地满足人民群众个性化、多样化、不断升级的需求。

推动高质量发展是遵循经济规律发展的必然要求。有关研究表明，20 世纪 60 年代以来，全球 100 多个中等收入经济体中只有十几个成为高收入经济体。那些取得成功的国家和地区，就是在经历高速增长阶段后实现了经济发展从量的扩张转向质的提高。那些徘徊不前甚至倒退的国家和地区，就是没有实现这种根本性转变。经济发展是一个螺旋式上升的过程，上升不是线性的，量积累到一定阶段，必须转向质的提升，我国经济发展也要遵循这一规律。通过高质量发展，实现投资有回报、企业有利润、员工有收入、政府有税收，实现生产、流通、分配、消费循环通畅，国民经济重大比例关系和空间布局比较合理，经济发展比较平衡，不出现大的起落，逐步进入高收入经济体行列。

在我国这样一个经济和人口规模巨大的国家，从高速增长阶段转向高质量发展阶段并不容易，不可能一夜之间就实现。一方面，必须跨越非常规的我国经济发展现阶段特有的关口，要着重打好防范化解重大风险、精准脱贫、污染防治三大攻坚战。这些关口特别是防范化解金融风险的关口过不去，全面建成小康社会就会失去前提条件。另一方面，必须跨越常规性的长期性的关口，大力转变经济发展方式、优化经济结构、转换增长动力，特别是要净化市场环境，提升人力资本素质，增强国家治理能力。这个关口过不去，提前 15 年基本实现社会主义现代化的目标就会落空，到 21 世纪中叶全面建成社会主义现代化强国的目标就难以实现。要增强跨越关口的紧迫感和责任感，统筹做好跨越关口的顶层设计，把各项工作做好做实。

（二）以创新、协调、绿色、开放、共享发展理念统领发展全局

面对全面建成小康社会决胜阶段复杂的国内外形势，面对经济社会发展的新趋势、新机遇和新矛盾、新挑战，党的十八届五中全会坚持以人民为中心的发展思想，提出了创新、协调、绿色、开放、共享的新发展理念。新发展理念是中国共产党关于发展理论的重大升华，是习近平新时代中国特色社会主义经济思想的主要内容。

新发展理念立足于当前我国的新发展环境、新发展条件，是符合我国国情、顺应时代潮流、厚植发展优势的重大抉择，同时也具有战略性、纲领性、引领性。我们要深入理解、准确把握其科学内涵。

创新是引领发展的第一动力。发展动力决定发展速度、效能、可持续性。坚持创新发展，是应对发展环境变化、增强发展动力、把握发展主动权，更好引领新常态的根本之策。对我国这么大体量的经济体来讲，如果动力问题解决不好，要实现经济持续健康发展是难以做到的。抓住了创新，就抓住了牵动经济社会发展全局的关键。坚持创新发展，就是把创新摆在国家发展全局的核心位置，不断推进理论创新、制度创新、科技创新、文化创新等各方面创新，让创新贯穿党和国家一切工作，让创新在全社会蔚然成风。

协调是持续健康发展的内在要求。协调既是发展手段又是发展目标，同时还是评价发展的标准和尺度；协调既要着力破解难题、补齐短板，又要考虑巩固和厚植原有优势；协调发展不是搞平均主义，而是更注重发展机会公平、更注重资源配置均衡；协调发展就是找出短板，在补齐短板上多用力，通过补齐短板挖掘发展潜力、增强发展后劲。坚持协调发展，要着力推动区域协调发展、城乡协调发展、物质文明和精神文明协调发展，推动经济建设和国防建设融合发展。

绿色是永续发展的必要条件。人类发展活动必须尊重自然、顺应自然、保护自然，否则就会遭到大自然的报复，这个规律谁也无法抗拒。绿色发展，就是要解决好人与自然的和谐共生问题，坚定走生产发展、生活富裕、生态良好的文明发展道路，加快建设资源节约型、环境友好型社会，形成人与自然和谐发展的现代化建设新格局，推进美丽中国建设。

开放是国家繁荣发展的必由之路。开放就是要顺应经济全球化潮流，充分运用人类社会创造的先进科学技术成果和有益管理经验。现在搞开放发展，面临的国际国内形势同以往有很大不同，总体上有利因素更多，但也面临更深层次的风险和挑战。坚持开放发展，就要奉行互利共赢的开放战略，坚持内外需协调、进出口平衡、引进来和走出去并重、引资和引技、引智并举，发展更高层次的开放型经济，积极参与全球经济治理和公共产品供给，提高我国在全球经济治理中的制度性话语权，构建广泛的利益共同体。

共享是中国特色社会主义的本质要求。其内涵主要有四个方面。一是全民共享，即共享发展是人人享有、各得其所，不是少数人共享、一部分人共享。二是全面共享，即共享发展就要共享国家经济、政治、文化、社会、生态文明各方面建设成果，全面保障人民在各方面的合法权益。三是共建共享，即只有共建才能共享，共建的过程也是共享的过程。四是渐进共享，即共享发展必将有一个从低级到高级、从不均衡到均衡的过程，即使达到很高的水平也会有差别。坚持共享发展，就要不断把“蛋糕”做大，又把不断做大的“蛋糕”分好，让人民群众有更多获得感。

创新、协调、绿色、开放、共享的发展理念，相互贯通、相互促进，是具有内在联系的集合体。创新注重的是解决发展动力问题，协调注重的是解决发展不平衡问题，绿色注重的是解决人与自然和谐问题，开放注重的是解决发展内外联动问题，共享注重的是解决社会公平正义问题。我们应从整体上把握新发展理念，努力提高统筹贯彻新发展理念的能力和水平，推动现代化经济体系建设。

第二节 中国特色社会主义经济建设路径

一、建设现代化经济体系的内涵、任务

（一）建设现代化经济体系的内涵和任务

国家强，经济体系必须强。建设现代化经济体系是我国发展的战略目标，也是转变经济发展方式、优化经济结构、转换经济增长动力的迫切要求。只有形成现代化经济体系，才能更好地顺应现代化发展潮流，赢得国际竞争的主动性，也才能为其他领域的现代化提供有力支撑。这是党中央从党和国家事业全局出发，着眼于实现“两个一百年”奋斗目标、顺应中国特色社会主义进入新时代的新要求做出的重大决策部署。十九大报告首次提出现代化经济体系后，外界对于什么是现代化经济体系、怎样建设现代化经济体系格外关注。2018 年 1 月 30 日，习近平主持中共中央政治局建设现代化经济体系集体学习时强调：“建设现代化经济体系是一篇大文章，既是一个重大理论命题，更是一个重大实践课题，需要从理论和实践的结合上进行深入探讨。”现代化经济体系，其“体系”二字就说明了这是一个整体，不是单一的而是复合的。现代化经济体系是一个由经济发展的目标、主线、驱动力、支撑条件、产业体系、体制基础、着力点组成的经济发展系统，是以创新、协调、绿色、开放、共享的新发展理

念为指导的经济发展方式。

现代经济体系主要包括七个方面的建设：一是建设创新引领、协同发展的产业体系，实现实体经济、科技创新、现代金融、人力资源协同发展，使科技创新在实体经济发展中的贡献份额不断提高，现代金融服务实体经济的能力不断增强，人力资源支撑实体经济发展的作用不断优化。二是建设统一开放、竞争有序的市场体系，实现市场准入畅通、市场开放有序、市场竞争充分、市场秩序规范，加快形成企业自主经营、公平竞争，消费者自由选择、自主消费，商品和要素自由流动、平等交换的现代市场体系。三是建设体现效率、促进公平的收入分配体系，实现收入分配合理、社会公平正义、全体人民共同富裕，推进基本公共服务均等化，逐步缩小收入分配差距。四是建设彰显优势、协调联动的城乡区域发展体系，实现区域良性互动、城乡融合发展、陆海统筹整体优化，培育和发挥区域比较优势，加强区域优势互补，塑造区域协调发展新格局。五是建设资源节约、环境友好的绿色发展体系，实现绿色循环低碳发展、人与自然和谐共生，牢固树立和践行绿水青山就是金山银山的理念，形成人与自然和谐发展的现代化建设新格局。六是建设多元平衡、安全高效的全面开放体系，发展更高层次的开放型经济，推动开放朝着优化结构、拓展深度、提高效益方向转变。七是建设充分发挥市场作用、更好发挥政府作用的经济体制，实现市场机制有效、微观主体有活力、宏观调控有度的目标。以上七个方面是统一的整体，要一体建设、一体推进。只有形成符合中国国情、具有中国特色的现代化经济体系，才能更好地顺应现代化发展潮流，赢得国际竞争主动，为其他领域的现代化提供有力支撑，为实现人民对美好生活的向往打下更为坚实而强大的物质基础。

推动高质量发展，建设现代化经济体系，必须牢牢把握高质量发展的要求，坚持质量第一、效率优先，以供给侧结构性改革为主线，推动经济发展质量变革、效率变革、动力变革，提高全要素生产率，着力加快建设实体经济、科技创新、现代金融、人力资源协同发展的产业体系，着力构建市场机制有效、微观主体有活力、宏观调控有度的经济体制，不断增强我国经济创新力和竞争力。

建设现代化经济体系，需要扎实管用的政策举措和行动，要突出抓好以下几方面工作。

一是要大力发展实体经济，筑牢现代化经济体系的坚实基础。实体经济是一国经济的立身之本，是财富创造的根本源泉，是国家强盛的重要支柱。要深化供给侧结构性改革，加快发展先进制造业，推动互联网、大数据、人工智能同实体经济深度融合，推动资源要素向实体经济集聚、政策措施向实体经济倾斜、工作力量向实体经济加强，营造脚踏实地、勤劳创业、实业致富的发展环境和社会氛围。

二是要加快实施创新驱动发展战略，强化现代化经济体系的战略支撑，加强国家创新体系建设，强化战略科技力量，推动科技创新和经济社会发展深度融合，塑造更多依靠创新驱动、更多发挥先发优势的引领型发展。培养造就一大批具有国际水平的战略科技人才、科技领军人才、青年科技人才和高水平创新团队。

三是要积极推动城乡区域协调发展，优化现代化经济体系的空间布局，实施好区域协调发展战略，推动京津冀协同发展和长江经济带发展，同时协调推进粤港澳大湾区发展。要加大力度支持革命老区、民族地区、边疆地区、贫困地区加快发展，强化举措，推进西部大开发形成新格局，深化改革，加快东北等老工业基地振兴，发挥优势，推动中部地区崛起，创新引领率先实现东部地区优化发展，建立更加有效的区域协调发展新机制。坚持陆海统筹，加快建设海洋强国。

四要实施乡村振兴战略，夯实现代化经济体系的重要基础。乡村振兴是一盘大棋，要把这盘大棋走好，必须坚持走中国特色社会主义乡村振兴之路，让农业成为有奔头的产业，让农民成为有吸引力的职业，让农村成为安居乐业的美丽家园。建立健全城乡融合发展体制机制和政策体系，加快推进农业和农村现代化。巩固和完善农村基本经营制度，深化农村土地制度改革，完善承包地“三权”分置制度。深化农村集体产权制度改革，保障农民财产权益，壮大集体经济。确保国家粮食安全，把中国人的饭碗牢牢端在自己手中。构建现代农业产业体系、生产体系、经营体系，健全农业社会化服务体系，促进农村一二三产业融合发展，健全自治、法治、德治相结合的乡村治理体系。

五要着力发展开放型经济，提高现代化经济体系的国际竞争力，更好地利用全球资源和市场，继续积极推进“一带一路”框架下的国际交流合作。

六要深化经济体制改革，完善现代化经济体系的制度保障。加快完善社会主义市场经济体制，坚决破除各方面体制机制弊端，激发全社会创新创业活力。要完善各类国有资产管理体制，促进国有资产保值增值，推动国有资本做强做优做大；深化国有企业改革，发展混合所有制经济，培育具有全球竞争力的世界一流企业；支持民营企业发展，激发各类市场主体活力。深化商事制度改革，全面实施市场准入负面清单制度，加快要素价格市场化改革，完善市场监管体制。创新和完善宏观调控，发挥国家发展规划的战略导向作用，健全财政、货币、产业、区域、消费、投资等经济政策协调机制，加快建立现代财政制度，深化税收制度改革，深化金融体制改革。

（二）深化供给侧结构性改革

贯彻新发展理念、建设现代化经济体系必须坚持供给侧结构性改革。供给和需求是市场经济内在关系的两个基本方面，是对立统一的辩证关系，二者你离不开我、我离不开你，相互依存、互为条件。没有需求，供给就无从实现，新的需求可以催生新的供给；没有供给，需求就无法满足，新的供给可以创造新的需求。供给侧管理和需求侧管理是调控宏观经济的两个基本手段。需求侧管理，重在解决总量性问题；供给侧管理，重在解决结构性问题。当前和今后一个时期，我国经济发展面临的问题，供给和需求两侧都有，但矛盾的主要方面在供给侧。比如，我国一些行业和产业产能严重过剩，同时，大量关键装备、核心技术、高端产品还依赖进口；我国农业发展形势很好，但一些农产品供给没有很好适应需求变化；一些有大量购买力支撑的消费需求，在国内得不到有效供给，消费者将大把钞票花费在出境购物、“海淘”购物上；等等。事实证明，我国不是需求不足，或没有需求，而是需求变了，供给的产品却没有变，质量、服务跟不上。有效供给能力不足带来大量“需求外溢”，消费能力严重外流。解决这些结构性问题，必须从供给侧发力，找准在世界供给市场上的定位；必须把改善供给侧结构作为主攻方向，实现由低水平供需平衡向高水平供需平衡跃升。说到底，供给侧结构性改革的根本，就是要使我国供给能力更好地满足广大人民日益增长的美好生活需要。2016 年的 G20 杭州峰会将“结构性改革”写入成果文件，列入全球经济治理行动指南。国际社会普遍认为，中国已经成为全球结构性改革的引领者。

坚持质量第一、效益优先，以供给侧结构性改革为主线，推动经济发展质量变革、效率变革、动力变革，提高全要素生产率。只有推进供给侧结构性改革，提高供给体系质量，适应新需求变化，才能在更高水平上实现供求关系新的动态均衡，推动高质量发展。

一是推进增长动能转换，以加快发展先进制造业为重点全面提升实体经济。要推动产业优化升级，加快发展先进制造业，推动互联网、大数据、人工智能和实体经济深度融合，在中高端消费、创新引领、绿色低碳、共享经济、现代供应链、人力资本服务等领域培育新增长点、形成新动能。要支持传统产业优化升级，瞄准国际先进标准提升产品技术、工艺装备能效环保水平，增强制造业基础工艺、基础材料和基础零部件制造能力，提高传统产业的产品品质和附加值。加强水利、铁路、公路、水运、航空、管道、电网、信息、物流等基础设施网络建设，发挥一体化网络效应，强化基础体系的支撑作用。推进中国制造向中国创造转变，中国速度向中国质量转变，制造大国向制造强国转变。

二是深化要素市场化配置改革，实现由以价取胜向以质取胜的转变。破除无效供给，把处置“僵尸企业”作为重要抓手，推动化解过剩产能；调整产业结构，淘汰落后产能。培育新动能，强化科技创新，推动传统产业优化升级，培育一批具有创新能力的“排头兵”企业，积极推进军民融合深度发展。降低实体经济成本，降低制度性交易成本，继续清理涉企收费，加大对乱收费的查处和整治力度，深化电力、石油天然气、铁路等行业改革，降低用能、物流成本。优化存量资源配置，提质升级存量供给，扩大优质增量供给，在各行各业开展产品质量、工程质量和服务质量提升行动，显著增强我国经济质量优势。

三是加大人力资本培育力度，更加注重调动和保护人的积极性。人是生产力中最活跃的因素。高素质的企业家、工匠和劳模是推动供给侧结构性改革、振兴实体经济发展的重要力量。要塑造良好社会文化生态，营造鼓励创新、终生学习和勇于冒险的社会氛围，厚植企业家精神土壤；厘清政府、市场边界，拓展企业家精神生长空间，激发和保护企业家精神。要建设知识型、技能型、创新型劳动者大军。要弘扬劳模精神和工匠精神，营造劳动光荣的社会风尚和精益求精的敬业风气。

四是持续推进“三去一降一补”，优化市场供求结构。坚持去产能、去库存、去杠杆、降成本、补短板，优化存量资源配置，扩大优质增量供给。继续推动钢铁、煤炭等行业化解过剩产能。完善房地产调控措施，因地因城去库存，优化房地产市场供求关系，加快建立健全房地产基础性制度和长效机制。打好防范化解重大风险攻坚战，积极稳妥去杠杆，重点控制宏观杠杆率，促进形成金融和实体经济、金融和房地产、金融体系内部的良性循环，防范化解金融风险，有效控制国有企业债务和地方政府债务风险。加大减税、降费力度，降低要素成本和物流成本，切实降低企业负担。增强微观主体内生动力，扎实有效补短板。

二、完善社会主义市场经济体制的两个问题

（一）坚持两个毫不动摇

改革开放以来，我们党立足我国的基本国情，总结社会主义建设的经验教训，坚持不懈地探索适应社会主义初级阶段要求的所有制结构。党的十六大进一步丰富了基本经济制度的内涵，指出，“必须毫不动摇地巩固和发展公有制经济，同时，必须毫不动摇地鼓励、支持和引导非公有制经济发展”，俗称“两个毫不动摇”。党的十八届三中全会在“两个毫不动摇”的基础上提出了“两个都是”，即公有制经济和非公有制经济都是社会主义市场经济的重要组成部分，都是我国经济社会发展的重要基础。党的十九大再次重申“两个毫不动摇”。这表明，我们党在坚持基本经济制度上的观点是明确的、一贯的，而且通过提出“两个毫不动摇”来不断深化和完善。习近平总书记强调：“我们党在坚持基本经济制度上的观点是明确的、一贯的，而且是不断深化的，从来没有动摇。中国共产党党章都写明了这一点，这是不会变的，也是不能变的。”“我们强调把公有制经济巩固好、发展好，同鼓励、支持、引导非公有制经济发展不是对立的，而是有机统一的。”

任何想把公有制经济否定掉或者想把非公有制经济否定掉的观点，都是不符合最广大人民根本利益的，都是不符合我国改革发展要求的，因而都是错误的。

新形势下坚持公有制主体地位，增强国有经济活力、控制力、影响力的一个有效途径和必然选择是发展混合所有制经济，有利于国有资本放大功能、保值增值、提高竞争力。党的十八届三中全会通过的《关于全面深化改革若干重大问题的决定》指出：“国有资本、集体资本、非公有资本等交叉持股、相互融合的混合所有制经济，是基本经济制度的重要实现形式。”改革开放以来，我国的所有制格局已经发生了很大变化，当前，“如何更好地体现和坚持公有制的主体地位，进一步探索基本经济制度有效实现形式，是摆在我们面前的一个重大课题。发展混合经济（股份制经济）可以有两个方向、两种前途：坚持马克思主义为指导，发展公有制控股的混合经济，可以巩固和加强公有制的主体地位，成为基本经济制度的实现形式；以新自由主义为指导，混合经济也可以成为资本主义经济控制、利用社会主义经济的形式，成为私有化的工具。这里决定性的问题在于改革的指导思想，在实际工作中落实下来就是谁控制谁，是公有制经济控制和引导非公有制经济，还是私有经济控制和利用公有经济。

这个问题非同小可，事关我国社会主义前途和命运，必须旗帜鲜明，划清界线，千万不要被新自由主义忽悠了”。

要落实十八届三中全会作出的《中共中央关于全面深化改革若干重大问题的决定》中关于发展“混合经济”的精神，做大做优国有企业应该把握以下原则：

一是国有企业改革采取何种形式不可“一刀切”。国有企业改革的目的，是按照现代企业制度的要求，调整、改革企业内部的不利于激发职工积极性、创造性的组织结构、管理方式、运行机制，以不断增强企业的市场竞争力，不断提高企业的社会效益和经济效益。至于采取什么资本组织形式推进改革来达到这一目的，要根据企业自身的特点来确定，宜“独”则“独”、宜“混”则“混”。

二是发展“混合所有制企业”，应坚持公有资本、私有资本（外资）双向流动。在微观层面落实《中共中央关于全面深化改革若干重大问题的决定》和习近平总书记“三个有利于”讲话精神，发展“混合所有制企业”，关键在于既要推动、引导私有资本进入国有企业和集体所有制企业，又要推动、引导国有资本和集体所有资本进入私有（外资）企业。

三是在公有资本、私有资本（外资）双向流动，组建“混合所有制企业”的过程中，必须注意坚持公有资本、特别是国有资本的主体地位。国有企业敞开大门吸纳私有资本，甚至外资入股，必须保持国有资本的控股地位，特别是在关系国家安全和国民经济命脉的重要行业和领域尤其应该如此；国有资本入股私有企业和外资企业等非公企业，要努力实现或逐步实现对这些非公企业的控股。

四是严格国有企业“混合所有制”改革的审批和验收程序。以公有制为主体是中国特色社会主义的最本质特征，是全国人民实现共富的基本保障，是中国共产党执政的基础。因此，国有企业实施“混合所有制”改革，能否保证整个过程不偏离“三中全会决定”关于“混合所有制”的价值定位，实现习近平同志强调的“三个有利于”，事关中国特色社会主义的命运，事关全国人民的根本利益。

（二）推动资源配置由市场起基础性作用向起决定性作用转换

1. 市场在资源配置中起决定性作用的内涵

1992年党的十四大明确建立社会主义市场经济体制的改革目标，并把社会主义市场经济定义为：市场在国家宏观调控下对资源配置起基础性作用。经过十五大、十六大、十七大直到2012年的十八大，这个理论界定一直是指导我国经济体制市场化改革的指导思想。十八届三中全会将市场对资源配置所起的作用改为决定性作用，同过去所起的基础性作用的相比，可以从市场与政府的调控关系中得到区分。

首先，原来的定义是市场在国家的宏观调控下对资源配置起基础性作用，在这里实际上存在两个层次的调节，即国家调节市场，市场调节资源配置。市场在这里起基础性调节作用。而现在提市场对资源配置起“决定性作用”，意味着不再存在两个层次的调节，市场不再是在政府调节下发挥调节作用，而是自主的对资源配置起决定性作用。

其次，原来政府调控市场的初衷，是通过国家调控市场来实现宏观可控和政府目标，在国家的调控下市场实际上起不到决定性作用。只有在政府不再调控市场机制和市场行为时，市场才能起决定性作用。在这种背景下如果政府要调控宏观经济，只是调控市场运行的结果，即影响宏观经济稳定的价格总水平、就业总水平和利率总水平。在这里，政府是在没有干预市场调节资源配置的前提下，对其产生的宏观结果进行调控。

最后，在原来的市场起基础性作用定义中，政府需要预先调控市场，并时时调控市场。而在市场起决定性作用时，宏观调控不需要时时刻刻的进行，只是在反映宏观经济失衡的失业率和通货膨胀率超过上限或下限时才进行。这就给市场作用留下了很大的空间。其必要性在于，国家宏观调控机制的转换有其客观规律性。国家调控市场的本意，主要有两个方面：一是要求市场调节资源配置能够贯彻社会主义的公平目标。二是贯彻宏观经济总量平衡的目标。而实际效果呢？一方面市场难以贯彻公平目标，另一方面宏观经济依然屡屡失控，再加上国家调控市场所带有明显的主观性和有限理性缺陷，反而使市场调节资源配置受到各种干扰而达不到效率目标。

2. 实现市场在资源配置中起决定性作用的举措

让市场在资源配置中起决定性作用意味着在微观经济范围内，在人、财、物等资源配置中，市场法则或者说价值规律起决定性作用。各类市场主体依据市场规则、遵循市场经济规律办事，市场在资源配置中处于支配地位。

一是市场决定经济活动的全过程。市场起决定性作用的首要表现是让市场在生产、分配、交换、消费等各个环节中处于支配地位，成为经济活动的主导因素。具体来说，就是由市场决定生产什么、生产多少，决定产品和服务的初次分配。当前，我国在生产、建设、流通、消费各个环节，资源配置违背价值规律的要求导致资源低效配置乃至严重浪费的现象较为普遍，人为因素干涉过多，导致市场主体的活力得不到有效释放，经济效益低下。因此，必须让市场在经济活动中处于支配地位，引导经济活动的开展，提高经济活动的质量和效益。

二是市场决定价格形成。价格是市场经济最重要的信号和杠杆，只有把价格的形成机制更多的交给市场，才能使价格信号更加灵敏准确，才能更好地发挥市场对资源配置的决定性作用。目前我国的市场体系还不够完善，主要表现在生产要素和资源产品价格市场化程度不高，存在不同程度的扭曲，这同政府不当干预过多有关。让市场发挥决定性作用意味着要彻底放开市场，充分引入各种资本进入市场，使政府和垄断企业不再操纵价格决定，在保证居民基本需求的基础上全面推进价格改革。通过市场竞争决定大多数商品的价格，构建市场决定价格形成的新机制。

三是市场决定经济运行模式。资源配置过程就是经济运行过程，资源配置方式决定了经济运行模式。让市场在资源配置中起决定性作用就是要按照市场规律、依靠市场机制实现经济的运行。要把资源配置的决定权交给市场，让市场主导经济的运行与发展。在制度建设上，要坚持和完善社会主义市场经济体制，构建完善的市场经济运行模式；在发展方式上，要实现要素驱动、投资驱动向创新驱动的转变，坚持和完善集约式、开放式发展模式，在市场的引导下实现以速度为中心向以效益为中心的转变。

四是更好地发挥政府作用。党的十九大强调，要使市场在资源配置中起决定性作用，更好地发挥政府作用。这个重大判断，有利于在全党全社会进一步树立关于政府和市场关系的正确观念，有利于转变经济发展方式，有利于转变政府职能，有利于抑制消极腐败现象。要更好发挥政府作用，就是说，市场在资源配置中起决定性作用，并不是起全部作用，不是说政府就无所作为，而是必须坚持有所为、有所不为，着力提高宏观调控和科学管理水平。2008 年国际金融危机爆发，既是资本主义基本矛盾激化的结果，也是资本主义市场经济高度依赖市场机制自发作用、极端轻视和削弱政府干预的直接后果。资本主义市场经济严重扭曲了政府与市场的关系，资源配置效率低下，并不像西方经济学教科书里描述得那般美妙。习近平总书记指出：“更好发挥政府作用，不是要更多发挥政府作用，而是要在保证市场发挥决定性作用的前提下，管好那些市场管不了或管不好的事情。”我国实行的是社会主义市场经济体制，仍然要坚持发挥社会主义制度的优越性、发挥党和政府的积极作用。科学的宏观调控、有效的政府治理，是发挥社会主义市场经济体制优势的内在要求。政府的职责和作用主要是保持宏观经济稳定，加强和优化公共服务，保障公平竞争，弥补市场失灵，加强市场监管，维护市场秩序，推动可持续发展，促进共同富裕。

三、推动形成全面开放新格局

（一）全面对外开放的内涵

党的十九大强调，要以“一带一路”建设为重点，坚持“引进来和走出去并重”，遵循“共商共建共享”原则，加强创新能力开放合作，形成陆海内外联动、东西双向互济的开放格局。这一重大工作部署，既包括开放范围扩大、领域拓宽、层次加深，也包括开放方式创新、布局优化、质量提升，具有深远的战略意义。

一是坚持主动开放，把开放作为发展的内在要求，更加积极主动地扩大对外开放。习近平总书记指出：“世界经济的大海，你要还是不要，都在那儿，是回避不了的。想人为切断各国经济的资金流、技术流、产品流、产业流、人员流，让世界经济的大海退回到一个一个孤立的小湖泊、小河流，是不可能的，也是不符合历史潮流的。”

二是坚持双向开放，把“引进来与走出去”更好地结合起来，拓展经济发展空间。对外开放坚持“引进来和走出去”并重，这是开放型经济发展到较高阶段的重要特征，也是更好地统筹国际国内两个市场、两种资源、两类规则的有效途径。

三是坚持全面开放，推动形成陆海内外联动、东西双向互济的开放格局。全面开放体现在开放空间上，就是优化区域开放布局，加大西部开放力度，改变我国对外开放东快西慢、沿海强内陆弱的区域格局，逐步形成沿海内陆沿边分工协作、互动发展的全方位开放新格局。体现在开放举措上，就是推进“一带一路”建设，坚持自主开放与对等开放，加强走出去战略谋划，统筹多、双边和区域开放合作，加快实施自由贸易区战略等。体现在开放内容上，就是大幅度放宽市场准入，进一步放开一般制造业，有序扩大服务业对外开放，扩大金融业双向开放，促进基础设施互联互通。推进全面开放，还要求协同推进战略互信、经贸合作、人文交流。

四是坚持公平开放，构建公平竞争的内外资发展环境。习近平总书记强调，保护外商投资合法权益，凡是在我国境内注册的企业，都要一视同仁、平等对待。公平开放要求改变过去依靠土地、税收等优惠政策招商引资的做法，通过加强法治建设，为外资企业提供公平、透明、可预期的市场环境，实现各类企业依法平等使用生产要素、公平参与市场竞争、同等受到法律保护。公平公正对待包括外商投资企业在内的所有市场主体，努力营造公开透明的法律政策环境、高效的行政环境、平等竞争的市场环境，尤其是保护好知识产权。

五是坚持共赢开放，推动经济全球化朝着普惠共赢方向发展。习近平总书记指出："中国对外开放，不是要一家唱独角戏，而是要欢迎各方共同参与；不是要谋求势力范围，而是要支持各国共同发展；不是要营造自己的后花园，而是要建设各国共享的百花园。"

六是坚持包容开放，探索求同存异、包容共生的国际发展合作新途径。我们的开放，秉持的是"共商共建共享"原则，不是封闭的、排他的，而是开放的、包容的；不是中国一家"独奏"，而是世界各国的"合唱"。我们的开放，主张要维护世界贸易规则，支持开放、透明、包容、非歧视性的多边贸易体制，鼓励各方积极参与和融入，不搞排他性安排，推动建设开放型世界经济。

（二）促进"一带一路"国际合作

推进"一带一路"建设是习近平深刻思考人类前途命运及中国和世界发展大势后所提出的宏伟构想和中国方案。2013 年 9 月和 10 月，习近平在出访中亚和东南亚国家期间，先后提出共建"丝绸之路经济带"和"21 世纪海上丝绸之路"的重大倡议，得到了国际社会的高度关注和积极回应。

习近平指出："以'一带一路'建设为契机，开展跨国互联互通，提高贸易和投资合作水平，推动国际产能和装备制造合作，本质上是通过提高有效供给来催生新的需求，实现世界经济再平衡……有利于稳定当前世界经济形势。"共建"一带一路"符合国际社会的根本利益，彰显人类社会共同理想和美好追求，是国际合作以及全球治理新模式的积极探索，将为世界和平发展增添新的正能量。推进"一带一路"建设既是中国扩大和深化对外开放的需要，也是加强和亚欧非及世界各国互利合作的需要。

中国政府倡议，共建"一带一路"恪守《联合国宪章》的宗旨和原则，坚持开放合作、和谐包容、市场运作、互利共赢。秉持和平合作、开放包容、互学互鉴、互利共赢的理念，全方位推进务实合作，打造政治互信、经济融合、文化包容的利益共同体、命运共同体和责任共同体，以政策沟通、设施联通、贸易畅通、资金融通、民心相通为主要内容加强合作。

中国提出共建"一带一路"倡议以来，开展了积极行动，得到了全球 140 多个国家和 80 多个国际组织的积极支持和参与，联合国大会、联合国安理会通过的重要决议也纳入了“一带一路”建设的相关内容。经贸合作扎实推进，“一带一路”金融合作初具规模，一大批互联互通项目规划实施，各领域人文合作深入开展。2017 年 5 月首届“一带一路”国际合作高峰论坛成功举办，高峰论坛形成涵盖政策沟通、设施联通、贸易畅通、资金融通、民心相通 5 大类、共 76 大项、270 多项具体成果，成为新时期推动全球发展合作的机制化平台。丰硕的成果表明，“一带一路”倡议顺应时代潮流，适应发展规律，符合各国人民利益，具有广阔前景。

“一带一路”建设对推动构建人类命运共同体具有重要的意义和作用。党的十九大提出要以“一带一路”建设为重点，坚持“引进来和走出去并重”，遵循“共商共建共享”原则，加强创新能力开放合作，形成陆海内外联动、东西双向互济的开放格局。一是要坚持“引进来和走出去并重”，深化双向投资合作。“引进来和走出去”是“一带一路”国际合作的重要内容，如同车之两轮、鸟之两翼。坚持两者并重，进一步挖掘双向投资潜力，促进要素自由流动、资源高效配置、金融市场深度融合，为开放性世界经济注入新动能。继续稳步扩大对外投资，鼓励沿线国家来华投资，营造投资合作良好环境，促进贸易双向平衡。二是“坚持共商共建共享”原则。充分尊重各国差异，共同探讨符合各国国情的合作模式；深度对接有关国家和区域发展战略，实现优势互补，协同并进；不断增强各参与方的获得感，充分调动各方面积极性。三是加强创新能力开放合作，主要是加强技术创新合作、理论创新交流互鉴、创新人才资源交流合作。四是把“一带一路”与构建人类命运共同体更加紧密结合起来，与落实《2030 年可持续发展议程》紧密结合起来，打造国际合作新平台，增添共同发展新动力，把“一带一路”建成和平之路、繁荣之路、开放之路、创新之路、文明之路。

（三）全面对外开放的新举措

党的十九大之后，中国改革再出发、开放再扩大的战略布局正在有序展开，习近平总书记在博鳌亚洲论坛 2018 年年会上宣布的“四项新举措”——“大幅度放宽市场准入、创造更有吸引力的投资环境、加强知识产权保护、主动扩大进口”；习近平总书记指出，这些对外开放重大举措，我们将尽快使之落地，宜早不宜迟，宜快不宜慢，努力让开放成果及早惠及中国企业和人民，及早惠及世界各国企业和人民。中国深化改革和扩大开放必将进入一个全新的历史境界，为中国经济持续稳定健康增长提供强大动力和坚实保障。

一是扩大金融业对外开放。作为改革开放的重要领域之一，我国金融业一直在开放中前进。特别是2018年年初以来，金融机构外资持股比例限制获得突破，新一轮对外开放启动并提速。2018年2月24日，《中国银监会外资银行行政许可事项实施办法》增加了包括关于外资法人银行投资设立、入股境内银行业金融机构的许可条件、取消多项业务审批、统一中外资银行市场准入标准等在内的内容。4月11日，时任中国人民银行行长易纲在出席2018年博鳌亚洲论坛时，宣布了多项将在2018年落地的金融业开放措施，包括将取消银行和金融资产管理公司的外资持股比例限制；将证券公司、基金管理公司、期货公司、人身险公司的外资持股比例上限放宽到51%，3年以后不再设限；不再要求合资证券公司境内股东至少有一家是证券公司等。

二是大幅度放宽外商直接投资准入。国家发展改革委、商务部2018年6月28日对外发布《外商投资准入特别管理措施（负面清单）》（2018年版），大幅放开22个领域的外商投资市场准入。6月30日，国家发展改革委、商务部又发布了《自由贸易试验区外商投资准入特别管理措施（负面清单）》（2018年版），将自2018年7月30日起施行。在全球贸易保护主义盛行的背景下，中国按自己的节奏推出负面清单，放宽市场准入，显示了中国对外开放的决心和行动。

三是促进贸易平衡发展，主动扩大进口。习近平主席指出“中国不以追求贸易顺差为目标，真诚希望扩大进口，促进经常项目收支平衡”。从2018年5月1日起，将包括抗癌药在内的所有普通药品、具有抗癌作用的生物碱类药品及有实际进口的中成药进口关税降至零，使我国实际进口的全部抗癌药实现零关税。较大幅度降低抗癌药生产、进口环节增值税税负。

2018年7月1日起，较大幅度降低部分日用消费品进口关税，包括服装鞋帽、家居百货、文体用品类等1449个税目，平均税率由15.9%降到7.1%；家用电器类，平均税率由20.5%降到8%；食品饮料类，平均税率由15.2%降到6.9%；日化用品和医药健康类，平均税率由8.4%降到2.9%。2018年7月1日起，降低汽车整车及零部件进口关税。将汽车整车税率为25%的135个税号和税率为20%的4个税号的税率降至15%，将汽车零部件税率分别为8%、10%、15%、20%、25%的共79个税号的税率降至6%。降税后，我国汽车整车平均税率13.8%，零部件平均税率6%，将有利于促进汽车产业结构调整和转型升级，引导汽车产品提质增效，丰富国内市场供给，满足人民群众多样化需求，给国内消费者带来更丰富更实惠的消费体验。习近平主席指出，“过去40年中国经济发展是在开放条件下取得的，未来中国经济实现高质量发展也必须在更加开放条件下进行。中国开放的大门不会关闭，只会越开越大。”这是中国基于发展需要作出的战略抉择，也是在以实际行动推动经济全球化造福世界各国人民。

第六章　中国特色社会主义社会建设

第一节　中国特色社会主义社会建设理论内容

一、中国特色社会主义社会建设理论

中国特色社会主义社会建设是“五位一体”现代化建设的重要组成部分，是建设中国特色社会主义事业的一项重大任务。在长期的社会主义建设实践中，我国逐步形成和发展了中国特色社会主义社会建设理论和制度。以增进人民福祉为发展的根本目的，以保障和改善民生为重点，不断促进社会公平正义，加强和创新社会治理体制和机制，坚持总体国家安全观，形成有效的社会治理、良好的社会秩序，使人民的获得感、幸福感、安全感更加充实、更有保障、更可持续。

中国特色社会主义社会建设理论是在继承和发展马克思主义经典作家关于社会建设的理论基础上，总结中国共产党几代领导集体带领中国人民进行社会主义社会建设理论与实践经验，结合新时代中国特色社会主义社会建设面临的内外环境和形势逐步形成和发展起来的，内涵十分丰富，涵盖社会建设的各个方面，其基本理论主要有：

建设社会文明、促进社会和谐的理论。社会文明是社会主义社会建设的重要目标和特征，全面提高社会文明水平是国家发展的需要，是人民的共同期盼。社会和谐是中国特色社会主义的本质属性，是社会建设的目标引领和价值取向，是中国共产党不断追求的社会理想。要按照民主法治、公平正义、诚信友爱、充满活力、安定有序、人与自然和谐相处的总要求，适应时代新要求、满足人民新需要，把社会建设纳入中国特色社会主义事业总体布局，与经济建设、政

治建设、文化建设和生态文明建设一起，统一部署、整体推进。

在发展中保障和改善民生的理论。保障和改善民生是社会建设的重点。民生是人民幸福之基、社会和谐之本。增进民生福祉是党“立党为公、执政为民”的根本要求，是发展的根本目的。社会主义事业是代表最广大人民的事业，社会建设以最广大人民群众的根本利益为目的，必须坚持以人民为中心的发展思想。要始终站在最广大人民群众的立场上，着力解决好就业、教育、医疗、居住、养老等人民最关心最直接最现实的利益问题，最大限度地激发全社会的创造活力，努力使全体人民学有所教、劳有所得、病有所医、老有所养、住有所居，不断满足人民日益增长的美好生活需要。

促进社会公平的理论。在发展基础上实现和维护社会公平正义，是马克思主义的基本立场和基本观点，是中国特色社会主义的内在要求。社会公平正义的核心是权利公平、机会公平和规则公平。其中，权力公平是基础，机会公平是前提，规则公平是保障，三者相辅相成构成现代社会公平正义体系。在发展的基础上实现社会公平正义，使社会各方面的利益关系得到妥善协调，人民内部矛盾和其他社会矛盾得到正确处理，人民的合法权益得到切实维护和实现。实现社会公平正义，要在全体人民共同奋斗、经济社会不断发展的基础上，逐步建立以权利公平、机会公平、规则公平为主要内容的社会法律和制度体系，努力营造公平的社会环境，保证人民平等参与、平等发展的权利。

促进城乡协调发展理论。城乡协调发展是社会建设的基础。正确认识和妥善处理工农之间、城乡之间、城镇居民和农民的关系，逐步解决城乡二元结构矛盾，努力实现城乡共同繁荣。加快补齐农业现代化短板，实施振兴乡村战略，加快完成城乡一体化体制机制，促进城乡要素平等交换和公共资源均衡配置。坚持工业反哺农业、城市支持农村和多予少取放活方针，加大强农惠农富农政策力度，让广大农民平等参与现代化进程、共同分享现代化成果。

精准扶贫理论。消除贫困，改善民生，逐步实现共同富裕，是社会主义的本质要求。贫困人口脱贫是全面建成小康社会的底线任务和标志性指标。扶贫贵在精准、重在精准，成败之举在于精准。精准扶贫就是根据致贫原因有针对性的制定方案，对不同原因不同类型的贫困采取不同措施，因人因户因村施策，精准识别，精准帮扶，精准管理，做到扶持对象精准、脱贫成效精准、确保各项政策好处落到扶贫对象身上。

兼顾不同阶层利益的理论。兼顾不同阶层利益是社会建设的关键。改革开放 40 多年来，我国的社会经济结构、产业结构不断变化，社会阶层关系形成了以不同阶级和阶层组成的利益群体，呈现利益主体多层多元的现实。包括知识分子在内的工人阶级和广大农民，始终是中国先进生产力和社会全面进步的根本力量。民营科技企业的创业人员和技术人员、受聘于外资企业的管理技术人员、个体户、私营企业主、中介组织的从业人员、自由职业人员等社会阶层，都是中国特色社会主义事业的建设者。在经济社会发展过程中，兼顾社会各阶层利益，协调利益关系，化解利益矛盾，形成共谋发展的利益共同体，充分发挥社会各阶层在推动经济社会发展中的作用。

加强和创新社会治理理论。打造共建共治共享的社会治理格局是社会建设的重要内容，也是一个社会治理的系统工程。创新社会治理，就是要实现从社会管理到社会治理的观念转变，从单一向多元社会治理主体转变，从简单行政命令向多元、民主、协商治理方式转变。要加强社会治理的法律法规、体制机制建设，着力推进社会治理社会化、法制化、智能化、专业化，维护社会秩序、促进社会和谐、保障人民安居乐业，为党和国家事业发展营造良好的社会环境。

坚持总体国家安全观理论。国家安全是改革发展的前提。坚持总体国家安全观，必须坚持国家利益至上，以人民安全为宗旨，以政治安全为根本，统筹外部安全和内部安全、国土安全和国民安全、传统安全和非传统安全、自身安全和共同安全，完善国家安全体制体系，加强国家安全能力建设，坚决维护国家主权、安全、发展利益。走中国特色国家安全道路，为中华民族伟大复兴中国梦提供坚实安全保障。

二、中国特色社会主义社会制度

中国特色社会主义社会制度，是指与国家经济、政治、文化、生态文明想对应的社会领域的制度。中国特色社会主义社会建设实践中形成了教育制度、劳动就业制度、基本医疗卫生制度、社会保障制度、社会治理制度等，为社会建设的改革创新提供了制度保障。

教育制度。教育制度是国家为规范各类教育机构与组织体制及其运行而制定的各种规则和原则的总和，具有传承文明和传播先进文化、推进社会主义民主政治建设、促进经济科学发展、培养人才、推动自主创新等功能。根据我国《中华人民共和国教育法》规定，我国的教育制度主要有：学校教育制度、九年义务教育制度、职业教育制度、成人教育制度、国家教育考试制度、学业证书制度、学位制度、教育督导制度和学校及其他教育机构教育评估制度等。

劳动就业制度。劳动就业制度是为了调整劳动和就业关系而制定的各种规则和原则的总和，具有个体自由保护、个体价值实现和社会安全保障等功能，对于维护社会稳定、促进社会和谐具有重要作用。我国劳动就业制度改革的目标，就是要坚持劳动者自主择业、市场调节就业、政府促进就业和鼓励创业的方针，实施就业优先战略和更加积极的就业政策的新型劳动就业制度。自主择业是核心，市场调节是基础，政府促进是重要保证。

基本医疗卫生制度。基本医疗卫生制度是为了规范医疗卫生行为而制定的规则和原则的总和，涵盖医疗保障、医疗服务、公共卫生、药品供应、监督体制等各个方面。我国基本医疗卫生制度必须遵循公益性、公平性和可及性原则，目标是实现人人享有基本医疗卫生服务。

社会保障制度。社会保障制度是为了全体社会成员的基本生存与生活需要而制定的有关社会福利、社会保险、社会救助、慈善事业、社会优抚和社会安置等一系列规则和原则的总和。社会保障制度是社会的“安全阀”和“减压器”，对保障公民基本生活需要、增进全体社会成员的物质和文化福利、促进社会和谐稳定具有重要作用。

社会治理制度。社会治理制度是为了维护人民群众权益、协调利益矛盾、促进社会公平正义、保持社会良好秩序而制定的关于社会治理的各种规则和原则的总和。改进社会治理方式，激发社会组织活力，创新有效预防和化解社会矛盾的体制，健全公共安全体系，建立健全与中国特色社会主义经济、政治、文化、社会和生态文明要求相适应的新型社会治理制度体系，形成社会治理和服务的合力。

第二节　中国特色社会主义社会建设发展方向

一、在发展中保障和改善民生

民生，主要是指人民的基本生存和生活状态，以及人民的基本发展机会、基本发展能力和基本权益保护状况等，具体涉及劳动就业、社会福利、义务教育、医疗保障、基本住房、最低生活保障、社会救助等方面的内容。随着中国特色社会主义进入新时代，我国社会主要矛盾已经转化为人民日益增长的美好生活需要和不平衡不充分的发展之间的矛盾。新时代民生建设的历史地位上升为党和国家的中心课题。带领人民创造美好生活，是党始终不渝的奋斗目标，也是加强社会建设的基本着力点。

（一）保障和改善民生的主要内容

增进民生福祉是坚持立党为公、执政为民的本质要求。发展为什么人的问题，是检验一个政党、一个政权性质的试金石。带领人民群众创造幸福生活，要顺应人民群众对美好生活的向往，坚持以人民为中心的发展思想，以保障和改善民生为重点，发展各项社会事业，是中国共产党全心全意为人民服务宗旨的要求和体现。让人民群众过上幸福美好的生活，始终是党的一切工作的出发点和落脚点。检验党工作成效的最终标准，就是看广大人民群众是否得到实惠，改革发展成果是否更多更公平的惠及全体人民，社会民生是否得到真正改善。

增进民生福祉是推动发展的根本目的。民生是人民幸福之基、社会和谐之本。我们的发展是以人民为中心的发展，我们的一切奋斗和工作目标，就是要顺应人民群众对美好生活的向往和期待，始终把人民利益摆在至高无上的地位，抓住人民最关心最直接最现实的利益问题，抓住最需要关心的人群，一件事情接着一件事情办、一年接着一年干，锲而不舍地向前走，朝着实现全体人民共同富裕不断迈进。任何忽视民生问题的发展都是毫无意义的也是不可持续的。

抓民生也是抓发展。发展是硬道理，发展是党执政兴国的第一要务。经济发展是解决民生问题的前提，离开经济发展去改善民生必然是无本之木、无源之水。民生是做好经济社会发展工作的“指南针”，持续不断改善民生，能有效解决群众的后顾之忧，调动人们发展生产的积极性，又能够释放居民消费能力，拉动内需，催生新的经济增长点，为经济发展、转型升级提供强大内生动力。因此，既要通过发展经济，为持续改善民生奠定坚实的物质基础，又要通过持续不断地改善民生，为经济发展创造更多有效需求，实现两者良性循环。

当前，以保障和改善民生为重点，发展各项社会事业的主要内容包括：

优先发展教育事业。建设教育强国是中华民族伟大复兴的基础工程，必须把教育事业放在优先位置。全面贯彻党的教育方针，坚持立德树人，加强社会主义核心价值体系教育，完善中华优秀传统文化教育。大力促进教育公平，推动城乡义务教育一体化发展，让每个孩子都能享有公平而有质量的教育。完善职业教育和培训体系，深化产教融合、校企合作。加快一流大学和一流学科建设，实现高等教育内涵式发展。健全学生资助制度，使绝大多数城乡新增劳动力接受高中阶段教育、更多的接受高等教育。支持和规范社会力量兴办教育。加强师德师风建设，培养高素质教师队伍。办好继续教育，加快建设学习型社会，大力提高国民素质。

提高就业质量和人民收入水平。就业是最大的民生。要坚持就业优先战略和积极就业政策，实现更高质量和更充分就业。大规模开展职业技能培训，解决好结构性就业矛盾，鼓励创业带动就业。提供全方位公共就业服务，促进高校毕业生等青年群体、农民工群体多渠道就业创业。完善政府、工会、企业共同参与的协商协调机制，构建和谐劳动关系。鼓励勤劳守法致富，扩大中等收入群体，增加低收入者收入，调节过高收入，取缔非法收入。拓宽居民劳动收入和财产性收入渠道。履行好政府再分配调节职能，加快推进基本公共服务均等化，缩小收入分配差距。

加强社会保障体系建设。社会保障体系发挥兜底作用，保障全社会成员基本生存与生活需要。要全面建成覆盖全民、城乡统筹、权责清晰、保障适度、可持续的多层次社会保障体系。全面实施全民参保计划。完善城镇职工基本养老保险和城乡居民基本养老保险制度，完善城乡居民基本医疗保险制度和大病保险制度，完善失业、工伤保险制度，建立全国统一的社会保险公共服务平台。统筹城乡社会救助体系，完善最低生活保障制度。完善社会救助、社会福利、慈善事业、优抚安置等制度，健全农村留守儿童和妇女、老年人关爱服务体系。发展残疾人事业，加强残疾康复服务。加快建立多主体供给、多渠道保障、租购并举的住房制度，让全体人民住有所居。

坚决打赢脱贫攻坚战。消除贫困、改善民生、逐步实现共同富裕，是社会主义的本质要求，也是我们党的重要使命。动员全党全国全社会力量，坚持精准扶贫、精准脱贫，坚持中央统筹、省负总责、市县抓落实的工作机制，强化党政一把手负总责的责任制，注重扶贫与扶志、扶智相结合，深入实施东西部扶贫协作，重点攻克深度贫困地区脱贫任务，确保贫困县全部摘帽，解决区域性整体贫困，做到脱真贫、真脱贫。

实施健康中国战略。人民健康是民族昌盛和国家富强的重要标志。要完善国民健康政策，为人民群众提供全方位全周期健康服务。深化医疗卫生、医疗保障、医疗服务、药品供应改革，健全现代医院管理制度。倡导健康文明生活方式，预防控制重大疾病。实施食品安全战略，让人民吃得放心。坚持中西医并重，传承发展中医药事业。支持社会办医，发展健康产业。促进生育政策和相关经济社会政策配套衔接，推进医养结合，加快老龄事业和产业发展。

经济发展是民生改善的物质基础，民生是做好经济社会发展工作的“指南针”。坚持在发展中保障和改善民生，既能有效解决群众后顾之忧，调动人民发展生产的积极性，又可以增进社会消费预期，扩大内需，催生新的经济增长点，为经济发展、转型升级提供强大内生动力，实现二者良性循环。

改善民生，既要积极而为，又要量力而行。人民群众对美好生活的期待是不断提升的，需求是多样多层的。但改善民生不能脱离我国仍处于并将长期处于社会主义初级阶段这个最大实际，必须从民生工作面临的宏观环境和内在条件变化出发，坚持尽力而为，按照守住底线、突出重点、完善制度、引导预期的工作思路，从人民群众关心的事情做起，从让人民群众满意的事情做起，带领人民不断创造美好生活。同时要看到，民生改善有一个从低层次到高层次、从不均衡到均衡的过程，只能根据经济发展和财力状况逐步提高人民生活水平，做那些现实条件下可以做到的事情。一些国家的教训表明，过度福利化，过度承诺讨好民众，只会导致效率低下，增长停滞甚至通货膨胀。因此，必须坚持从实际出发，将收入提高建立在劳动生产率提高的基础上，将福利水平提高建立在经济和财力可持续增长的基础上。

（二）精准扶贫，打赢脱贫攻坚战

消除贫困、改善民生，是我们党的重要使命。打赢脱贫攻坚战，是保障和改善民生的头等大事，是第一民生工程。新中国成立以来特别是改革开放 40 多年来，中国始终把消除贫困、逐步实现人民共同富裕作为重要使命，带领人民持续向贫困宣战，实施大规模扶贫开发行动，效果明显。

党的十八大以来，以习近平同志为核心的党中央在解决贫困问题取得的历史性成就基础上，提出并实施精准扶贫、精准脱贫，加大扶贫投入，创新扶贫方式，扶贫开发工作呈现新局面，脱贫攻坚战取得决定性进展，6000 多万贫困人口稳定脱贫，“贫困发生率从 2012 年底的 10.2% 下降到 2016 年底的 4.5%，下降 5.7 个百分点；贫困地区农村居民收入增幅高于全国平均水平，贫困群众生活水平明显提高，贫困地区面貌明显改善”，创造了我国扶贫史上的最好成绩。我国成为世界上减贫人口最多的国家，也是世界上率先完成联合国千年发展目标的国家。

让贫困人口和贫困地区同全国一道进入全面小康社会是我们党的庄严承诺。脱贫攻坚事关我国全面建成小康社会底线目标的实现，是全面建成小康社会的基本标志，也标志着我国绝对贫困问题会得到历史性的解决，我国将提前 10 年实现联合国《2030 年可持续发展议程》确定的减贫目标。

（三）全面建成多层次社会保障体系

社会保障是民生的安全网、社会的稳定器，与人民幸福安康息息相关，事关国家长治久安。我国社会保障制度的改革始于20世纪80年代，适应计划经济向市场经济体制转轨的需要，逐步从国有企业改革的配套措施、社会主义市场经济的重要支柱，发展成为国家的一项重要社会经济制度。十八大以来，以习近平同志为核心的党中央坚持以人民为中心的发展思想，从增强公平性、适应流动性、保证可持续性出发，提出了全面建成多层次社会保障体系的目标，让人民群众更多的分享到经济社会发展的成果。

全面建成多层次社会保障体系的基本方针是全覆盖、保基本、多层次、可持续。体现在制度安排上，坚持以社会保险为主体，社会救济保底层，积极完善社会福利、慈善事业、优抚安置。组织方式上，坚持以政府为主体，积极发挥市场作用，促进社会保险和补充保险、商业保险相衔接。积极构建基本医疗保险、职业年金与个人储蓄性养老保险、商业保险相衔接的养老保险体系，协同推进基本医疗保险、大病保险、补充医疗保险、商业健康保险，在保基本基础上满足人民群众多样化多层次的保障需求。

全面建成多层次社会保障体系的基本要求是“兜底线、织密网、建机制”。发挥社会保障政策的托底功能，兜住民生底线，坚守社会稳定底线。实现制度的最广泛覆盖，让人人都能享有基本社会保障。坚持深化改革，不断提高社会保障法制化、制度化水平。

全面建成多层次社会保障体系的奋斗目标是“覆盖全民、城乡统筹、权责清晰、保障适度、可持续”。扩大社会保障覆盖面，基本实现法定人员全覆盖。统筹推进城乡居民社会保障体系建设，合理缩小社会保障领域的城乡差异。明确各级政府和用人单位、个人的社会保障权利、义务责任。根据经济发展状况确定保障待遇水平，合理引导群众的保障预期。确保各项社会保险基金收支平衡，制度长期稳定运行。

（四）不断促进社会公平正义

实现公平正义，是中国特色社会主义的内在要求，是中国共产党的一贯主张，符合最广大人民群众的根本利益。不断促进公平正义，就是要逐步建立以权力公平、机会公平、规则公平为主要内容的社会公平保障体系，使社会各方面的利益关系得到妥善协调，人民内部矛盾和其他社会矛盾得到正确处理，从法律上、制度上、政策上努力营造公平正义的社会环境。

改革开放以来，我国经济社会发展取得巨大进步，为实现公平正义提供了坚实的物质基础和有利条件。党的十八大以来，我国各方面的体制机制发生了深刻变化，全面依法治国发生深刻变革，有效促进了社会公平正义，维护了人民群众的合法权益。同时也要看到，在我国现有发展水平上，还存在大量有违社会公平正义的现象。特别是中国特色社会主义进入新时代，人民对美好生活的需要日益增长，不仅对物质文化生活提出了更高的要求，而且在民主、法治、公平、正义、安全、环境等方面的需求日益增长。随着我国经济发展水平和人民生活水平的不断提高，人民群众的公平意识、民主意识、权利意识不断增强，对社会不公问题的反应越来越强烈。在全体人民共同奋斗、经济社会发展的基础上，通过制度安排，依法保障人民权益，不断促社会公平正义，使人民的获得感、幸福感、安全感更加充实、更有保障、更可持续。

促进社会公平正义，必须妥善处理各种利益关系。社会利益关系的变化是随着经济社会发展的变化而变化的。改革开放 40 多年来，随着社会主义市场经济体制的建立，社会利益主体趋于多元化，不同利益主体之间的差距拉大，利益冲突有所增强，全面深化改革进入攻坚期和深水区。要妥善处理和协调各种利益关系，通过健全诉讼表达、利益协调机制、完善矛盾处理机制、加强权益保障机制，化解和处理社会矛盾，使人民群众的各种直接利益和权益得到保障。

促进社会公平正义，必须加大收入分配改革力度。合理的收入分配制度是社会公平的重要体现，涉及最广大人民群众的根本利益。坚持以人民为中心的根本立场，坚定不移走共同富裕道路，增强人民群众的获得感，必须坚持和完善按劳分配为主体、多种分配方式并存的收入分配制度；初次分配和再分配都要处理好效率和公平的关系，再分配要更加注重公平；努力提高居民收入在国民收入分配中的比重，提高劳动报酬在初次分配中的比重；规范收入分配秩序，形成公开透明、公正合理的收入分配秩序，努力扭转城乡、区域、行业和社会成员之间收入差距扩大的趋势。

促进社会公平正义，必须促进基本公共服务均等化。基本公共服务均等化，就是要确保国家和社会制定的基本公共服务政策、基本公共服务制度、提供基本公共服务机会，对全体公民是均等的。促进公共服务均等化，就是要缩小民生差距、发展差距和贫富差距，根治复杂的经济社会问题。基本公共服务均等化的主要内容有：实现义务教育、公共卫生、基本医疗和公共文化等公共事业性服务均等化；公益性基础设施和生态环境保护等基础性服务均等化；劳动就业服务和基本社会保障服务等基本民生性服务均等化；生产安全、消费安全、社会安全和国防安全等公共安全性服务均等化。必须通过建设服务型政府、加大财政投入、建立基本公共服务检测评价体系等路径，促进我国基本公共服务均等化有更大提升。

从整体上来看，在发展中保障和改善民生构成了新时代民生建设的基本方略，是新时代中国特色社会主义社会建设的重点。

二、推进社会治理现代化

加强和创新社会治理，是完善和发展中国特色社会主义制度、推进国家治理体系和治理能力现代化的重要内容。坚持问题导向、需求导向、发展导向有机结合，围绕切实影响人民安居、社会安定的重点难点问题，不断创新社会治理理念思路、体制机制和方法手段，探索一条具有中国特色、体现时代特征的社会治理之路。

（一）社会治理的内涵及特征

社会治理是以社会多元主体参与为基础，以维护和改善人民群众根本利益为核心，针对社会发展中的各种问题，协调社会利益、化解社会矛盾，促进社会公平、推动社会有序发展的过程。

社会治理的基本特征是：一是社会治理主体的一主多元性。加强党委领导，发挥政府主导作用，鼓励和支持社会组织和个体等参与社会治理，实现政府治理和社会自我调节、居民自治良性互动。二是社会治理的过程性。社会治理是动态的、发展的，是随着社会经济政治的变化而不断发展的。三是社会治理的协调性。社会作为一个有自组织能力的有机体，自身就具有自我生存、自我发展、自我纠错、自我修复的功能，社会治理不是用强力去破坏社会自身发展的功能，而是通过协调多方利益使其功能得到更好的发挥。四是社会治理的互动性。社会治理的目的是协调社会利益，引导社会达成利益共识，表现为多元主体参与、表达利益诉求、平等协商、相互配合的互动性。

所有的现代化都预示着它既是一个动态发展的过程，也是在未来某个时间达到的一种目标或状态。社会治理现代化是由动态过程与预期状态相叠加而形成的一个开放性、连续性系统，在特定的经济发展阶段和社会发展背景下，社会治理现代化就会具有不同的时代内涵和实施路径。党的十八届三中全会在《中共中央关于全面深化改革若干重大问题的决定》中，首次提出了“创新社会治理体制”“全面推进平安中国建设”等新命题。社会治理现代化是中国特色社会主义国家治理体系和治理能力现代化的题中应有之义。

（二）社会治理的原则和措施

党的十八大以来，以习近平同志为核心的党中央牢牢把握推进国家治理体系和治理能力现代化的总要求，坚持一手抓保安全、护稳定，一手抓打基础、谋长远，不断创新社会治理理念思路、体制机制、方法手段，着力从源头上预防和减少影响社会和谐稳定的问题发生，使一些社会治理难题得到有效破解，平安中国建设取得重大进展。党的十九大报告指出，我国社会主要矛盾已经发生了历史性变化，中国特色社会主义发展进入了新时代。社会治理现代化面对的环境和条件发生了深刻变化。总体上看，我国社会治理体系不断完善，社会安全稳定形势持续向好，人民生命财产安全得到有效维护，广大人民群众的安全感和满意度不断增强。与此同时，也要清醒地看到，我国社会结构正在发生深刻变化，在社会大局总体稳定的同时，社会利益关系日趋复杂，社会阶层结构分化，社会矛盾多元多样多发，社会问题交织叠加，人民群众对社会事务参与意愿更加强烈，社会治理面临的形势环境更为复杂。随着互联网特别是移动互联网的发展，社会治理模式正在从单向管理转向双向互动，从线下转向线上线下融合，从单纯的政府监管向更加注重社会协同治理转变。必须时刻居安思危，强化底线思维，深入认识新时代社会治理规律，创新社会治理理念思路、体制机制、方法手段，提高社会管理能力，推进社会治理现代化。

1. 创新社会治理理念，打造共建共治共享的社会治理格局

由社会管理到提出社会治理理念，反映了我们党对社会运行规律和治理规律认识的深化，是社会建设理念、体制和方式的一次重大变革，是推进国家治理现代化的重要体现。

新时代进一步加强和创新社会治理，要求推陈出新、有所突破，坚持问题导向，探索符合中国社会发展实际、更可持续的中国特色社会主义社会治理之路，打造共建共治共享的社会治理格局。其中，共建是基础，突出制度和体系建设在社会治理格局中的基础性、战略性地位；共治是关键，要求树立大社会观、大治理观，将党总揽全局、协调各方的政治优势同政府的资源整合优势、企业的市场竞争优势、社会组织的群众动员优势有机结合起来，打造全民参与的开放治理体系；共享是目标，要使社会治理的成效更多、更公平地惠及全体人民，不断增加人民的获得感、幸福感、安全感。共建共治共享的社会治理格局，当前的主要任务是：

加强预防和化解社会矛盾机制。正确处理人民内部矛盾尤其是涉及广大人民群众切身利益的矛盾，是保持社会安定团结良好局面的关键。要完善社会矛盾排查预警机制，善于运用大数据技术、信息化手段，努力做到早发现、早预防、早处置。完善重大决策社会稳定风险评估机制，从源头上预防和减少矛盾。完善矛盾纠纷多元化解机制，提高矛盾纠纷多元化解的整体效果和效力。善于引导群众运用法律手段解决问题，推动形成办事依法、遇事找法、解决问题用法、化解矛盾靠法的良好环境。

健全公共安全体系，加快社会治安防控体系建设。树立安全发展理念，弘扬生命至上、安全第一的思想，时刻把人民群众生命安全放在第一位。抓紧建立健全安全生产责任体系，实行安全生产和重大安全生产事故风险“一票否决”，坚决遏制重特大安全事故频发势头。实施食品安全战略，用最严谨的标准、最严格的监管、最严厉的处罚、最严肃的问责，确保人民群众“舌尖上的安全”。切实加大投入，加强全民安全意识教育，不断提升全社会的防灾减灾救灾能力。社会治安防控体系是社会治安综合治理的主要依托。应着力于提升整体效能，推进立体化、信息化，努力构建全方位的公共安全防控网络，保护人民人身权、财产权、人格权。

加强社会心理服务体系建设。人是社会的主体。一个社会是否文明进步、安定和谐，很大程度上取决于公民的思想道德素质。加强和改进思想政治工作，更加注重人文关怀和心理疏导，着力促进公民道德素质的提升。推动全社会践行社会主义核心价值观，培育知荣辱、讲正气、作奉献、促和谐的良好风尚。完善惩恶扬善机制，培育风清气正的社会氛围。加强教育、心理等手段的综合运用，培育自尊自信、理性平和、积极向上的社会心态。

加强社区治理体系建设。基础不牢，地动山摇。社区是党和政府联系、服务居民群众的“最后一公里”，社会治理的重心要向基层下移，落实到城乡社区。社区服务和管理能力越强，社会治理的基础就越实。要尽可能把资源、服务、管理放到社区，使社区有职有权有物，更好地为群众提供精准高效的服务和管理。要加强城市常态化管理，聚焦群众反映强烈的突出问题，狠抓城市管理顽症治理。要加强人口服务管理，更多运用市场化、法治化手段，促进人口有序流动，控制人口总量，优化人口结构。加强创新农村社会治理，重视化解农村社会矛盾。

2. 创新社会治理必须加强社会治理制度建设

制度是创新社会治理理念、打造共建共治共享社会治理格局的保障。党的十九大立足新时代坚持和发展中国特色社会主义，明确了推进社会建设的目标要求：到2035年，我国现代社会治理格局基本形成，社会既充满活力又和谐有序；到本世纪中叶，我国社会文明将全面提升，人民将享有更加幸福安康的生活。适应新形势新要求，不断创新社会治理体制机制，当前应着力于以下几个方面：

完善党委领导，政府负责、社会协同、公众参与、法治保障的社会治理体制。要加强和改善各级党委对社会治理的领导，提高党对社会治理的领导能力，加强党委对社会治理的统筹谋划和组织领导。要积极发挥各级政府负责社会治理的职能，采取多种措施和途径，切实搞好公共服务、公共管理、公共安全，健全利益表达、利益协调、利益保护机制。要全面落实各级党委和政府社会治理主体责任，把加强和创新社会治理纳入各级党委和政府重要议事日程，纳入地方党政领导班子和领导干部政绩考核指标体系，规范党政各部门社会治理职能，形成权责明晰、奖惩分明、分工负责、齐抓共管的社会治理责任链条。

完善政府治理和社会调节、居民自治良性互动的体制机制。要注重动员组织社会力量共同参与，发动全社会一起来做好维护社会稳定工作，努力形成社会治理人人参与、人人尽力、人人共享的良好局面。扩大开放公共服务市场，通过政府购买服务、健全激励补偿机制等办法，鼓励和引导企事业单位、社会组织、人民群众积极参与社会治理。深化基层组织和部门、行业依法治理，支持各类社会主体自我约束、自我管理，发挥市民公约、乡规民约、行业规章、团体章程等社会规范在社会治理中的积极作用。注重社会组织培育和引导，改革社会组织管理制度，推动社会组织明确权责、规范自律、依法自治、发挥作用，积极参与社会治理全过程。

不断提高社会治理社会化、法治化、智能化、专业化水平。激发全社会活力，坚持群众观点和群众路线，群众的事要多同群众商量，群众的事要多依靠群众，提高社会治理社会化水平。充分发挥法治对社会治理的引领、规范和保障作用，运用法治思维和法治方式化解矛盾，引导群众依法行使权利、表达诉求、解决纠纷，更好地引导和规范社会生活，努力实现法安天下，提高社会治理法治化水平。加强社会治理基础制度建设，建立国家人口基础信息库、统一社会信用代码制度和相关实名登记制度，完善社会信用体系，更多运用互联网、大数据等信息技术手段，持续推进社会治理的科学化、精细化，在观念、标准、手段、目标等方面下一番功夫，提高社会治理智能化水平。建设高素质专业化干部队伍和社会治理各类人才队伍，善于运用先进的理念和专业的方法提升社会治理效能，增强社会治理整体性和协同性，提高预测预警预防各类风险的能力，增强社会治理预见性、精准性、高效性，提高社会治理专业化水平。

3. 加强预防和化解社会矛盾机制建设

正确处理人民内部矛盾特别是涉及广大人民群众切身利益的矛盾，是保持社会安定团结良好局面的关键。完善社会矛盾排查预警机制，提高对各类社会矛盾的发现预警能力，及时排除、化解、处置各类矛盾风险。健全重大决策社会稳定风险评估机制，对直接关系群众切身利益且涉及面广、容易引发社会稳定风险的重大决策事项，要将风险评估列为必经的前置程序和刚性门槛。完善矛盾纠纷多元化解机制，积极推动人民调解、行政调解、司法调解联动工作体系形成。改革信访工作制度，建立涉法涉诉信访依法终结制度。

4. 维护社会和谐稳定

社会和谐稳定是改革发展的前提和基础。维护社会和谐稳定，重在妥善处理社会矛盾。要增强发展的全面性、协调性、可持续性，积极推动解决人民群众的基本民生问题，从源头上预防和减少社会矛盾的产生。要准确认识和对待改革发展过程中的利益关系和利益格局调整，正确处理个人利益和集体利益、局部利益和全局利益、眼前利益和长远利益的关系，自觉维护社会和谐稳定。要科学区分和处理两类不同性质的矛盾，最大限度增加和谐因素、最大限度减少不和谐因素。对人民内部矛盾，要善于运用法治、民主、协商的办法进行处理。对敌我矛盾，既要旗帜鲜明敢于斗争，又要讲究谋略巧于斗争。

维护社会稳定，需要转变政府职能。转变政府职能的实质是确定政府应该做什么、不应该做什么，重点在政府、市场、社会关系的处理上，弄清楚哪些事情应该由市场、社会、政府各自分担，哪些事情应该由三者共同承担。转变政府职能，关键是要明确往哪里转、怎么转。转变政府职能的总方向，就是创造良好的发展环境、提供优质公共服务、维护社会公平正义。

维护社会和谐稳定，要着力推进平安中国建设。平安是老百姓解决温饱的第一需求，是极其重要的民生，也是最基本的发展环境。建设平安中国，要紧紧抓住人民群众反映强烈、影响社会和谐稳定、制约平安建设深入开展的突出问题和薄弱环节，把专项打击与整体防控结合起来，始终保持对严重犯罪活动的严打高压态势，保障人民财产安全，确保人民群众安全感稳步提升。要主动适应新形势，坚持多方参与、合作共享、风险共担，实现维护治安人人有责、人人尽责，努力建设领域更广、人民群众更满意、时效性更强的平安中国。

三、坚持总体国家安全观

党的十八大以来，我国经济社会发展进入由大向强的新阶段，国家安全呈现拓展深化的新需求，安全态势呼唤掌控全局的新观念。面对“实现什么样的国家安全，怎样保证国家安全”这一重大战略课题，以习近平同志为核心的党中央审时度势、与时俱进、创造性地提出总体国家安全观的系统思想，为维护国家安全提供了行动纲领和科学指南，形成了一条中国特色国家安全道路。党的十九大明确把坚持总体国家安全观列入新时代坚持和发展中国特色社会主义基本方略，阐述了完善国家安全制度体系、加强国家安全能力建设的总体部署。

（一）总体国家安全观的重要意义

中国特色社会主义进入新时代，我国面临日益复杂多变的安全和发展环境，维护国家安全的任务更加繁重艰巨。坚持总体国家安全观的提出，彰显了我们党对于安全问题的高度理论自觉，标志着党对国家安全基本规律的认识达到了新高度，具有重大的理论意义和现实意义。

坚持总体国家安全观，彰显了党对于安全问题的高度理论自觉。统筹发展和安全两件大事，增强忧患意识，做到居危思安，是党治国理政的一个重要原则。发展是安全的基础，安全是发展的必要条件。坚定不移谋发展，扎实有效保安全，是新中国成立以来我们取得巨大成就的基本经验。党的十八大以来，我们党清醒认识到，实现中国梦对国家安全所提出的全面迫切需求以及国家安全形势的复杂性和严峻性，高度警惕国家安全受到严重冲击的危险，形成了关于国家安全的一系列思想。党的十九大将坚持总体国家安全观纳入坚持和发展中国特色社会主义的基本方略，表明了我们党保障国家安全、社会安定、人民安康的高度理论自觉。

坚持总体国家安全观，适应了进行具有许多新的历史特点的伟大斗争的新需要。当前，我国比历史上任何时期都更接近实现中华民族伟大复兴的目标，迎来了大有可为的历史机遇期，前景十分光明，但风险挑战十分严峻。必须进行伟大斗争、建设伟大工程、推进伟大事业、实现伟大梦想。这既是对国家安全工作提出的新挑战，也为做好国家安全工作提供了新机遇。坚持总体国家安全观，归根到底是为了更好地维护我国发展的历史机遇期，确保中华民族伟大复兴进程不被迟滞或打断。

坚持总体国家安全观，回应了人民对国家安全的新期待。在新时代，人民希望国家更加强大，更有力地维护国家统一和民族团结；希望党和政府更加主动作为，更有效地保护生命财产安全；希望着力解决空气、水、土壤污染以及农产品、食品药品安全等突出问题。党的十九大作出新时代我国社会主要矛盾发生变化的新论断，明确将安全作为人民美好生活需要的重要内容。这是对历史、现实、未来的深刻洞察。有了安全感，获得感才有保障，幸福感才会持久。国家安全工作，归根结底是保障人民利益，为群众安居乐业提供坚强保障。

坚持总体国家安全观，顺应了世界发展变化的新趋势。当今世界，和平与发展仍然是时代的主题。世界多极化、经济全球化、社会信息化、文化多样化深入发展，全球治理体系和国际秩序变革加速推进。世界面临的不稳定性和不确定性突出等，构成了我国国家安全的时代特征。一是国家安全的内涵和外延比历史上任何时候都要丰富，国家安全的概念总体更新。传统安全面临新情况，非传统安全不断拓展国家安全的概念。二是国家安全的时空领域比历史上任何时候都要宽广，国家安全的范围总体增容。例如，战争制胜权从争夺制高权到制海权、制空权，再到制太空权、制信息权、制脑权的演进，都反映了国家安全空间和安全领域的拓展。守卫安全空间不仅包括对有形空间的管控，而且包括对无形空间的治理。三是国家安全的内外因素比历史上任何时候都要复杂，国家安全总体控制难度增大。当前，我国面临对外维护国家主权、安全、发展利益，对内维护政治安全和社会稳定的双重压力，世界急剧变化增大了我国安全的不稳定性和不确定性。清醒认识国家安全环境发生的深刻变化、准确把握国家安全面临的机遇挑战，坚持总体国家安全观，深刻揭示总体国家安全观的实践基础，显示出确保国家长治久安的深谋远虑。

（二）总体国家安全观的原则和内涵

坚持总体国家安全观的重大论断，以一系列紧密联系、相互贯通的基本观点，深刻揭示了总体国家安全观的原则要求和丰富内涵，科学回答了中国这样一个发展中的社会主义大国如何维护和塑造国家安全的一系列基本问题。

国家安全观作为关于国家安全的核心观念、支撑理论、根本方针，规定国家安全的战略地位，确立国家安全的价值准则，决定国家安全的方向，引导国家安全的实践。总体国家安全观是指坚持国家利益至上，以人民安全为宗旨，以政治安全为根本，统筹外部安全和内部安全、国土安全和国民安全、传统安全和非传统安全、自身安全和共同安全，以经济安全为基础，以军事、文化、社会安全为保障，以促进国际安全为依托，完善国家安全制度体系，加强国家安全能力建设，维护各领域国家安全，构建国家安全体系，走中国特色国家安全道路。这一重大论断，准确把握新时代国家安全形势变化的新特点新趋势，深刻揭示了总体国家安全观的原则要求和丰富内涵。

坚持统筹发展和安全两件大事。这是治国理政的一个重要原则，也是推进国家安全工作的必然要求。安全和发展是一体之两翼、驱动之双轮。发展是安全的基础。建立在发展基础上的安全才更可靠、更可持续。要从国情出发，坚持发展是解决中国一切问题的关键，坚持在改革发展中促进国家安全，增强发展的全面性、协调性、可持续性，从源头上预防和减少安全问题的产生。安全是发展的保障。一个国家选择什么样的国家安全战略，决定了这个国家生存、发展与兴盛之路。实施发展和安全并重的国家安全战略，既要善于运用发展成果夯实国家安全的实力基础，又要善于塑造有利于经济社会发展的安全环境，做到坚持发展不停步、维护安全不懈怠。

坚持人民安全、政治安全、国家利益至上有机统一。人民安全是国家安全的宗旨，政治安全是国家安全的根本，国家利益至上是国家安全的准则。以人民安全为宗旨，就是要坚持以人民为中心，维护人民根本利益，保障人民当家作主各项权利，保障人民生命财产安全和其他合法权益，为人民创造良好生存发展条件和安定生产生活环境。以政治安全为根本，就是要坚持党的领导和中国特色社会主义制度不动摇，把制度安全、政权安全放在首要位置，为国家安全提供根本政治保证。以国家利益至上为准则，就是要把国家利益作为制定国家安全战略的出发点，牢固树立捍卫国家利益的机遇意识，强化捍卫国家利益的底线思维，创新捍卫国家利益的方式方法，更坚决更有效地维护好捍卫好国家利益尤其是核心利益。习近平总书记强调，要坚持人民安全、政治安全、国家利益至上的有机统一，实现人民安居乐业、党的长期执政、国家长治久安。

坚持维护和塑造国家安全。这是新时代国家安全的基本定位。塑造是更高层次更具前瞻性的维护。当前我国正处于中华民族伟大复兴的关键阶段，也处于从发展中大国迈向社会主义现代化强国的关键时期。新时代国家安全，既要解决好大国发展进程中面临的安全共性问题，更要处理好中华民族伟大复兴关键阶段面临的特殊安全问题。要立足国际秩序大变局来把握规律，立足防范风险大前提来谋划思路，立足我国发展历史机遇期大背景来统筹工作，做到国家利益延伸到哪里、安全保障就跟进到哪里，为国家发展创造良好外部安全环境。

坚持科学统筹的根本方法。坚持总体国家安全观，要求始终把国家安全置于中国特色社会主义事业全局中来把握，充分调动各方面积极性，形成国家安全合力。要统筹外部安全和内部安全，对内求发展、求变革、求稳定，建设平安中国；对外求和平、求合作、求共赢，维护世界和平与发展。统筹国土安全和国民安全，坚持以民为本、以人为本，坚持国家安全一切为了人民、一切依靠人民，真正夯实国家安全的群众基础。统筹传统安全和非传统安全，构建集政治安全、国土安全、军事安全、经济安全、文化安全、社会安全、科技安全、网络安全、生态安全、资源安全、核安全、海外利益安全等于一体的国家安全体系。统筹自身安全和共同安全，构建人类命运共同体，推动各方朝着互利互惠、共同安全的目标相向而行。

（三）维护重点领域安全

新时代我国面临复杂多变的安全和发展环境，各种可以预见和难以预见的风险因素明显增多，各方面风险可能不断积累甚至集中显现，这要求我们必须坚持以总体国家安全观为指导，审时度势、与时俱进，创新国家安全理念，把握国家安全基本规律，以创新思维看待当代国家安全，以系统思维推进安全治理，以法治思维治理国家安全，以底线思维对待安全隐患，完善国家安全制度体系，统揽国家安全全局，加强国家安全能力建设，坚决维护国家主权、安全和发展利益。

维护重点领域国家安全，是全面贯彻落实总体国家安全观、着力推进新时代国家安全事业全面发展进步的主阵地、主战场。要把确保政治安全作为首要任务，从维护政治安全高度谋划和推进各重点领域国家安全工作；以防控风险为主线，既要防控本领域主要安全风险，又要防范不同领域安全风险叠加共振；落实国家安全政策，织密国家安全网。当前和今后一个时期，要着重抓好政治安全、国土安全、经济安全、社会安全、网络安全、外部安全等重点领域的国家安全工作。

维护政治安全。政治安全攸关党和国家的安危，是国家安全的根本。坚持中国共产党领导，坚持社会主义制度，确保党执政安全，是维护政治安全的根本任务。习近平总书记强调，意识形态领域是争夺“制脑权”的没有硝烟的战场。各种敌对势力从来没有停止对我国实施西化分化战略，从来没有停止对中国共产党领导和我国社会主义制度进行颠覆破坏活动。要切实加强意识形态工作，牢牢掌握意识形态领域的领导权和话语权，坚定“四个自信”，推动习近平新时代中国特色社会主义思想深入人心。敌对势力在我国策划“颜色革命”的战略图谋是长期的，要时刻保持头脑清醒，不能放松警惕，坚决防范和抵御“颜色革命”，坚决遏制西方敌对势力渗透颠覆破坏活动。维护政治安全，要始终坚持党对一切工作的领导，坚持全面从严治党，牢固树立“四个意识”，自觉维护党中央权威和集中统一领导，自觉在思想上政治上行动上同以习近平同志为核心的党中央保持高度一致。

维护国土安全。国土安全是立国之基。国土的安全状态与国家能否繁荣息息相关。国土不受外来侵略和威胁，资源不因战争或预防战争过分消耗，国家才能稳定发展，人民才能安居乐业。当前，我国国土安全面临着复杂严峻的挑战，维护国土安全是维护国家安全重大而紧迫的战略任务。要提升维护国土安全能力，加强边防、海防、空防建设，周密组织边境管控和海上维权行动，坚决捍卫领土主权和海洋权益，有效遏制侵害我国国土安全的各种图谋和行为，筑牢国土安全的铜墙铁壁。坚决反对一切分裂祖国的活动，深入打击宗教极端势力、民族分裂势力、暴力恐怖势力“三股势力”，坚决防范“藏独”“疆独”，坚决挫败任何形式的“台独”分裂图谋，全力维护香港、澳门繁荣稳定。

维护经济安全。经济安全是国家安全的基础。维护国家安全，根本上是为了发展经济，更好地满足人民对美好生活的需要。国家制定和实施安全战略，国家的政治、军事乃至环境政策在很大程度上都是以经济建设为中心。没有经济安全，文化、教育、社会等领域安全也就无从谈起。要坚持中国特色社会主义基本经济制度不动摇，不断完善社会主义市场经济体制，建设现代化经济体系。打好防范化解金融风险这场攻坚战，坚决守住不发生系统性金融风险的底线。把发展实体经济作为重中之重，切实解决核心技术受制于人的问题，增强资源安全保障能力。

维护社会安全。社会安全与人民群众切身利益关系最密切，是人民群众安全感的晴雨表，是社会安定的风向标。随着经济发展、社会进步，人民群众对过上美好生活有更高的期待，对社会安全有更高的要求。人民群众不仅关注人身安全，而且关注吃得放不放心、住得安不安心、出行是否平安；不仅关注打击犯罪、维护稳定成效如何，而且关注社会治理、公共服务的水平高不高；不仅关注自身合法权益能不能得到有效保障，而且关注执法司法是否严格公正，社会公平正义能否像阳光一样照耀到每个人。要大力推进平安中国建设，完善立体化社会治安防控体系，提高社会治理整体水平，注意从源头上排查化解矛盾纠纷。坚决打击恐怖主义，凡“恐”必打、露头就打，出重手、下重拳，给暴力恐怖势力以毁灭性打击，坚决把暴力恐怖分子的嚣张气焰打下去，坚决挤压暴力恐怖活动空间，使暴力恐怖分子成为“过街老鼠，人人喊打”。加强公共安全工作，妥善应对重大自然灾害和突发事件，加强交通运输、消防、危险化学品等重点领域安全生产治理，坚决遏制重特大安全事故发生，确保人民生命财产安全。

维护网络安全。当今世界，以互联网为代表的新兴技术日新月异，对人类社会的发展进程产生深刻影响。同时，网络安全问题也相伴而生，世界范围内侵害个人隐私、侵犯知识产权、网络犯罪等时有发生，网络监听、网络攻击、网络恐怖主义活动等成为全球公害。网络安全已经成为我国面临的最复杂、最现实、最严峻的非传统安全问题之一。习近平总书记指出，没有网络安全就没有国家安全，就没有经济社会稳定运行，广大人民群众的利益也难以得到保障。互联网的核心技术是国之重器，是我们最大的“命门”，核心技术受制于人是我们最大的隐患。要下定决心、保持恒心、找准重心，坚持自力更生、自主创新，加速推动信息领域核心技术突破。不能人家用飞机大炮，我们还用大刀长矛，要以技术对技术，以技术管技术，做到“魔高一尺、道高一丈”。要加强关键信息基础设施网络安全防护，加强网络安全信息统筹机制、手段、平台建设，加强网络安全事件应急指挥能力建设，制定网络安全标准，不断增强网络安全防御能力和威慑能力。加强网络安全预警监测，确保大数据安全，实现全天候全方位感知和有效防护。贯彻落实好《中华人民共和国网络安全法》，依法加强网络空间治理，净化网络环境，使网络空间清朗起来。切实维护国家网络空间主权安全，共同构建网络空间命运共同体。

维护外部安全。和平稳定的国际环境和国际秩序是国家安全的重要保障。要坚定奉行独立自主的和平外交政策，坚持走和平发展道路，同世界各国一道，共同推动构建人类命运共同体。切实维护我国海外利益安全，保护海外中国公民、组织和机构的安全和正当权益，不断提高保障能力和水平，努力形成强有力的海外利益安全保障体系。加强安全领域国际合作，坚决支持国际反恐怖斗争，坚定支持和积极参与联合国维和行动，引导国际社会共同维护国际安全，为全球安全治理不断贡献智慧和力量。

第七章　中国特色社会主义生态文明建设

第一节　中国特色社会主义生态文明建设理论

生态文明建设是关系中华民族永续发展的根本大计，是实现中国特色社会主义事业和中华民族伟大复兴中国梦的重要内容。20 世纪 80 年代初，环境保护已成为我国的基本国策。进入 21 世纪，我国又把节约资源确立为基本国策。一代又一代中国共产党人在接力探索中逐步形成了中国特色社会主义生态文明建设理论与制度，为推动新时代生态文明建设提供了思想指引和制度保障。党的十八大以来，以习近平同志为核心的党中央进一步提出了关于生态文明建设的一系列新理念新思想新战略，形成了习近平生态文明思想，为新时代我国生态文明建设提供了方向和指针。

一、中国特色社会主义生态文明建设理论

中国特色社会主义生态文明建设理论，是对马克思主义关于生态文明思想的继承和发展，是中国特色社会主义理论体系的重要组成部分。

关于建设美丽中国的理论。生态文明是人类社会进步的重大成果，是实现人与自然和谐发展的新要求，也是人类文明发展的必然趋势。一部人类社会的发展史，就是一部人与自然的关系史。自然生态条件是人类文明的太阳和月亮，是历史的哺育之地和教养之家。生态兴则文明兴，生态衰则文明衰，是不以人的意志为转移的客观规律。建设生态文明是中华民族永续发展的千年大计，事关“两个一百年”奋斗目标和中华民族伟大复兴中国梦的实现。建设中国特色社会主义，要把生态文明建设放在突出的战略位置，将其融入经济建设、政治建设、文化建设、社会建设各方面和全过程，坚定走生产发展、生活富裕、生

态良好的文明发展道路，形成人与自然和谐发展的现代化建设新格局。

关于推进绿色发展的理论。绿色发展是生态文明建设的必然要求，是发展观的一场深刻革命，是世界经济发展的主旋律。绿水青山就是金山银山，要坚决摒弃损害甚至破坏生态环境的发展模式，坚决摒弃以牺牲生态环境换取一时一地经济增长的做法，调整经济结构和能源结构，优化国土空间开发布局，调整区域流域产业布局，培育壮大节能环保产业、清洁生产产业、清洁能源产业，推进资源全面节约和环境利用，倡导简约适度、绿色低碳的生活方式，反对奢侈浪费和不合理消费。

关于加快构建生态文明体系的理论。加快建立健全以生态价值观念为准则的生态文化体系，以产业生态化和生态产业化为主体的生态经济体系，以改善生态环境质量为核心的目标责任体系，以治理体系和治理能力现代化为保障的生态文明制度体系，以生态系统良性循环和环境风险有效防控为重点的生态安全体系。通过加快构建生态文明体系，努力实现生态环境质量根本好转。

关于建设资源节约型、环境友好型社会的理论。坚持节约资源和保护环境的基本国策，关系人民群众切身利益和中华民族的生存发展。必须把建设资源节约型、环境友好型社会放在工业化、现代化发展战略的突出位置。要树立节约集约循环利用的资源观，推动资源利用方式的根本转变，加强全过程节约管理，改变过多依赖增加物质资源消耗、过多依赖规模粗放扩张，过多依赖高能耗高排放产业的发展模式，大幅提高资源利用综合效益。要创新环境治理理念和方式，强化排污者主体责任，形成政府、企业、公众共治的环境治理体系，实现环境质量总体改善，切实解决损害群众健康的突出环境问题。

关于以系统工程思路建设生态文明的理论。生态系统是各种自然要素相互依存而实现循环的自然链条，山水林田湖草是生命共同体。推进生态文明建设，要树立大局观、长远观、整体观，统筹兼顾、整体施策，通过优化国土空间开发格局、加快技术创新和结构调整、促进资源节约循环高效利用、加大自然生态系统和环境保护力度、健全生态文明制度体系、加强生态文明建设统计监测和执法监督、加快形成推进生态文明建设的良好社会风尚、切实加强组织领导等多措并举，全方位、全地域、全过程的展开。

关于全球生态文明建设的理论。保护生态环境、应对气候变化、维护能源安全等，是全球面临的共同挑战。对于中国这个世界上最大的发展中国家而言，保护好本国的生态环境，就是对世界生态文明建设的重大贡献。国际社会应该携手同行，构筑尊崇自然、绿色发展的全球生态系统，共谋全球生态文明建设之路。中国是负责任的发展中大国，积极承担应尽的国际义务，同世界各国深入开展生态文明领域的交流合作，推进绿色“一带一路”建设，成为全球生态文明建设的重要参与者、贡献者、引领者，将为共建地球美好家园做出更大积极贡献。

二、中国特色社会主义生态文明制度

建设生态文明是一场涉及生产方式、生活方式、思维方式和价值观念的革命性变革。推进生态文明建设，不仅要牢固树立保护生态环境的理念，更重要的是把理念落实在行动上，落实到制度上。只有实行最严格的制度、最严密的法制，建立系统完整的制度体系，才能为生态文明建设提供可靠保障。

目前，在中国特色社会主义生态文明建设实践中，我国已经初步建立了一些生态环境保护方面的制度，环境保护立法和执法取得明显进展。但是，我国生态环境保护中存在的突出问题，大都与体制不完善、机制不健全、法制不完备有关。

我国有关生态文明建设的制度不系统、不完整。依据2015年4月发布的《中共中央国务院关于加快推进生态文明建设的意见》和同年9月中共中央、国务院发布的《生态文明体制改革总体方案》，进一步推进生态文明体制改革的路线图，将生态文明建设纳入制度化、法制化轨道，构建产权清晰、多元参与、激励约束并重、系统完整的生态文明制度体系，要从以下方面展开：

健全自然资源资产产权制度。建立统一的确权登记系统，推进确权登记法制化；建立权责明确的自然资源产权体系，明确各类自然资源产权主体权利；健全全国自然资源资产管理体制，建立分级行使所有权的体制，以及开展水流和湿地产权确权试点，着力解决自然资源所有者不到位、所有权边界模糊等问题。

建立国土空间开发保护制度。完善主体功能区制度，健全国土空间用途管制制度，建立国家公园体制，完善自然资源监管体制，着力解决因无序开发、过度开发、分散开发导致的优质耕地和生态空间占用过多、生态破坏、环境污染等问题。

建立空间规划体系。研究建立统一规范的空间规划编制机制，编制统一的空间规划；研究制定市县空间规划编制指引和技术规范，推进市县“多规合一”；探索规范化的市县空间规划编制程序，创新市县空间规划编制方法，构建全国统一、相互衔接、分级管理的空间规划体系，着力解决空间性规划重叠冲突、部门职责交叉重复、地方规划朝令夕改等问题。

完善资源总量管理和全面节约制度。完善最严格的耕地保护制度和土地节约集约利用制度，完善最严格的水资源管理制度，建立能源消费总量管理和节约制度，建立天然林、草原、湿地保护制度和沙化土地封禁保护制度，健全海洋资源开发保护制度和矿产资源开发和利用管理制度，完善资源循环利用制度，着力解决资源使用浪费严重、利用效率不高等问题。

健全资源有偿使用和生态补偿制度。加快自然资源及其产品价格改革，完善土地、矿产资源、海域海岛的有偿使用制度，加快资源环境税费改革，探索建立多元化补偿机制，完善生态保护修复资金使用机制，建立耕地草原河湖修养生息制度，着力解决自然资源及其产品价格偏低、生产开发成本低于社会成本、保护生态得不到合理回报等问题。

建立健全环境治理体系。在全国范围内建立统一公平、覆盖所有固定污染源的企业排放许可制，建立污染防治区域联动机制和农村环境治理体制机制，健全环境信息公开制度，严格实行生态环境损害赔偿制度，完善环境保护管理制度，着力解决污染防治能力弱、监管职能交叉、权责不一致、违法成本过低等问题。

健全环境治理和生态保护市场体系。培育环境治理和生态保护市场主体，推行用能权、碳排放权、排污权、水权交易制度，建立绿色金融体系和统一的绿色产品体系，着力解决市场主体和市场体系发育滞后、社会参与度不高等问题。

完善生态文明绩效评价考核和责任追究制度。建立生态文明目标体系，建立自然资源环境承载能力监测预警机制，探索编制自然资源资产负债表，对领导干部实行自然资源资产离任审计，建立生态环境损害责任终身追究制，着力解决发展绩效评价不全面、责任落实不到位、损害责任追究缺失等问题。

改革生态环境监管体制。不断完善生态文明制度体系，推进生态文明领域国家治理体系和治理能力现代化，迫切要求改变目前资源和生态环境领域的管理体制中存在的职责交叉重复、监管者和所有者没有很好区分开的问题。要加强对生态文明建设的总体设计和组织领导，建立国有自然资源资产管理和自然生态监管机构，完善生态环境管理制度，统一行使全民所有自然资源资产所有者职责，统一行使所有国土空间用途管制和生态保护修复职责，统一行使监管城乡各类污染排放和行政执法职责。

制度是约束和规范行为的各种规则，具有规范、协调、凝聚、激励等重要功能。把生态文明建设落实于制度建设，标志着我国生态文明建设进入实质性的推进阶段。

第二节　中国特色社会主义生态文明建设路径

一、中国特色社会主义生态文明建设的重大意义和原则

生态文明，是指人类遵循人、自然、社会和谐发展这一客观规律而取得的物质与精神成果的总和；是指人与自然、人与人、人与社会和谐共生、良性循环、全面发展、持续繁荣为基本宗旨的文化伦理形态。它是对传统工业文明牺牲生态环境换取经济增长的弊端进行深刻反思后形成的一种新的文明形态，是人类社会进步的重要标志，代表了人类文明发展的新方向。

生态文明建设，是指人类在利用和改造自然的过程中，主动保护自然，积极改善和优化人与自然的关系，建设健康有序的生态运行机制和良好的生态环境。就是抛弃了工业社会人与自然二元对立的价值观，强调在处理人与自然的关系时，将征服、控制和改造自然的自然观转变为调控、协调人与自然和谐相处的自然观，既肯定了人类在协调生态系统稳定性和平衡性中的主导地位，又要求人与自然相互依存、相互促进、共处共融。如果说农业文明是“黄色文明”，工业文明是“黑色文明”，那么生态文明就是“绿色文明”。

（一）深刻认识加强生态文明建设的重大意义

2007 年，党的十七大首次提出把建设生态文明作为实现全面建设小康社会五大目标之一。2012 年党的十八大把生态文明建设纳入中国特色社会主义事业“五位一体”总体布局，明确提出大力推进生态文明建设，努力建设美丽中国，实现中华民族永续发展。2017 年党的十九大明确了到本世纪中叶把我国建设成为富强民主文明和谐美丽的社会主义现代化强国的目标。2018 年 3 月，十三届全国人大一次会议通过的《中华人民共和国宪法修正案》，将这一目标载入国家根本大法，进一步凸显了建设美丽中国的重大现实意义和深远历史意义。

坚持人与自然和谐共生，是新时代坚持和发展中国特色社会主义的基本方略，充分体现了党对新时代经济社会与自然生态和谐发展规律的深刻认识和准确把握。推进生态文明建设，不仅对于坚持和发展中国特色社会主义，推动现

代化事业的发展具有重大现实意义，而且对于保障全球生态安全、推动人类文明进步具有深远意义。

1. 加强生态文明建设是我们对人类文明发展进程中正反两方面经验教训的反思和总结

生态环境是人类生存和发展的根基，生态环境变化直接影响文明兴衰演替。一方面，追求天地人统一并将自然生态置于人类文明发展的基础性地位，努力做到取之有时，用之有度，是中华民族悠久的历史传统。中华文明历来强调天人合一、尊重自然。“万物各得其和以生，各得其养以成。”五千多年的中华文明就是在人与自然的和谐共生中发育成长，生生不息，绵绵不绝。中国生态文明思想源远流长，博大精深，很多文化典籍中都有生态保护的思想。儒家主张以仁爱之心对待自然，强调“天人合一”，肯定人与自然界的有机联系和有机统一，提出“能尽人之性，则能尽物之性；能尽物之性，则可以赞天地之化育；可以赞天地之化育，则可以与天地参矣”。道家提出人以尊重自然为最高准则，要达到“天地与我并生，而万物与我为一”的境界。佛教从善待万物角度出发，认为世间万物皆有生存的权利，“一切众生悉有佛性，如来常住无有变异”，将“勿杀生”奉为“五戒”之首。古代的生态保护思想大都包含“天地与我并生，万物与我为一”的朴素整体观，承认人类和万物一样，是天地自然而然的产物，要求人类要关爱和保护自然。人与自然的和谐共生，是中华民族生命之根，是中华文明发展之源。

另一方面，包括古代中国在内的文明古国也确实在经济开发过程中给一些地区的生态环境带来了严重破坏，并进而造成其经济衰落甚或文明衰落。因而，生态兴则文明兴，生态衰则文明衰，是人类文明史所揭示的朴素真理，更是人类社会生态灾难总结出来的血的教训。生态环境没有替代品，用之不觉，失之难存。新时代社会主义现代化建设应当大力弘扬光大尊重自然、顺应自然、保护自然、热爱自然的优秀生态文化传统。

2. 加强生态文明建设是马克思主义关于人与自然关系思想的基本观点和必然要求

人与自然的关系是人类生存和发展的基本关系。马克思主义理论揭示了自然对人的先在性和人对自然的依赖性，剖析了人与自然、人与人、人与社会之间的辩证关系，阐释了实践对自然界存在的意义和作用，指出了社会的解放、人的解放是自然解放的先决条件这一唯物史观命题。强调了人与自然是命运共同体，蕴含着丰富的生态文明思想。

人来自自然、依赖自然，强调生态环境对人类发展的重大影响。人因自然而生，人本身是自然界的产物，没有自然界就没有人本身。恩格斯指出，“人本身是自然界的产物，是在自己所处的环境中并且和这个环境一起发展起来的”。马克思也说过，“整个所谓世界历史不外是人通过人的劳动而诞生的过程，是自然界对人来说的生成过程，所以关于他通过自身而诞生、关于他的形成过程，他有直观的、无可辩驳的证明”。人依赖自然，靠自然生活，自然界是人类生存和发展的外部环境，“是人为了不致死亡而必须与之相处于持续不断的交互作用过程的人的身体”。自然界为人类提供生产资料和生活资料，是人类物质生活和精神生活的基础。

强调自然对人的先在性和人的主体性的统一，要求在实现“人同人自身的和解”过程中实现“人同自然的和解”。人可以认识自然、改造自然，使自然界为自己服务。但人认识自然改造自然的能动性的发挥应遵循自然对人的先在性，人是通过自己有别于其他动物的能动性来认识自然，通过他所作出的改变来使自然界为自己服务，来支配自然界。马克思主义理论强调实践作为人类所特有的一种活动，是人与自然的纽带，人类在实践活动中要认识、尊重和遵循自然规律，绝不能凌驾于自然规律之上。恩格斯告诫人们：“我们不要过分陶醉于我们人类对自然界的胜利。对于每一次这样的胜利，自然界都对我们进行报复……因此，我们每走一步都要记住：我们绝不像征服者统治异族人那样支配自然界，绝不是像站在自然界外的人似的……相反，我们连同我们的肉、血和头脑都是属于自然界和存在于自然界之中的；我们对自然界的整个支配作用，就在于我们比其他一切生物强，能够认识和正确运用自然规律。”因而，新时代社会主义现代化建设过程中坚持与发展马克思主义的一个重要方面，就是要铭记与践行马克思主义的人与自然关系思想或生态文明理论。

3. 生态文明建设是党和国家明确确立的治国理政长期方略

生态环境是关系党的使命宗旨的重大政治问题，也是关系民生的重大社会问题，是新时代中国特色社会主义基本方略的重要内容。我们党历来高度重视生态环境保护，把节约资源和保护环境确立为基本国策，把可持续发展确立为国家战略。随着经济社会发展和实践的深入，我们对中国特色社会主义总体布局的认识不断深化，从当年的“两个文明”到“三位一体”“四位一体”，再到今天的“五位一体”，这是重大的理论和实践创新，更带来了发展理念和发展方式的深刻转变。随着我国社会主要矛盾转化为人民日益增长的美好生活需要和不平衡不充分的发展之间的矛盾，人民群众对优美生态环境的需要已经成为这一矛盾的重要方面，广大人民群众热切期盼加快提高生态环境质量。

党的十八大以来，大力推进生态文明建设已经被纳入到党和政府治国理政的常态性议事日程。通过全面深化改革，加快推进生态文明顶层设计和制度体系建设，相继出台了《关于加快推进生态文明建设的意见》《生态文明体制改革总体方案》，制定了 40 多项涉及生态文明建设的改革方案，从总体目标、基本理念、主要原则、重点任务、制度保障等方面对生态文明建设进行全面系统部署安排，生态文明建设有明显改善，不断改善的生态环境将成为我国国家安全和综合竞争力的重要体现。

4. 加强生态文明建设是对保障全球生态安全、推动人类文明进步的积极贡献

构建共同应对保护生态环境责任与挑战的命运共同体，是当今世界面临的共同问题。党的十八大以来，“人类命运共同体”思想已经成为当代中国以全球视野、全球眼光、人类胸怀积极推动治国理政的更高视野、更广时空的全球性理念。在引导应对气候变化国际合作等方面，中国已经成为全球生态文明建设的重要参与者、贡献者、引领者。“全球生态文明建设”是中国话语、中国原创、中国表达，在世界范围内焕发出强大生机活力，不论是发达的工业化国家，还是尚未完成工业化的发展中国家，都意识到了人类需要用生态文明思想对传统工业文明下的伦理价值认知、生产方式、消费方式加以改造和提升，建立与生态文明相适应的体制机制。而中国的生态文明建设恰恰提供了系统的理论、方法和政策经验，更有中华传统文明的古老东方生态智慧。2015 年达成、2016 年生效的联合国《2030 年可持续发展议程》和《巴黎协定》，实际上是推动实现工业文明向生态文明转型的议程。这都意味着当代中国，正以自己独特的“中国智慧”和“中国方案”，在世界上高高举起了社会主义生态文明建设的伟大旗帜。

总之，生态文明及其建设关系到党和国家全面建成小康社会战略目标的实现，事关中国共产党的历史使命能否得到人民认可和经得起历史检验，关系到新时代中国特色社会主义现代化富强民主文明和谐美丽目标的全面实现，关系到中华民族文明的世代永续发展，关系到人类发展面临的共同问题能否得到解决。

（二）加强生态文明建设必须坚持的原则

加强生态文明建设，必须坚持人与自然和谐共生，树立尊重自然、顺应自然、保护自然的生态文明理念，保护自然生态系统，维护人与自然之间形成的生命共同体。

尊重自然，是人与自然相处时应秉持的首要态度，要求人对自然怀有敬畏之心、感恩之情、报恩之意，尊重自然界的创造和存在，绝不能凌驾于自然之上，只有尊重自然才是人与自然相处的科学态度。顺应自然，是人与自然相处时应遵循的基本原则，要求人顺应自然的客观规律，按自然规律办事，就是要使人类的活动符合而不是违背自然界的客观规律，以制度约束人的行为，防止出现因急功近利和个人贪欲而违背自然规律的现象。保护自然，是人与自然相处时应承担的重要责任，要求人发挥主观能动性，在向自然界索取生存发展之需的同时，呵护自然，回报自然，保护自然界的生态系统，把人类活动控制在自然能够承载的限度之内，给自然留下恢复元气、休养生息、资源再生的空间，实现人类对自然获取和给予的平衡，多还旧账，不欠新账，防止出现生态赤字和人为造成的不可逆的生态灾难。

生态文明的核心是坚持人与自然和谐共生。加强生态文明建设必须坚持的原则是：

坚持人与自然和谐共生。人与自然是生命共同体的生态价值观，要求我们在现代化发展过程中，必须坚持节约优先、保护优先、自然恢复为主的方针，像保护眼睛一样保护生态环境，像对待生命一样对待生态环境，让自然美景永驻人间，还自然以宁静、和谐、美丽。要求我们尊重自然、顺应自然、保护自然，要按照自然规律办事，要有主动保护自然的态度，这是生态价值观最为重要的内容。坚持人与自然和谐共生，是对马克思主义生态观的继承和发展，是对中国传统生态观的创新和发展。

绿水青山就是金山银山。习近平总书记2013年在哈萨克斯坦纳扎尔巴耶夫大学回答学生提问时指出，“我们既要绿水青山，也要金山银山。宁要绿水青山，不要金山银山，而且绿水青山就是金山银山”。“两山论”这一辩证发展观或认识论所昭示的是，一方面，在生态文明建设的时代背景和语境下，最初孤立存在的自然生态系统或者自然生态元素可以同时呈现为自然财富、生态财富、经济财富和社会财富，即“绿水青山就是金山银山”。另一方面，大力推进生态文明建设的过程，也是当今世界主流性的生产与生活方式日渐走向生态化的过程，这意味着人们从发展理念到财富与进步观念的深刻转变。我们只有拥有了绿水青山这样一种自然资源基础，才可能拥有金山银山，或是才具有推进经济发展的基本条件。因此，必须要正确处理经济发展同生态环境保护的关系，牢固树立保护生态环境就是保护生产力、改善生态环境就是发展生产力的理念，更加自觉地推动绿色发展、循环发展、低碳发展，决不以牺牲环境为代价去换取一时的经济增长。

良好生态环境是最普惠的民生福祉。发展经济是为了实现人民群众的幸福生活，保护生态也是为了实现人民群众的美好生活，这二者作为党和政府治国理政的民生宗旨是统一的整体，在政策实践中也理应是并重兼顾的，而在生态环境质量已经整体上呈现为一种公共供给短板的情况下，良好生态环境是最公平的公共产品，改善生态环境自然就成为改善民生的重要突破口，必然是最普惠的民生福祉。

山水林田湖草是生命共同体。人的命脉在田，田的命脉在水，水的命脉在山，山的命脉在土，土的命脉在树。包括山水林田湖草等构成元素在内的大自然是一个相互依存、紧密联系的有机整体，不同地域或层面上的生态环境子系统、亚系统也是如此。自然生态不承认任何行政边界，因此，人类社会或行政实体的生态环境公共管理活动，必须按照生态系统的整体性、系统性及其内在规律，做到统筹兼顾、整体施策、多措并举，全方位、全地域、全过程地开展生态文明建设。

用最严格制度最严密法治保护生态环境。党的十八大以来，以习近平同志为核心的党中央高度重视生态文明顶层设计和制度体系建设，强调要用最严格制度最严密法治保护生态环境，加快制度创新，强化制度执行，让制度成为刚性的约束和不可触碰的“高压线”。从生态文明体制改革总体方案到中央环境保护督察制度，从大气、水、土壤污染防治三大行动计划陆续出台到“史上最严”新环保法开始实施等方面，推动力度可以说是前所未有。渐趋完善而稳定的公共管理制度体系与法治体系是生态环境问题治理和生态文明建设的重要体制保障与目标任务。可以说，当代中国大力推进生态文明建设的过程，既是各级党委和政府部门逐渐能够做到通过法治渠道与手段调节各种人与自然、社会与自然矛盾及其冲突的过程，也是广大人民群众自觉借助法治渠道与手段参与到全社会的生态环境治理并进行自我教育与提高的过程。只有实行最严格的制度、最严密的法治，才能为生态文明建设提供可靠保障。

共谋全球生态文明建设。无论是共谋全球生态文明建设，深度参与全球环境治理，还是形成世界环境保护和可持续发展的解决方案，引导应对气候变化国际合作，当代中国都已然成为全球生态文明建设的重要参与者、贡献者、引领者。2015 年 11 月 30 日，习近平主席出席了“气候变化巴黎大会”开幕式并发表重要讲话。他指出，中国在“国家自主贡献”中提出将于 2030 年左右使二氧化碳排放达到峰值并争取尽早实现，虽然需要付出艰苦的努力，但我们有信心和决心实现我们的承诺。这既是中国主动承担起的大国责任，也是对推动构建人类命运共同体作出的重要贡献。因而，我们需要准备同时在理论话语、政策倡议和制度平台等不同领域扮演一种更为积极的全球性角色。

十八大以来，我国把生态文明建设摆在越来越突出的位置上，在深刻总结生态文明建设经验教训、不断深化对人与自然和谐共生关系的认识，逐步形成了社会主义的生态文明观，其内容十分丰富，主要包括：生态兴则文明兴、生态衰则文明衰的深邃历史观；人与自然是命运共同体的科学自然观；绿水青山就是金山银山的绿色发展观；良好生态环境是最普惠的民生福祉的基本民生观；统筹山水林田湖草系统治理的整体系统观；实行最严格生态保护制度的严密法治观；全社会共同参与的全民行动观；建设清洁美丽世界的全球共赢观。总之，保护生态环境就是保护生产力，改善生态环境就是发展生产力，良好生态环境是最公平的公共产品，是最普惠的民生福祉。这是中国深刻认识生态问题得出的基本结论。可以预见，一个“美丽中国”的成功故事要比一个“富强中国”的成功故事更具有文明引领与导向意义。

二、建设人与自然和谐共生的现代化

现代化是近代以来中华民族追求的梦想。中华人民共和国成立以后，一代代中国共产党人对如何推进中国的现代化进行了长期不懈的探索和实践。社会主义现代化的建设目标，也经历了从建设一个具有现代农业、现代工业、现代国防和现代科学技术的社会主义强国，到富强、民主、文明的社会主义现代化，再到富强、民主、文明、和谐的社会主义现代化，进而是富强、民主、文明、和谐、美丽的社会主义现代化强国的发展过程。党的十九大提出我们要建设的现代化是人与自然和谐共生的现代化，到 2035 年要实现生态环境的根本好转，美丽中国目标基本实现，到本世纪中叶要把我国建设成为富强民主文明和谐美丽的社会主义现代化强国，这些目标和任务的提出，体现着党对社会主义现代化发展规律的深刻认识和把握。

（一）人与自然和谐共生现代化的内涵和特征

人与自然和谐共生的现代化，就是既要创造更多物质财富和精神财富以满足人民日益增长的美好生活需要，也要提供更多优质生态产品以满足人民日益增长的优美生态环境需要。人与自然和谐共生，既是现代化发展的不竭动力和力量源泉，也是人类文明发展到更高阶段的体现。党的十九大首次从生态文明角度对中国特色社会主义现代化的界定，揭示了新时代现代化的新内涵，凸显了新时代中国特色社会主义现代化的诸多新特征。

建设人与自然和谐共生的现代化，体现了党对现阶段中国社会主要矛盾的准确把握与科学回应。中国特色社会主义进入新时代，我国社会主要矛盾已经转化为人民日益增长的美好生活需要和不平衡不充分的发展之间的矛盾。“不平衡”既包括区域、产业、城乡等方面的不平衡，也包括人与自然发展的不平衡。“不充分”既包括生产力发展、科技发展等方面的不充分，也包括绿色发展不充分、高质量高效益发展不充分。顺应人民群众追求美好生活的新期待，不仅要创造更多物质财富和精神财富以满足人民日益增长的美好生活需要，而且要持之以恒推进人与自然和谐共生，提供更多优质生态产品，以满足人民日益增长的优美生态环境需要。人和自然之间的不平衡、绿色发展高质量高效益发展不充分等，在我国的资源、环境和生态方面制约着现代化建设的前行。

资源，是一国或一定地区内拥有的物力、财力、人力等各种物质要素的总称。环境，是人类生存的空间及其可以直接或间接影响人类生活和发展的各种自然因素。生态，就是一切生物的生存状态，以及它们之间和它与环境之间环环相扣的关系。我国人口众多，资源相对不足、环境容量有限、生态系统退化等已经成为新的基本国情，成为实现现代化的“短板”。我国当前面临的生态国情是，一方面，我国人均资源不足，人均耕地、淡水资源、森林面积仅占世界平均水平的 32%、27.4% 和 12.8%，石油、天然气、铁矿石等资源的人均拥有储量也明显低于世界平均水平；另一方面，由于长期实行主要依赖增加投资和物质投入的粗放型经济增长方式，能源和其他资源的消耗过大，生态环境恶化的问题日益突出。一些地方生态环境承载能力已近极限，水、大气、土壤等污染严重，固体废料、汽车尾气、重金属等污染持续增加；环境突发事件增多，水污染、食品安全问题严重危害人民群众身体健康；目前我国温室气体排放总量大、增速快，石化能源排放的二氧化碳已位居世界第一，生态环境的硬性约束越来越大。经过多年来的不懈努力，我国环境容量有限，生态系统脆弱，污染重、损失大、风险高的生态环境状况还没有根本好转，并且独特的地理环境加剧了地区间的不平衡。比如，“胡焕庸线”东南方43%的国土，居住着全国94%左右的人口，以平原、水网、低山丘陵和喀斯特地貌为主，生态环境压力巨大；该线西北方57%的国土，供养大约全国6%的人口，以草原、戈壁沙漠、绿洲和雪域高原为主，生态系统非常脆弱。这是我国基本国情中很重要的内容。因而，新时代任何以牺牲生态环境为代价的现代化发展都不仅是不可持续的，而且是不值得追求的。

建设人与自然和谐共生的现代化，体现了中国特色社会主义现代化不同于传统现代化的内涵和特征。人与自然和谐共生的现代化表明，新时代中国特色社会主义现代化绝不沿袭传统现代化将人与自然对立起来的发展模式，绝不走西方现代化所走过的“先污染后治理”的老路，而是要走出一条将人与自然当作生命共同体，在尊重自然、顺应自然、保护自然中创造更多物质财富和精神财富，以满足人民日益增长的美好生活需要，以及提供更多更优质生态产品以满足人民日益增长的优美生态环境需要的新型现代化崭新道路。

人与自然和谐共生的现代化是对传统现代化的超越。传统现代化是在人类漫长的工业化进程中，由资本主义主导的以追求利润最大化为目的、以征服和改造自然获取生产资料和生活资料、以推动经济高速增长和财富迅速积累支撑人们高消费生活方式的现代化发展模式，由此不可避免地带来了人和自然之间的关系紧张和对立，激发了社会矛盾和生态矛盾，引发严重的社会危机和生态危机。

人类进入工业文明时代以来，传统工业化迅猛发展，在创造巨大物质财富的同时也加速了对自然资源的攫取，打破了地球生态系统原有的循环和平衡，造成人与自然关系紧张。随着产业技术革命的发展，西方国家率先进入以无生命能源的消耗为核心、以专业化社会大生产为主要特征、以经济的快速增长为主要价值导向的工业化社会。为了维持工业社会的运转，西方国家凭借先进的科学技术，既把自然界当作“水龙头”肆意掠夺资源，又把自然界当作污水池随意污染生态环境，使得自然界支离破碎、面目全非。从20世纪30年代开始，一些西方国家相继发生多起环境公害事件，损失巨大，震惊世界，引发了人们对资本主义发展模式的深刻反思。在人类200多年的现代化进程中，实现工业化的国家不超过30个、人口不超过10亿。我国是世界上最大的发展中国家，将生态文明建设提到总体布局的高度，符合世界文明发展潮流，有助于全球生态治理目标的实现。在我们这个14亿多人口的最大发展中国家推进生态文明建设，建成富强民主文明和谐美丽的社会主义现代化强国，其影响将是世界性的。

传统现代化在人与自然的关系上，存在着以下几种错误的观念：一是认为经济增长和生态资源具有无限性，认为在现代化进程中科技创新是无限的，生产能力也是无限的，因此，经济无限增长的自然基础在于生态资源可供给能力的无限性。二是割裂经济价值和生态价值的内在联系，将经济价值视为现代化的最大追求目标和导向，崇尚经济价值而贬低生态价值，以生产、物质、消费助推现代化发展水平，助长了物质主义、享乐主义盛行，利润最大化原则下对自然资源的过度开发。三是在发展经济中无视或者忽视环境污染，认为地球是容量无限的天然垃圾箱和阴沟洞，自然界本身具有无比巨大的自我净化自我修复能力，即使污染了，仍然可以通过先污染后治理来解决。在上述观念指导下，传统现代化走向了片面追求生产力发展，忽视了自然界对人类生产生活的制约和影响。

建设人与自然和谐共生的现代化，是中国借鉴西方发达国家生态文明建设的理论和实践成果，并总结他们的经验教训提出的既具有中国特色又蕴含世界元素的中国特色社会主义现代化，本质上是绿色发展推动的绿色现代化，带有鲜明的时代特征。一是呈现出绿色发展促进资源节约型、环境友好型、人口均衡型和生态健康安全型的社会特征。二是在人类文明系统中，呈现出人与自然和谐共生实现社会高质量发展，在保障人民群众的经济权益、政治权益、文化权益、社会权益和生态权益中，促进人的自由而全面发展。

回顾人类文明史，由农业文明到工业文明是人类文明史上的一次飞跃，但近代以来300多年的工业文明史，是人类改造自然能力不断增强的历史，也是人类生态环境不断恶化的历史。工业革命以来全球人口快速增长，从1750年的8亿人口增加到2008年的68亿人口。增长10亿人口的时间由100年（1830年10亿人口到1930年20亿人口）缩短为12年（1987年50亿人口到1999年60亿人口）。人口规模的急剧扩大带来的直接后果是人类的需求持续增加，生产规模不断扩大。在科技的推动下，以石油、煤炭、天然气等自然资源为原料的现代工业体系推动了工业化、城市化和全球化的发展。这需要源源不断地从自然界中开采资源，然后再源源不断地将废弃物排放到自然界之中。最终，地球上可再生资源的消耗速度超越了其再生的能力，不可再生资源的消耗速度超越了其替代产品的研发和使用速度，引起了严重的资源危机；工业生产和生活消费过程中及末端产生的噪音、废气、废水和固体垃圾量骤然增加，环境污染的速度远远超越了环境治理的速度，带来了深重的环境灾难。20世纪60年代，随着美国学者卡逊《寂静的春天》的发表和西方环境保护运动的崛起，西方国家逐渐从工业文明、人与自然二元对立的价值观中汲取教训，注重生态环境的保护，开启了生态文明建设之路，并取得了系列理论和实践成果。联合起来拯救地球成为各国的共识，世界开始迈向生态文明时代。1992年联合国环境与发展大会召开，通过了以可持续发展理念为指导的《里约环境与发展宣言》《21世纪议程》等，这是世界环境治理史上的标志性事件。可持续发展理念强调发展既要满足当代人的需要，又不对后代人满足其需要的能力构成危害，要求人口再生产、物质再生产和生态再生产协调统一，蕴含着代际之间生态公平和正义的思想，是人类社会发展的指导性战略，被世界各国所重视。随后，生态文明思想被提出，并在美国、德国、日本等发达国家得到实践。

（二）坚持走人与自然和谐共生现代化之路

新时代中国特色社会主义现代化是物质、精神、政治、社会、生态诸多领域整体文明进步的现代化。人与自然和谐共生的现代化不仅仅体现在传统意义上的环境保护、生态修复等，而是把马克思主义生态文明理论、全球可持续发展理论、中华优秀生态文明思想和我国社会主义建设实践结合起来，将生态文明建设融入经济建设、政治建设、文化建设、社会建设、党的建设各个方面和全过程，构成了顺应全球绿色潮流和当代特征的中国特色社会主义现代化全新理念和实践，走出了一条有别于传统现代化的新道路。

以绿色发展理念引领新型工业化。工业生产是物质财富的主要来源，工业化是现代国家不可逾越的发展阶段。面临新一轮全球竞争的挑战，要突破中国工业由大转强的资源环境约束，要求以传统工业绿色化改造为重点，以绿色科技创新为支撑，以法规标准制度建设为保障，加快构建绿色制造体系，大力发展绿色制造产业，推动绿色产品、绿色工厂、绿色园区和绿色供应链全面发展，建立健全工业绿色发展长效机制，提高绿色国际竞争力，走高效、清洁、低碳、循环的绿色发展道路，推动工业文明与生态文明和谐共融，实现人与自然和谐发展。

让绿色化贯穿农业现代化发展始终。要以绿色生态为导向，以改革创新为动力，以降低利用强度、改善产地环境、发展绿色产品为目标，突出加强重要资源保护，强化重点区域环境治理，促进农业废弃物资源利用，发展资源节约型、环境友好型、生态保育型农业。同时，坚持保护优先、节约优先，突出重点、分类施策，明确权责、合力推进，改革创新、完善机制的基本原则，提升农业资源永续利用水平，治理农业环境突出问题，改善恢复农业生态功能，推进农业绿色化的发展。

让城市融入大自然。解决当前城镇化进程中出现的“大城市病”“空城”问题，要切实把资源消耗、环境损害、生态效益纳入城镇化发展评价体系，建立绿色城镇化根本性机制保障；生态智慧规划先行，科学选择城镇化发展道路；全面推进绿色建筑和公共交通的发展；综合整治城镇生态环境，建设和谐新城；有效推进企业节能减排，打造淘汰落后产能的全社会导向机制。

建设人与自然和谐共生的现代化，走生态文明之路，已是当今世界发展的大趋势。在工业化、信息化、城镇化、农业现代化和绿色化“新五化”高度融合的经济新常态下，绿色、低碳和循环发展的科学技术，正在以“分秒必争”“日新日异”的速度向生产力诸要素全面融合，使自然科学研究取得重大飞跃，形成先进绿色技术和生态技术，他们又促成绿色生态产业的广泛兴起。因而，坚持走人与自然和谐共生的现代化道路，是实现中华民族伟大复兴中国梦的必然选择。

三、建设美丽中国

当前，我国生态文明建设正处于压力叠加、负重前行的关键期，已进入提供更多优质生态产品以满足人民日益增长的优美生态环境需要的攻坚期，也到了有条件有能力解决生态环境突出问题的窗口期。党的十九大报告强调要突出抓重点、补短板、强弱项，特别是要坚决打好防范化解重大风险、精准脱贫、污染防治的攻坚战，使全面建成小康社会得到人民认可、经得起历史检验。坚决打赢污染防治的攻坚战，是建设社会主义现代化国家之美丽中国的当下任务。

（一）建设美丽中国取得重大进展

回顾改革开放 40 多年来，我们对绿色发展理念的认知和生态文明建设的实践，经历了一个由浅入深逐步深化的过程。改革开放之初，随着工业化的推进，人与自然的关系日渐恶化，自然环境问题逐步凸显。1983 年，我国将环境保护确定为基本国策。1994 年，我国响应联合国号召，率先制定了《中国 21 世纪议程》，提出实施可持续发展战略。2003 年，党的十六届三中全会提出以人为本、全面协调可持续的科学发展观。2005 年，党的十六届五中全会把资源节约作为基本国策，把建设资源节约型、环境友好型社会作为“十一五”的重大战略任务。2007 年，党的十七大首次提出把建设生态文明作为实现全面建设小康社会五大目标之一。2012年，党的十八大把生态文明建设纳入中国特色社会主义事业“五位一体”总体布局。2013年，党的十八届三中全会提出，紧紧围绕建设美丽中国深化生态文明体制改革，建立系统完整的生态文明制度体系，用制度保护生态环境。2014年，党的十八届四中全会提出，用严格的法律制度保护生态环境。2015年9月11日，中共中央政治局审议通过了《生态文明体制改革总体方案》。2015年，党的十八届五中全会提出五大发展理念，并明确绿色是永续发展的必要条件和人民对美好生活追求的重要体现。2017年，党的十九大报告关于绿色发展的论述为建设美丽中国指明了方向。绿色发展是中国特色社会主义进入新时代的一个必然要求。进入新时代，我国社会主要矛盾已经发生了转化，人民日益增长的美好生活需要中对于环境方面的需求和我们现在所能提供的优质生态产品之间还存在着矛盾，因此我们要加大力度实现人与自然的和谐共生，建设人与自然和谐共生的现代化。

党的十八大以来，我国对生态文明建设给予前所未有的重视。习近平总书记强调，要清醒认识保护生态环境、治理环境污染的紧迫性和艰巨性，清醒认识加强生态文明建设的重要性和必要性，以对人民群众对子孙后代高度负责的态度和责任，真正下决心把环境污染治理好、把生态环境建设好，努力走向社会主义生态文明新时代，为人民创造良好生活环境。我国在加快推进生态文明顶层设计和制度体系建设。2015年4月，中共中央、国务院印发了《关于加快推进生态文明建设的意见》，对生态文明建设作出全面部署，明确了加快推进生态文明建设的基本原则，规划了到2020年的生态文明建设总目标。同年9月，中共中央、国务院印发了《生态文明体制改革总体方案》，制定了40多项涉及生态文明建设的改革方案，从总体目标、基本理念、主要原则、重点任务、制度保障等方面对生态文明建设进行全面系统部署安排，成为当前我国生态文明领域改革的顶层设计和基础性制度框架。

生态文明建设目标评价考核、自然资源资产离任审计、生态环境损害责任追究等制度出台实施，主体功能区制度逐步健全，省以下环保机构监测监察执法垂直管理、生态环境监测数据质量管理、排污许可、河（湖）长制、禁止洋垃圾入境等环境治理制度加快推进，绿色金融改革、自然资源资产负债表编制、环境保护税开征、生态保护补偿等环境经济政策制定和实施进展顺利。京津冀大气污染治理、长江经济带生态环境保护取得阶段性成效。我们还制定和修改环境保护法、环境保护税法以及大气、水污染防治法和核安全法等法律。全国人大常委会、最高人民法院、最高人民检察院对环境污染和生态破坏作为界定入罪标准，加大惩治力度，形成高压态势。

中央和地方各级政府陆续出台了一系列强有力的政策措施，淘汰落后工业产能，加大环境治理力度，打响蓝天保卫战，形成保护环境的强大合力。同时，加强法制建设，建立并实施中央环境保护督查制度，大力推动绿色发展，深入实施大气、水、土壤污染防治三大行动计划，在国际上也率先发布和实施了一系列政策措施。

大力推动绿色发展取得明显成效。国土空间布局得到优化，京津冀、长江经济带省区市和宁夏等 15 个省区市的生态保护红线已经划定。供给侧结构性改革深入推进，产业结构不断优化，一大批高污染企业有序退出，京津冀及周边地区“散乱污”企业整治力度空前。能源消费结构发生积极变化，我国成为世界利用新能源和可再生能源第一大国。全面节约资源有效推进，资源消耗强度大幅下降。

深入实施大气、水、土壤污染防治三大行动计划。我国是世界上第一个大规模开展 PM2.5 治理的发展中大国，形成全世界最大的污水处理能力。同 2013 年相比，2017 年全国 338 个地级及以上城市可吸入颗粒物（PM10）平均浓度下降 22.7%，京津冀地区 PM2.5 平均浓度下降 39.6%，北京 PM2.5 平均浓度从 89.5 微克 / 立方米降至 58 微克 / 立方米。地表水国控断面Ⅰ－Ⅲ类水体比例增加到 67.9%，劣Ⅴ类水体比例下降到 8.3%。森林覆盖率由本世纪初的 16.6% 提高到 22% 左右。我国率先发布《中国落实 2030 年可持续发展议程国别方案》，实施《国家应对气候变化规划（2014—2020 年）》，向联合国交存《巴黎协定》批准文书。我国消耗臭氧层物质的淘汰量占发展中国家总量的 50% 以上，成为对全球臭氧层保护贡献最大的国家。2017 年，同联合国环境署等国际机构一道发起，建立“一带一路”绿色发展国际联盟。

经过不懈努力，我国生态文明建设取得重大进展和成就。2012—2016 年，我国平均新增造林面积超过 9000 万亩（1 公顷 =15 亩）；全国森林覆盖率和森林蓄积量稳定增长；全国大气污染治理初见成效，京津冀地区、长三角区域、珠三角区域细颗粒物（PM2.5）平均浓度总体上都呈现下降趋势；万元国内生产总值能耗从 2012 年 0.83 顿标准煤下降到 2016 年 0.68 顿标准煤；全国地表水特别是大江大河干流水质稳步改善；我国治理沙化土地 1.26 亿亩，实现了由“沙进绿退”到“绿进沙退”的历史性转变。

（二）建设美丽中国任重而道远

总体上看，我国生态环境质量持续好转，出现了稳中向好趋势，但面临的生态环境问题仍然十分突出。我国资源约束趋紧、环境污染严重、生态系统退化的形势依然严峻，特别是一些地方破坏生态环境的行为仍在频发、屡禁不止。

从生态看，生态退化依然严重，水土流失和荒漠化面积仍占陆域国土面积的 31% 和 30%，耕地退化面积占四成以上，可利用天然草原 90% 存在不同程度退化，沿海大量自然岸线和涂滩水域被占用；从资源看，资源利用依然粗放，单位国内生产总值能耗是世界平均水平两倍多，水资源产出率仅为世界平均水平的 62%，万元工业增加值用水量为世界先进水平的两倍，农业节水灌溉面积占有效灌溉面积不到一半，水资源过度开发利用，地下水超采严重，由此引起地面沉降、地面塌陷、海水入侵、土地荒漠化、泉水衰减等一系列严重生态环境问题；从环境看，污染形势依然严峻，全国主要污染物排放总量远远高于环境容量，区域性灰霾污染和流域水污染仍然呈现出常态化；从农业看，面源污染依然较高，农业面源污染已成为我国水源污染的主要原因之一，我国化肥施用量占世界 1/3 左右，高于耕地面积占世界的比例，残留的化肥和农药经过降水、地表径流、土壤渗滤进入水体中，导致土壤和水环境恶化；从消费看，浪费现象触目惊心，在粮食生产、流通、加工、消费、现代物流配送环节存在大量浪费现象，餐桌上的浪费尤为惊人，包装浪费现象也很突出，过度包装，严重浪费资源，助长不健康消费心理等。由此可见，推动形成绿色发展方式和生活方式具有长期性、复杂性、艰巨性。如果不重视、不抓紧、不落实，任凭存在的问题继续恶化下去，我国的发展、我国的现代化建设必将是不可持续的。

2018 年 5 月，习近平总书记在全国生态环境保护大会上指出，必须清醒看到，我国生态文明建设挑战重重、压力巨大、矛盾突出，推进生态文明建设还有不少难关要过，还有不少硬骨头要啃，还有不少顽瘴痼疾要治，形势仍然十分严峻。我国生态环境质量成效并不稳固，稍有松懈就有可能出现反复，犹如逆水行舟，不进则退。生态文明建设正处于压力叠加、负重前行的关键期，已进入提供更多优质生态产品以满足人民日益增长的优美生态环境需要的攻坚期，也到了有条件有能力解决生态环境突出问题的窗口期。我国经济已由高速增长阶段转向高质量发展阶段，需要跨越一些常规性和非常规性关口。这是一个凤凰涅槃的过程。如果现在不抓紧，将来解决起来难度会更高、代价会更大、后果会更重，必须咬紧牙关，爬过这个坡，迈过这道坎。

全国环境大会做出了我国生态文明建设“三期叠加”的重大战略判断，具体来说，我国生态文明建设正处于压力叠加、负重前行的关键期，关键期是指产业结构偏重、能源结构偏煤、产业布局偏乱，区域城乡生态环境保护不均衡，污染企业“上山下乡”现象较为突出，生态退化依然严重，新业态带来的污染也不容忽视。我国生态文明建设当下处于全面建成小康社会的关键期，如果生态环境问题治理不好，就难言高质量发展，也就难以建成人民认可的全面小康社会。攻坚期是指当下距离百姓对美好生活的向往还有不小距离。比如大气污染防治，2017 年“大气十条”虽然圆满收官，但包括产业结构调整、能源布局调整、运输结构优化等在内的深层次的问题仍待解决、仍需攻坚。我们现在强调打好污染防治攻坚战，就是要在这些方面着力。我国生态文明建设也到了有条件有能力解决生态环境突出问题的窗口期。窗口期是指改革开放 40 多年来，人民群众砥砺奋进，不仅书写了国家和民族发展的壮丽史诗，也为解决生态遗留问题、污染防治攻坚积累了丰厚的物力、财力和制度、技术条件。这说明，我们有基础、有能力、有信心完成生态文明建设的各项目标。“三期叠加”战略判断的重大意义在于，阐释了时不我待、不进则退的任务艰巨性，道出了加快补齐生态环保短板的极端重要性，点明了有条件、有能力的客观基础性。由此，对于推进生态文明建设，我们要有客观的认识，戒骄戒躁，攻坚克难，把生态文明建设继续向前推进。

（三）建设美丽中国的主要任务

建设生态文明，实现美丽中国的奋斗目标，是一场涉及生产方式、生活方式、思维方式和价值观念的革命性变革。加快解决历史交汇期的生态环境问题，必须加快建立健全以生态价值观念为准则的生态文化体系，以产业生态化和生态产业化为主体的生态经济体系，以改善生态环境质量为核心的目标责任体系，以治理体系和治理能力现代化为保障的生态文明制度体系，以生态系统良性循环和环境风险有效防控为重点的生态安全体系。

实现从工业文明到绿色文明转变这样的变革，必须从战略和全局出发，坚持人与自然和谐共生、绿水青山就是金山银山、良好生态环境是最大民生福祉、山水林天湖草是生命共同体、用最严格制度最严密法治保护生态环境、共谋全球生态文明建设的生态价值观、生态发展观、生态民生观、生态整体观、生态法治观、生态共治观，加快绿色发展步伐，着力解决环境突出问题，加大生态系统保护力度，坚决打赢污染防治攻坚战，不断开创生态文明建设新局面。

1. 推进绿色发展

绿色，是生命的象征、大自然的底色，更是美好生活的基础、人民群众的期盼。绿色发展，就其要义来说，就是要解决好人与自然和谐共生的问题，是以效率、和谐、持续为目标的经济增长和社会发展方式。当今世界，绿色发展已经成为一个重要趋势，许多国家把发展绿色产业作为推动经济结构调整的重要举措，突出绿色的理念和内涵。

我国倡导的绿色发展是新发展理念的重要组成部分，与创新发展、协调发展、开放发展、共享发展相辅相成、相互作用，是全方位变革，是构建高质量现代化经济体系的必然要求，目的是改变传统的“大量生产、大量消耗、大量排放”的生产模式和消费模式，使资源、生产、消费等要素相匹配相适应，实现经济社会发展和生态环境保护协调统一、人与自然和谐共处。面对生态破坏严重，生态灾害频繁，生态压力巨大等突出问题，应坚持走生态优先、绿色发展之路，成为推进美丽中国建设，实现中华民族永续发展的必然选择。

加快建立绿色生产和消费的法律制度和政策导向。法律制度和政策不仅为绿色发展提供了依据和保障，也为绿色发展指明了方向。环境保护法、水污染防治法、大气污染防治法、森林法、草原法、矿产资源法等一系列法律法规的实施；关于优化国土空间布局、强力推进节能减排、加快发展循环经济等一系列政策的出台，有力地推进了绿色发展。但与此同时，法律法规制度和政策还存在不完善之处，在操作性和可执行性等方面，还需要进一步的完善。要加快划定并严守生态保护红线、环境质量底线、资源利用上线三条红线。加快形成节约资源和保护环境的空间格局、产业结构、生产方式、生活方式，把经济活动、人的行为限制在自然资源和生态环境能够承受的限度内，给自然生态留下休养生息的时间和空间。

建立健全绿色低碳循环发展的经济体系。推动绿色发展，实施绿色新政是全球主要经济体的共同选择。发达国家纷纷出台促进绿色发展的战略，谋划经济结构深度调整。近几年，发展中国家也加大投入。我国将绿色发展作为经济转型升级的必由之路，一方面是要运用绿色低碳技术改造提升传统优势产业，尤其是能源消耗、资源消耗等突出的行业。另一方面，以绿色低碳技术创新和应用为重点，引导绿色消费，推广绿色产品，大幅提升能源汽车和新能源的应用比例，全面推进高效节能、先进环保和资源循环利用产业体系建设。

推进能源生产和消费革命，构建清洁低碳、安全高效的能源体系。能源安全是关系国家经济社会发展的全局性、战略性问题。经过长期发展，我国已经成为世界上最大的能源生产国和消费国，但同时也面临着能源需求压力巨大、能源供给制约较多、能源生产和消费对生态环境损害严重、能源技术水平总体落后等挑战。面对国际能源发展新趋势，必须推动能源生产和消费革命。通过推动能源消费革命、能源供给革命、能源技术革命、能源体制革命以及加强全方位能源国际合作，实现开放条件下我国的能源安全。

推进资源全面节约和循环利用，实施国家节水行动，降低能耗、物耗，实现生产系统和生活系统循环链接。资源是环境的载体，资源是经济发展之本。面对我国人口众多、资源总量大但人均少、质量不高、主要资源人均占有量与世界平均水平相比普遍偏低等基本国情，破解发展面临的资源困境和难题，一是要树立节约优先的理念，二是加强耕地、水、矿产资源保护，三是实施循环发展引领计划，推进资源循环利用。

倡导简约适度、绿色低碳的生活方式。绿色生活方式涉及老百姓的衣食住行。倡导简约适度、绿色低碳的生活方式，要反对奢侈浪费和不合理消费。广泛开展创建节约型机关、绿色家庭、绿色学校、绿色社区创建活动，推广绿色出行，通过生活方式绿色革命，倒逼生产方式绿色转型。一是强化生活方式绿色化理念，推动全民在衣食住行游等方面加快向勤俭节约、绿色低碳、文明健康的方式转变。二是倡导勤俭节约的消费观。三是强化相关政策机制创新。四是全面构建推动生活方式绿色化全民行动体系。五是广泛宣传，提高公众节约、生态、环保意识。

2. 着力解决突出环境问题

环境是人类生存的基础，保护环境就是保护人类自身。改革开放以来，我国的环境治理力度不断加强，环境状况得到基本改善。但从总体上看，改革开放 40 多年来快速发展中积累的资源环境约束日益趋紧，环境保护仍然处于补短板的关键阶段，环境污染重、环境风险高。比如重污染天气、黑臭水体、垃圾围城、农村环境已成为民心之痛、民生之患，严重影响人民群众的生产生活，老百姓意见大、怨言多，甚至成为诱发社会不稳定的重要因素。依据《2017 中国生态环境状况公报》《全国国土规划纲要（2016—2030 年）》等文件公布的数据，环境质量与人民群众期待还有很大差距。具体到大气、水、土壤和自然生态几个方面，主要表现在：

大气质量方面：2017 年全国 338 个地级及以上城市中，有 99 个城市环境空气质量达标，占全部城市总数的29.3%；239个城市环境空气质量超标，占70.7%。338个城市发生重度污染2311天次，严重污染802天次，以PM2.5为首要污染物的天数占中度及以上污染天数的74.2%。其中，有48个城市中度及以上污染天数超过20天。

水环境质量方面：从全国地表水水质类别来看，2017年全国地表水1940个水质断面（点位）中，Ⅰ－Ⅲ类水质断面（点位）1317个，占67.9%；Ⅳ、Ⅴ类462个，占23.8%；劣Ⅴ类161个，占8.3%。与2016年相比，Ⅰ－Ⅲ类水质断面（点位）比例上升0.1个百分点，劣Ⅴ类下降0.3个百分点。从流域水质来看，我国大江大河干流水质总体较好，但支流水质相对较差，部分流域劣Ⅴ类断面比例不降反升。湖库总磷污染问题突出，不少流经城镇的河流沟渠污染严重。

土壤环境质量方面：2016年我国土壤总的点位超标率为16.1%。污染类型以无机污染为主，有机污染次之，复合型污染比重较小。镉、汞、砷、铅4种无机污染物含量分布呈现从西北到东南、从东北到西南方向逐渐升高态势。工矿企业及其周边土壤环境问题突出，抽样显示，污染企业及其周边点位超标率为36.3%、工业废弃地为34.9%、工业园区为29.4%。

自然生态方面：2016年全国2591个县域中，生态环境质量为“优”“良”“一般”“较差”和“差”的县域分别有534个、924个、766个、341个和26个。“优”和“良”的县域面积占国土面积的42.0%，主要分布在秦岭—淮河以南及东北的大小兴安岭和长白山地区。生物多样性方面，2016年，约44.0%的野生动物种群数量呈现下降趋势，野生动植物种类受威胁比例高达15%～20%，生物多样性下降；已发现560多种外来入侵物种，且呈现逐年上升态势。2016年，在检测的21个典型海洋生态系统中，处于健康、亚健康和不健康状态的海洋生态系统个数分别占生态系统总数的23.8%、66.7%和9.5%。

上述问题的存在，严重制约着经济社会的可持续发展，影响人民群众的生活质量和身体健康。严重的生态环境问题已经成为民生之患、民心之痛。着力解决突出环境问题，是决胜全面建成小康社会的重大任务。聚焦环境保护的重点领域、关键问题和薄弱环节，推进大气、水和土壤的污染治理，坚决打赢环境治理攻坚战，是当前着力解决突出环境问题的重点任务。

坚决打赢蓝天保卫战是重中之重。坚持全民共治、源头防治，持续实施大气污染防治行动。改善空气质量，一要调整产业结构和布局。产业结构、能源结构、交通结构和生活方式等方面的问题，是造成大气污染的主要原因。要扎实推进供给侧结构性改革，严格执行环保标准，着力推动“散乱污”企业治理，重点行业污染治理，加快不达标产能依法关停退出，加强机动车尾气治理、提高铁路货运量、降低公路货运量。二是要积极推进区域协调治理。深化重点区域大气污染联防联控，推动社会公众参与大气污染防治，树立全社会“同呼吸、共奋斗”的行为准则。三是强化科技支撑。促进科技成果转化，支持大气污染防治的科学技术研究，推动科技信息资源的开放共享，建立重污染天气监测预警体系，完善重污染天气应急预案。

加快水污染防治。水是生存之本、文明之源、生态之要。要深入实施水污染防治行动计划，保护水资源，一是要系统推进水环境治理、水生态修复、水资源管理和水灾防治，抓好重点流域、近岸海域污染防治，大力整治不达标水体，打好水源地保护、城市黑臭水体治理、渤海综合治理、长江保护修复攻坚战，保障饮用水安全，基本消灭城市黑臭水体，还给老百姓清水绿岸、鱼翔浅底的景象。二是实施流域环境综合治理和管理，将流域作为管理单元，统筹上下游、左右岸、陆地水域，推进按流域设置环境监管和行政执法机构试点，增强流域环境监管和行政执法的独立性、统一性、有效性和权威性。三是要加强近岸海域污染治理，按照“从山顶到海洋”“陆海一盘棋”的理念，统筹陆域和海域污染防治工作，推动生态保护区域联动，增强近岸海域污染防治和生态保护的系统性和协同性。四是要加快补齐城镇污水收集和处理设施短板。这方面欠账太多。根据中央环境保护督察提供的情况，甚至一些直辖市、沿海发达省份、经济特区都有大量污水直排。要尽快实现污水管网全覆盖、全收集、全处理。

要强化土壤污染管控和修复。土壤是一切生物繁衍生息的根基，是人类社会可持续发展的基础性资源。解决严重的土壤环境问题，改善土壤质量，一是要全面落实土壤污染防治行动计划，推动制定和实施土壤污染防治法。要以农用地和重点行业企业用地为重点，开展土壤污染状况的调查。突出重点区域、行业和污染物，强化土壤污染管控和修复，有效防范风险，让老百姓吃得放心、住得安心。二是要全面禁止洋垃圾入境，减少进口固体废物种类和数量，严厉打击危险废物破坏环境违法行为，坚决遏制住危险废物非法转移、倾倒、利用和处理处置。三是要加强固体废弃物和垃圾处理，加快建立生活垃圾分类处理系统，提高危险废弃物处置水平，夯实化学品、风险品风险防控基础，防止污染土壤和地下水。四是实施农田用地土壤环境分类管理和建设用地准入管理，开展土壤污染治理与修复。五是要推进农业清洁生产，调整农业投入结构，减少化肥农药使用量，增加有机肥使用比重，加大畜禽养殖废弃物和农作物秸秆综合利用力度。完善废旧地膜回收处理制度。要持续开展农村人居环境整治行动，实现全国行政村环境整治全覆盖，基本解决农村的垃圾、污水、厕所问题，打造美丽乡村，为老百姓留住鸟语花香的田园风光。

3. 加大生态系统保护力度

人类要过上更好的生活，需要发展经济。人类除了对农产品、工业品和服务产品有需求外，还需要生态产品，需要清新的空气、清洁的水源、舒适的环境。生态产品的“耕地”就是森林、草原、湿地、湖泊、海洋等生态空间，只有保护好这些生态空间，才能提供更多优质生态产品。自然界的山水林田草湖是个生命共同体。建设美丽中国，加大生态环境保护力度，要按照自然生态的整体性、系统性及其内在规律，坚持保护优先、自然恢复为主，实施重要生态系统保护和修复工程，优化生态安全屏障体系，构建生态廊道和生物多样性保护网络，全面提升生态系统质量和稳定性。

牢固树立底线思维。完成生态保护红线、永久基本农田、城市开发边界三条控制线划定工作，优化生产空间、生活空间、生态空间。一是完成生态保护红线划定工作。生态保护红线是保障和维护国家生态安全的底线和生命线，是全国“一张图”管好生态环境的基础，是确保生态功能不降低、面积不减少、性质不改变、维护国家生态安全和促进经济社会可持续发展的底线。二是完成永久基本农田划定工作。永久基本农田是耕地中的精华，不仅关系着国家粮食安全和农民权益，而且是自然生态特别是农业生态系统的重要组成部分，发挥着湿地、绿地、景观等多种生态功能。永久基本农田划定已经取得阶段性成果，但也存在着“划远不划近、化劣不划优”等现象。要按照“依法依规、规范划定，统筹规划、协调推进，保护优先、优化布局，优进劣出、提升质量，特殊保护、管住管好”五项原则，落实15.46亿亩永久基本农田划定任务，划准、管住、建好、守牢永久基本农田。三是完成城市开发边界划定工作。城市开发边界是一定时期内可以进行城市开发和集中建设的地域空间边界。合理划定城市开发边界，不仅有利于推动城市发展由外延式扩张向内涵式发展转变，而且是保护好优质耕地和生态环境底线，形成生态、农业、城镇合理空间结构的客观要求。对待大城市、超大城市和资源环境超载城市，要加快划定永久性开发边界，形成空间硬约束，其他城市可以分期划定，促进集约发展。

实行最严格生态环境保护制度。建设生态文明，是一场涉及生产方式、生活方式、思维方式和价值观念的革命性变革。必须把制度建设作为推进生态文明建设的重中之重，加快生态文明体制改革，着力破解制约生态文明建设的体制机制障碍。只有实行最严格的制度、最严密的法治，才能为生态文明建设提供可靠保障。深化生态文明体制改革，需要尽快把生态文明制度的“四梁八柱”建立起来，把生态文明建设纳入制度化、法治化轨道。2015年，中共中央、国务院印发的《生态文明体制改革总体方案》，明确以八项制度为重点，加快建立产权清晰、多元参与、激励约束并重、系统完整的生态文明制度体系。一是要构建归属清晰、权责明确、监管有效的自然资源资产产权制度，着力解决自然资源所有者不到位、所有权边界模糊等问题。二是构建以空间规划为基础、以用途管制为主要手段的国土空间开发保护制度，着力解决因无序开发、过度开发、分散开发导致的优质耕地和生态空间占用过多、生态破坏、环境污染等问题。三是构建以空间治理和空间结构优化为主要内容，全国统一、相互衔接、分级管理的空间规划体系，着力解决空间性规划重叠冲突、部门职责交叉重复、地方规划朝令夕改等问题。四是构建覆盖全面、科学规范、管理严格的资源总量管理和全面节约制度，着力解决资源使用浪费严重、利用效率不高等问题。五是构建反映市场供求和资源稀缺程度、体现自然价值和代际补偿的资源有偿使用和生态补偿制度，着力解决自然资源及其产品价格偏低、生产开发成本低于社会成本、保护生态得不到合理回报等问题。六是构建以改善环境质量为导向，监管统一、执法严明、多方参与的环境治理体系，着力解决污染防治能力弱、监管职能交叉、权责不一致、违法成本过低等问题。七是构建更多运用经济杠杆进行环境治理和生态保护的市场体系，着力解决市场主体和市场体系发育滞后、社会参与度不高等问题。构建充分反映资源消耗、环境损害和生态效益的生态文明绩效评价考核和责任追究制度，着力解决发展绩效评价不全面、责任落实不到位、损害责任追究缺失等问题。实践证明，生态环境保护能否落到实处，关键在领导干部。这就需要落实领导干部任期生态文明建设责任制，实行自然资源资产离任审计，权责一致、终身追究的原则。

推进重点区域生态修复。实施大规模生态保护和修复工程，是世界许多国家改善生态的成功经验，它使得遭受破坏的生态系统得以朝着良性方向恢复，由失衡走向平衡。继续实施重要生态保护系统建设工程等生态保护和修复工程，使得不堪重负的森林、湿地、草场等生态系统得到休养生息，目前已经成为维护国家生态安全的战略支撑，其主要任务有：一是将修复长江生态环境摆在压倒性位置，共抓大保护，不搞大开发，实施好长江防护林体系建设、水土流失及岩溶地区石漠化治理，退耕还林还草、水土保持、河湖和湿地生态保护修复工程，增强水源涵养、水土保持等生态功能。二是强化三江源等江河源头和水源涵养区生态保护。三是加大南水北调水源地及沿线生态走廊、三峡库区等区域生态保护力度，推进沿黄生态经济带建设。四是支持甘肃生态安全屏障综合示范区建设。五是完善国家地下水监测系统，开展地下水超采区综合治理；建立沙化土地封禁保护制度。六是有步骤地对居住在自然保护区核心区和缓冲区的居民实施生态移民。

优化生态安全屏障体系。生态安全是国家安全的重要组成部分，关系国家长治久安和我国经济社会可持续发展。全国主体功能区规划明确了我国以“两屏三带”为主体的生态安全战略格局，即以青藏高原生态屏障、黄土高原川滇生态屏障、东北森林带、北方防沙带和南方丘陵地带以及大江大河重要水系为骨架，以其他国家重点生态功能区为重要支撑，以点状分布的国家禁止开发区域为重要组成部分的生态安全战略格局。优化生态安全屏障体系，要求青藏高原生态屏障重点保护好多样独特的生态系统，黄土高原川滇生态屏障重点加强水土流失防治和天然植被保护，东北森林带重点保护好森林资源和生态多样性，北方防沙带重点加强防护林建设、草原保护和防沙固沙，南方丘陵山地带重点加强植被修复和水土流失修复。

构建生态廊道和生物多样性保护网络。划定生态保护红线，要求统筹考虑自然生态整体性和系统性，注重山脉、河流、地貌单元、植被等自然边界以及生态廊道的连通性，加强跨区域间生态保护红线的有序衔接。区域间彼此隔离、缺乏连接，不可避免地会破坏生态系统，减弱调蓄涵养等生态功能。实现保障国家生态安全的根本目标，因此，要求加强重点生态功能区保护与管理，以主要的山脉、江河、海岸带等防护林体系为脉络，构建形成大尺度国家生态廊道，提高生态保护区域的连通性。强化生态质量和生物多样性提升体系，通过实施生物多样性保护重大工程，加强生物遗传资源保护与生物安全管理、推进生物多样性国际合作与履约、研究建立生态系统和生物多样性预警体系等措施，使生态空间得到保障，生态质量有所提升，生态功能有所增强，使生物多样性下降速度得到遏制，提升生态系统稳定性和生态服务功能。

总之，建设美丽中国，生态保护和污染防治密不可分、相互作用。其中，污染防治好比是分子，生态保护好比是分母，要对分子做好减法降低污染物排放量，对分母做好加法扩大环境容量，协同发力。要通过加快构建生态文明体系，使我国经济发展质量和效益显著提升，确保到2035年节约资源和保护环境的空间格局、产业结构、生产方式、生活方式总体形成，生态环境质量实现根本好转，生态环境领域国家治理体系和治理能力现代化基本实现，美丽中国目标基本实现。到21世纪中叶，建成富强民主文明和谐美丽的社会主义现代化强国，物质文明、政治文明、精神文明、社会文明、生态文明全面提升，绿色发展方式和生活方式全面形成，人与自然和谐共生，生态环境领域国家治理体系和治理能力现代化全面实现，建成美丽中国。

参考文献

[1] 陈建兵 . “中国特色社会主义理论与实践研究”课程专题式教学探讨 [J]. 教育教学论坛 ,2016,265(27):3-6.

[2] 秦永芳 . 增强“中国特色社会主义理论与实践研究”课可接受性的若干思考 [J]. 思想理论教育导刊 ,2013,178(10):67-70.

[3] 顾海良 .《中国特色社会主义理论与实践研究》教学大纲修订说明 [J]. 思想理论教育导刊 ,2015,202(10):19-27.

[4] 陈凤芝 . “三位一体”的专题教学模式研究与实践——以《中国特色社会主义理论与实践研究》课为例 [J]. 教育教学论坛 ,2018,350(08):152-154.

[5] 颜茵 , 郭鹏飞 .《中国特色社会主义理论与实践研究》与研究生培养的关系 [J]. 高教学刊 ,2016,33(09):30-31+34.

[6] 赵丽华 , 郭晓东 . 研究生“中国特色社会主义理论与实践研究”课教学遵循的根本方法 [J]. 山西高等学校社会科学学报 ,2015(12):39-41+45.

[7] 顾海良 .《中国特色社会主义理论与实践研究》教学大纲概要 [J]. 思想理论教育导刊 ,2012,159(03):43-47.

[8] 张洪雷 , 张宗明 . 结合中医院校研究生专业的思想政治理论课教学研究——以讲授中国特色社会主义理论与实践研究第四讲为例 [J]. 中国中医药现代远程教育 ,2013,11(22):91-93.

[9] 杨慧民 . 关于“中国特色社会主义理论与实践研究”课开展案例教学的几点思考 [J]. 思想理论教育导刊 ,2014(03):56-59.

[10] 陈凤芝 . “三位一体”的专题教学模式研究与实践——以“中国特色社会主义理论与实践研究”课为例 [J]. 北京教育 (德育),2017(12):62-65.

[11] 康绍邦主编 . 世界的反响 [M]. 北京 : 学习出版社 , 1997.

[12] 李敏 , 陈道发 .《中国特色社会主义理论与实践研究》教学改革与创新研究 [J]. 科技创业月刊 ,2013,26(09):114-116.

[13] 孙玉娟 , 刘敦荣 , 常慧敏 . “中国特色社会主义理论与实践研究”课程

改革的路径选择 [J]. 世纪桥 ,2014,280(02):15-16.

[14] 李芳 , 陈道发 . “中国特色社会主义理论与实践研究”课程的实践教学方法探析 [J]. 山西高等学校社会科学学报 ,2019(04):21-24.

[15] 张秀荣 , 邹世享 . 中国特色社会主义理论与实践研究 [M]. 北京 : 知识产权出版社 , 2017.

[16] 汤志华 . “中国特色社会主义理论与实践研究”课程研究性教学改革的思考 [J]. 思想教育研究 ,2021,263(06):60-63.

[17] 于春梅 , 庞晶 , 吴丹 . 增强研究生思想政治理论课实效性的思考——以“中国特色社会主义理论与实践研究”课为例 [J]. 齐齐哈尔大学学报 (哲学社会科学版),2021,222(08):186-188.

[18] 沈成飞 , 郭文亮 . “中国特色社会主义理论与实践研究”教学改革与效果探讨——基于授课前后学生调查问卷的对比分析 [J]. 教学与研究 ,2022,458(12):92-96.

[19] 郭建宁 .《中国特色社会主义理论与实践研究》第一讲重点难点问题解析 [J]. 思想理论教育导刊 ,2022,160(04):44-48.

[20] 李齐全 . 问题研究式教学在“中国特色社会主义理论与实践研究”课中的运用 [J]. 思想理论教育导刊 ,2022,165(09):17-19.

[21] 王华生 , 赵玉鹏 , 黄萼华 .《中国特色社会主义理论与实践研究》课程建设的尝试与思考 [J]. 右江民族医学院学报 ,2021,35,158(01):102-103.

[22] 刘敦荣 , 孙玉娟 . 中国特色社会主义理论与实践研究课程改革的理性思考 [J]. 黑龙江畜牧兽医 ,2020,492(24):251-253.

[23] 唐子茜 , 陈树文 . 培养德才兼备、全面发展的高层次创新人才——论研究型“中国特色社会主义理论与实践研究”课程的育人目标 [J]. 鸡西大学学报 ,2020,14(10):27-29+33.

[24] 中国特色社会主义妇女理论与实践课题组 . 积极探索中国特色社会主义妇女理论与实践 [N]. 中国妇女报 ,2020-10-15（B01）.

[25] 邵彦敏 . 关于硕士研究生思想政治理论课“中国特色社会主义理论与实践研究”新课程设置的思考 [J]. 高教研究与实践 ,2019,30(02):32-36.

[26] 顾海良 .《中国特色社会主义理论与实践研究》教学大纲修订说明 [J]. 思想理论教育导刊 ,2020,177(09):25-30.